全国职业教育“十三五”规划教材·铁道运输类

铁路客运组织

主　编　张　玉

副主编　焦崇玉　牟景海

主　审　彭敏忠

北京交通大学出版社

·北京·

内 容 简 介

本书是铁道交通运营管理专业课程改革系列教材之一，根据强化职业教育的技能掌握作用、推进人才培养创新模式的需求，以项目化方式介绍铁路客运组织相关岗位职责和工作内容，通过对典型工作任务的分解，对接岗位技能需求，体现了基于工作过程的"教学做"一体化的教学理念，由高校教师与铁路一线专业人员共同编写完成。

全书共分为6个项目24个任务：项目1"售票作业"，项目2"旅客运输"，项目3"行李、包裹运输"，项目4"列车乘务工作组织"，项目5"旅客运输计划编制"，项目6"国际联运"。每个项目均按照项目描述，知识目标、能力目标，任务学习三部分内容展开。每个任务从拟完成工作任务开始，引导学生为了完成工作任务，而进行相关知识的学习和准备，并在任务学习完成后进行理论、实践两方面的考核。

本书适合用作高职高专铁道交通运营管理专业的教材及教学参考用书。

图书在版编目（CIP）数据

铁路客运组织 / 张玉主编. —北京：北京交通大学出版社，2020.7
ISBN 978-7-5121-4238-1

Ⅰ. ① 铁… Ⅱ. ① 张… Ⅲ. ① 铁路运输–客运组织–高等职业教育–教材 Ⅳ. ① U293.13

中国版本图书馆 CIP 数据核字（2020）第 103201 号

铁路客运组织
TIELU KEYUN ZUZHI

策划编辑：陈跃琴　责任编辑：陈跃琴
出版发行：北京交通大学出版社　电话：010–51686414　http://www.bjtup.com.cn
地　　址：北京市海淀区高梁桥斜街44号　邮编：100044
印 刷 者：北京鑫海金澳胶印有限公司
经　　销：全国新华书店
开　　本：185 mm×260 mm　印张：14.25　字数：365千字
版 印 次：2020年7月第1版　2020年7月第1次印刷
印　　数：1～3 000册　定价：58.00元

前　言

为贯彻教育部、财政部《关于实施中国特色高水平高职学校和专业建设计划的意见》（教职成〔2019〕5 号）文件精神，推进职业教育持续深化改革，强化内涵建设，强力推进产教融合、企业合作，结合铁路现场的实际需求，按照职业教育的规律，在认真总结近几年铁路职业教育改革的基础上编写了本教材，以满足技能型人才培养的需要。

本教材在深入铁路旅客运输生产一线调研的基础上，根据铁路旅客运输工作岗位群的任职要求，围绕铁路旅客运输职业岗位的资格标准、生产作业流程及作业标准来设计教学内容，从培养职业岗位能力出发，采用项目教学法，实现知识技能与企业岗位对接、课程内容与职业标准对接，有利于推行任务驱动、项目导向等“教学做”一体化的教学模式。以案例和任务为主线，基于工作过程组织教学内容，既能实现对学生职业技能的培养，又能培养学生良好的职业素养。

本教材可作为铁道运输专业的核心课程教材，也可作为各类培训学校及铁路运输企业的职工培训参考书。

本教材由包头铁道职业技术学院张玉担任主编，包头铁道职业技术学院焦崇玉和中国铁路哈尔滨局集团有限公司牟景海担任副主编，包头铁道职业技术学院彭敏忠担任主审。参加编写人员分工如下：包头铁道职业技术学院焦崇玉编写项目 1、项目 4；包头铁道职业技术学院张玉编写项目 2 的任务 2.1、任务 2.3、任务 2.4、任务 2.5、任务 2.6 及项目 3、项目 5、项目 6；中国铁路呼和浩特局集团有限公司包头站张俊霞编写项目 2 的任务 2.2。中国铁路哈尔滨局集团有限公司牟景海对本教材的编写提出了很多有益的建议。

在本书的编写过程中，得到了呼和浩特铁路局集团有限公司相关技术人员的大力支持和帮助，并提出了宝贵意见，在此表示感谢。

由于编者水平及经验有限，教材难免存在不妥及疏漏之处，恳请读者批评指正，以便在修订过程中不断完善。

编　者

2020 年 5 月

目　录

项目 1　售票作业

【项目描述】

铁路售票作业是铁路运输过程中最重要的作业之一，售票员作为铁路面向旅客的一线人员，代表着铁路运输企业的形象。售票员在进行售票作业时，不仅需要按照不同旅客运输条件发售满足旅客需求的车票，同时还需要掌握各种客票与附加票的发售规定，以及在特定运输条件下客运杂费的计算，了解铁路客运运输收入包含的内容及客运票据管理及核收的规定。

【知识目标】

① 掌握车票的发售规定。
② 掌握旅行变更及代用票的填制方法。
③ 熟悉全国铁路客运运价里程接算站示意图。
④ 掌握《铁路客运运价规则》和各种车票票价的组成元素。
⑤ 明确铁路旅客车票票价定价体制及考虑的因素。
⑥ 掌握使用《铁路客运运价里程表》确定运价里程的方法。

【能力目标】

① 能够利用《铁路旅客票价表》熟练查找各种票价。
② 能够根据公式计算不同等级的车票票价。
③ 能够独立完成铁路售票作业。
④ 能够填制旅行变更代用票。
⑤ 能够背画全国铁路客运运价里程接算站示意图。

任务 1.1　车　　票

1.1.1　拟完成工作任务

2018 年 12 月 26 日，包头铁道职业技术学院一名学生张某想要购买 2019 年 1 月 18 日由包头到赤峰的硬卧车票一张。请按要求完成以下任务：

① 张某可以购买车票的渠道；
② 张某如需购买学生票需提供的凭证；

③ 张某购买的车票票种；

④ 张某购买的车票票面上的信息。

1.1.2 任务目的

① 熟悉铁路旅客运输合同的含义与凭证。

② 熟悉车票的作用与分类。

1.1.3 所需资料

① 参考资料：《铁路旅客票价表》《铁路客运运价里程表》《行李包裹运价表》《客运杂费收费项目及收费标准》《铁路旅客运输规程》，以及全国铁路客运运价里程结算站示意图。

② 所需票据、表报：软纸票、代用票、客运运价杂费收据、退票报销凭证。

③ 所需工具：模拟电子售票机、计算器、剪刀。

1.1.4 相关配套知识

知识点1 铁路旅客运输合同

1. 含义

铁路旅客运输合同是明确承运人与旅客之间权利、义务关系的协议。起运地承运人与旅客依据《铁路旅客运输规程》订立的旅客运输合同，对所涉及的承运人具有同等约束力。

铁路旅客运输合同从售出车票时起成立，自旅客进站检验车票为合同履行开始，至按票面规定运输结束旅客出站时止，为合同履行完毕。旅客运送期间自检票进站起至到站出站时止计算。

2. 凭证

铁路旅客运输合同的基本凭证是车票。

除车票外，还有铁路乘车证和特种乘车证。特种乘车证包括：

① 全国铁路通用乘车证；

② 中央和各省（市）、自治区机要部门使用的软席乘车证（限乘指定的乘车位置）；

③ 邮政部门使用的机要通信人员免费乘车证，包括押运员、检查员（只限乘坐邮车及铁路指定的位置）；

④ 邮局押运人员免费乘车证（只限乘坐邮车及铁路指定的位置）；

⑤ 邮局视导员免费乘车证（只限乘坐邮车及铁路指定的位置）；

⑥ 口岸站的海关、边防军、银行使用的往返免费乘车书面证明；

⑦ 我国铁路邀请的外国铁路代表团使用的中华人民共和国铁路免费乘车证；

⑧ 用于到外站装卸作业及抢险的调度命令。

另外，为了加强对铁路运输企业执行国家政策法令的监督，使用国务院铁路主管部门邀请的其他政府部门和新闻单位检查铁路工作乘车时所使用的“全国铁路免费乘车证”可乘坐除国际列车以外各种等级、席别的列车。“全国铁路免费乘车证”由国务院铁路主管部门制发和管理。

知识点2 旅客的基本权利和义务

旅客指持有铁路有效乘车证的人和同行的免费乘车儿童。根据铁路货物运输合同，押运货物的人视为旅客。

1. 权利

① 依据车票票面记载的内容乘车。

② 要求承运人提供与车票等级相适应的服务并保障其旅行安全。

③ 对运送期间发生的身体损害有权要求承运人赔偿。

④ 对运送期间因承运人过错造成的随身携带物品损失有权要求承运人赔偿。

2. 义务

① 支付运输费用。

② 遵守国家法令和铁路运输规章制度，听从铁路车站、列车工作人员的引导，按照车站的引导标志进、出站。

③ 爱护铁路设备、设施，维护公共秩序和运输安全。

④ 对所造成铁路或者其他旅客的损失予以赔偿。

知识点3 承运人的基本权利和义务

承运人指与旅客或托运人签有运输合同的铁路运输企业。铁路车站、列车及与运营有关人员在执行职务中的行为代表承运人。

1. 权利

① 依照规定收取运输费用。

② 要求旅客遵守国家法令和铁路规章制度，保证安全。

③ 对损害他人利益和铁路设备、设施的行为有权制止、消除危险和要求赔偿。

2. 义务

① 确保旅客运输安全正点。

② 为旅客提供良好的旅行环境和服务设施，不断提高服务质量，文明礼貌地为旅客服务。

③ 对运送期间发生的旅客身体损害予以赔偿。

④ 对运送期间因承运人过错造成的旅客随身携带品损失予以赔偿。

知识点4 车票的作用和分类

1. 车票的作用

车票是旅客乘车票据的总称，其作用如下：

① 车票是旅客乘车的凭证；

② 车票是旅客和铁路缔结运输合同发生运输关系的依据；

③ 车票是旅客支付票价的依据。

2. 车票的分类

1）按形式分

① **纸质车票**：包括红色底纹的计算机软纸车票（见图 1.1）、浅蓝色底纹的计算机磁介质车票（见图 1.2）、列车移动补票机出具的车补票、代用票（见图 1.3）、区段票等。

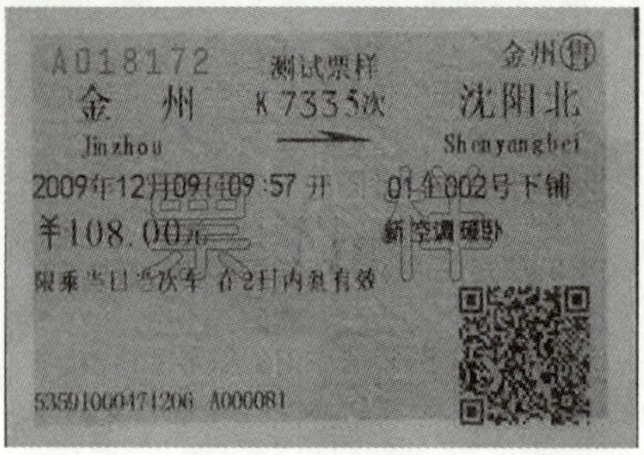

图 1.1　软纸票

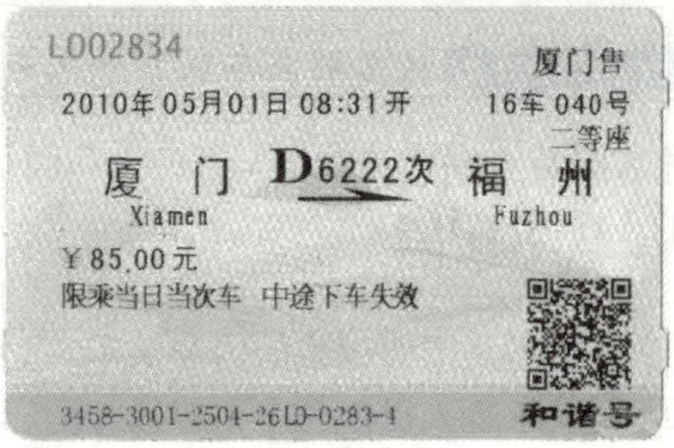

图 1.2　磁介质车票

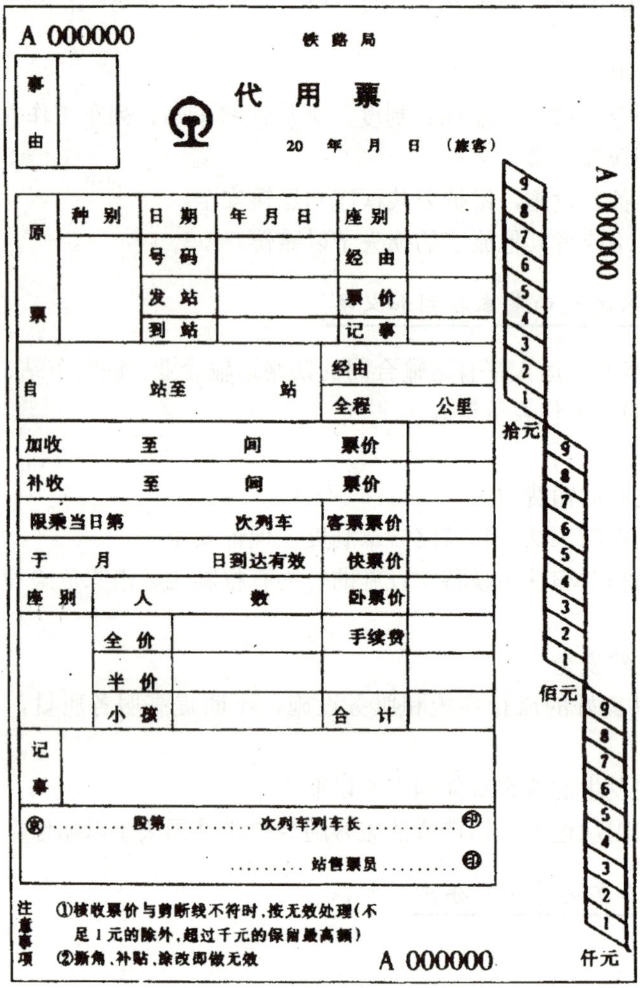
A 000000　铁路局

事由

代 用 票

20 年 月 日 （旅客）

原票	种别	日期	年 月 日	座别	
		号码		经由	
		发站		票价	
		到站		记事	

自 站至 站	经由	
	全程	公里
加收 至 间	票价	
补收 至 间	票价	
限乘当日第 次列车	客票票价	
于 月 日到达有效	快票价	
座别 人 数	卧票价	
全价	手续费	
半价		
小孩	合计	

记事

段第 次列车列车长 印

站售票员 印

注意事项　①核收票价与剪断线不符时，按无效处理（不足1元的除外，超过千元的保留最高额）　②撕角、补贴、涂改即做无效

A 000000

A 000000

9 8 7 6 5 4 3 2 1 拾元

9 8 7 6 5 4 3 2 1 佰元

9 8 7 6 5 4 3 2 1 仟元

图 1.3　代用票

② 铁路电子客票：它以电子数据形式体现乘车日期、乘车站、到站、车次、席别、票价和有效期等铁路旅客运输合同内容，以承运人接受的可识别特定载体作为有效乘车凭证，是纸质车票的替代形式。

③ 铁路乘车卡：它是指承运人接受并在指定范围内使用，在旅客进出站时由自动检票机自动识读并记录乘车日期、乘车站、到站、车次、席别和票价等信息，到站后扣付票款的电子卡片式凭证，与普通车票具有同等法律效力。如图 1.4 所示。

图 1.4　铁路乘车卡

2）按用途分

① **客票**：包括软座、硬座客票。

② **附加票**：包括加快票、卧铺票、空调票。附加票是客票的补充部分，可以与客票合并发售，除免费儿童外，不能单独使用。

3）按中转换乘情况分

① **直达票**：指从票面发站至终到站有明确车次和座位且不需要中转的车票。直达票当日当次有效，中途下车失效。

② **通票**：指从票面发站至终到站需中转的车票，票面载有从发站到中转站的车次和席别，如图 1.5 所示。在中转站换乘时，须在车站售票窗口办理中转签证。通票按乘车里程计算有效期，旅客应持票在有效期截至前乘车至终到站。

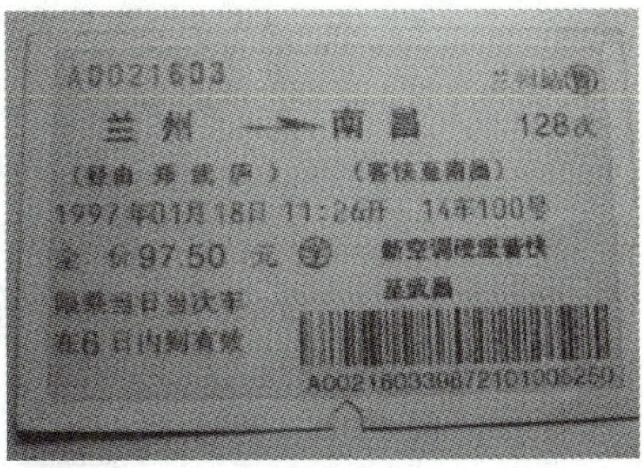

图 1.5　通票

3. 车票票面应载明的主要内容

① 发站和到站站名。

② 座别、卧别。

③ 径路。

④ 票价。

⑤ 车次。

⑥ 乘车日期。

⑦ 有效期。

车票票价为旅客乘车日的适用票价，承运人调整票价时，已售出的车票不再补收或退还票价差额。

1.1.5 任务考核

1. 理论考核（40分）

该部分通过完成以下习题，获得理论考核成绩，每答错1题扣4分。

（1）铁路旅客运输合同从（　　）时起成立，至按票面规定运输结束旅客出站时止为合同履行完毕。

A. 检票进站　　B. 售出车票　　C. 进站上车　　D. 进入候车室

（2）铁路旅客运输合同从售出车票时起成立，自（　　）为合同履行开始。

A. 检票进站　　B. 旅客进站检验车票

C. 进站上车　　D. 进入候车室

（3）以下哪种不属于特种乘车证？（　　）

A. 铁路乘车证　　B. 邮局押运人员证

C. 全国铁路通用乘车证　　D. 邮局视导员证

（4）附加票包括（　　）。

A. 加快票、卧铺票、空调票　　B. 空调票、联合票、变径票

C. 加快票、联合票、变径票　　D. 卧铺票、代用票、计算机票

（5）旅客的基本权利之一是（　　）。

A. 支付运输费用，当场核对票、款，妥善保管车票，保持票面信息完整、可识别

B. 对运送期间因承运人过错造成的旅客随身携带物品损失要求承运人赔偿

C. 对运送期间发生的身体损害有权要求承运人赔偿

D. 对所造成的铁路或者其他旅客的损失予以赔偿

（6）铁路旅客运输合同的基本凭证是（　　）。

A. 车票　　B. 书面合同　　C. 身份证　　D. 站台票

（7）承运人的权利之一是（　　）。

A. 依照规定收取运输费用

B. 确保旅客运输安全正点

C. 对运送期间发生的旅客身体损害予以赔偿

D. 为旅客提供良好的旅行环境

（8）车票票面（特殊票种除外）主要应当载明：发站和到站站名、（　　）、径路、票价、车次、乘车日期、有效期。

A. 座别、卧别　　B. 座位号

C. 座位号、铺位号　　D. 硬座

（9）旅客的义务之一是（　　）。

A. 对运送期间发生的身体损害有权要求承运人赔偿

B. 依据车票票面记载的内容乘车

C. 对运送期间因承运人过错造成的随身携带物品损失有权要求承运人赔偿

D. 对所造成铁路或者其他旅客的损失予以赔偿

（10）除车票外，有关人员还可持铁路乘车证或（　　）乘车。

A. 特种乘车证　B. 代用票　C. 附加票　D. 银行卡

2. 实践考核（40 分）

完成以下案例分析，获得实践考核成绩。

前不久，一位旅客状告铁路，称其在车站购得卧铺票一张，上车后躺在自己的铺位上休息，因不懂应换票，也没有人让他换票，因而没有换票。列车开车一个多小时以后，列车长将该铺售给另一旅客，使其一直站到到站。如该旅客所述是事实，他依据的是什么法律规章来状告铁路？铁路应该怎样做才能避免此类问题的发生？发生后应如何妥善解决？

具体评分标准如下：

（1）法律依据是否正确；（15 分）

（2）善后处理措施是否到位；（15 分）

（3）在实训过程中纪律差或不听指导教师指挥、不服从指导教师教育。（10 分）

3. 出勤考核（20 分）

根据出勤情况及课堂表现，获得出勤考核成绩。

要求：缺勤 1 次扣 5 分，不按时完成任务扣 5 分，课堂表现差扣 10 分。

任务 1.2　车票票价

1.2.1　拟完成工作任务

① 计算北京—上海硬座客票、快速加快票、硬卧中铺票及空调票的票价。

② 练习使用铁路旅客票价表完成以下工作：2018 年 9 月 10 日，一旅客要求乘坐当日 K1628 次列车（新空调快速）由长沙至郑州，使用硬座，试填写代用票。

1.2.2　任务目的

① 掌握旅客票价的组成与特点。

② 能正确计算票价并填制代用票。

1.2.3　所需资料

① 参考资料：《铁路旅客票价表》《铁路客运运价里程表》《行李包裹运价表》《客运杂费收费项目及收费标准》《全国铁路客运运价里程接算站示意图》《铁路旅客运输规程》。

② 所需票据、表报：软纸票、代用票、客运运价杂费收据、退票报销凭证。

③ 所需工具：模拟电子售票机、计算器、剪刀。

1.2.4 相关配套知识

知识点 1 旅客票价的构成要素

旅客票价包括两部分：一是客票票价，包括硬座、软座客票票价；二是附加票票价，包括加快、卧铺、空调票票价。

旅客票价是以每人每千米的票价率为基础，按照旅客旅行的距离和不同的列车设备条件，采取递远递减的办法确定。

1. 基本票价率与票价比例关系

硬座客票票价率是旅客票价的基础，现行的基准价率是 0.058 61 元/（人·km），它是决定全部旅客票价水平最重要的因素。当硬座客票基本票价率确定后，其他各种基本票价率就按其加成或减成比例计算，现行各种票价率的比例关系如表 1.1 所示。

表 1.1 现行各种票价率的比例关系

<table>
<tr><th colspan="3">票种</th><th>票价率/［元/（人·km）］</th><th>比例/%</th></tr>
<tr><td colspan="3">硬座客票</td><td>0.058 61</td><td>100</td></tr>
<tr><td colspan="3">软座客票</td><td>0.117 22</td><td>200</td></tr>
<tr><td colspan="2" rowspan="2">加快票</td><td>普快</td><td>0.011 72</td><td>20</td></tr>
<tr><td>快速</td><td colspan="2">按普快票价 2 倍计算</td></tr>
<tr><td rowspan="5">硬卧票</td><td rowspan="3">开放式</td><td>上铺</td><td>0.064 47</td><td>110</td></tr>
<tr><td>中铺</td><td>0.070 33</td><td>120</td></tr>
<tr><td>下铺</td><td>0.076 19</td><td>130</td></tr>
<tr><td rowspan="2">包房式</td><td>上铺</td><td colspan="2">按开放式硬卧中铺票价另加 30%计算</td></tr>
<tr><td>下铺</td><td colspan="2">按开放式硬卧下铺票价另加 30%计算</td></tr>
<tr><td rowspan="2">软卧票</td><td colspan="2">上铺</td><td>0.102 57</td><td>175</td></tr>
<tr><td colspan="2">下铺</td><td>0.114 29</td><td>195</td></tr>
<tr><td rowspan="2">高级软卧</td><td colspan="2">上铺</td><td>0.123 08</td><td>210</td></tr>
<tr><td colspan="2">下铺</td><td>0.134 80</td><td>230</td></tr>
<tr><td colspan="3">空调票</td><td>0.014 65</td><td>25</td></tr>
</table>

2. 旅客票价里程区段

1）旅客票价里程的分类

旅客票价里程分运价里程和计价里程两种。

① 运价里程：按照有关铁路运输规定，由《铁路客运运价里程表》中所确定的发、到站间运输里程。

② 计价里程：按照铁路旅客票价制定原理列式计算票价的里程。

2）确定计价里程

计价里程不一定等于运价里程，按照如下两种情况来确定。

① 铁路客运规定有起码里程，当运价里程小于起码里程时，计价里程为起码里程。起码里程规定如下：客票 20 km、空调票 20 km、加快票 100 km、卧铺票 400 km。

② 动车组、高铁票价的计价里程与运价里程相等。

3）确定旅客票价里程区段

在计算旅客票价时，并不是按照运价里程一一计算，而是考虑旅客较合理地支付票价。因此，将运价里程分为若干区段，对同一里程区段核收同一票价。现行旅客票价里程区段划分如表 1.2 所示。

表 1.2　现行旅客票价里程区段划分

里程区段/km	每小区段里程/km	区段数	里程区段/km	每小区段里程/km	区段数
1～200	10	19	1 601～2 200	60	10
201～400	20	10	2 201～2 900	70	10
401～700	30	10	2 901～3 700	80	10
701～1 100	40	10	3 701～4 600	90	10
1 101～16 00	50	10	4 601 以上	100	

注：客票起码里程为 20 km，故 1～200 km 里程区段的区段数为 19。

3. 递远递减率

由于运输成本随运距增加而相应降低，因此，旅客票价采取递远递减的办法进行计算，以减轻长途旅客的经济负担，特别是照顾边远地区的居民同其他地区的联系。

旅客票价从 201 km 起实行递远递减。现行各里程区段的旅客票价递远递减率和递减票价率（以硬座票价为例）如表 1.3 所示。

表 1.3　现行各里程区段的旅客票价递远递减率和递减票价率（以硬座票价为例）

区段/km	递减率/%	票价［元/（人·km）］	各区段全程票价/元	区段累计票价/元
1～200	0	0.058 610	11.722 0	
201～500	10	0.052 749	15.824 7	27.546 7
501～1 000	20	0.046 888	23.444 0	50.990 7
1 001～1 500	30	0.041 027	20.513 5	71.504 2
1 501～2 500	40	0.035 166	35.166 0	106.670 2
2 501 以上	50	0.029 305		

知识点 2　旅客票价理论计算

旅客基本票价构成的三要素——票价率与票价比例关系、票价里程区段、递远递减率具备以后，即可计算旅客基本票价。根据各区段的递远递减率求出各区段的全程票价，最后一个区段按中间里程求出票价，所有区段的票价总和即为基本票价。

1. 基本票价中间里程的确定

计算基本票价的中间里程有两种方法：推算法和公式法。

1）推算法

① 初始区段不足起码里程按起码里程计算。

② 其余各区段均分别按其区段里程计算。

③ 最后一个区段按中间里程计算。

2）公式法

对于计算基本票价的中间里程，除按区段里程推算外，也可按下列公式计算：

$$L_{中间}=L_{基}+(n\pm0.5)L_{段}$$

式中：$L_{中间}$——区段中间里程，km；

$L_{基}$——基数里程，km；

n——小区段数，其计算公式为：

$$n=\frac{L_{实}-L_{基}}{L_{段}}$$

式中：$L_{实}$——实际里程，km；

$L_{段}$——每小区段里程，km。

说明：尾数四舍五入，舍去时“$n\pm0.5$”中取“+”，进入或除净时“$n\pm0.5$”中取“–”。

2. 硬、软座客票票价的计算

根据票价历史演变，原客票票价含有保险费，当时的保险费不分软、硬座客票，均按照硬座客票的基本票价的2%计算，并以角为单位，不足1角的进为1角。

1）原客票票价

$$F_{原}=E+B_1$$

$$E=C_0L_0+C_1L_1+C_2L_2+\cdots+C_nL_n$$

式中：$F_{原}$——原客票票价，以元为单位，元以下四舍五入；

E——基本票价，保留全部小数；

B_1——保险费，按基本票价的2%计算以角为单位，不足1角进为1角；

C_0——基本票价率；

L_0——不递减计价的区段里程，km；

C_1，C_2，…，C_n——各区段的递减票价率；

L_1，L_2，…，L_n——递减票价率相应区段的里程，km。

2）现行客票票价

$$F_{现}=F_{原}+R+H-B_2$$

式中：$F_{现}$——现行客票票价，以5角为单位，不足2.5角的尾数舍去，2.5角以上不足7.5角的计为5角，7.5角以上的进为1元；

R——软票费，为发展微机售票而设的费用，当原客票票价在5元以内时，加收软票费0.5元，超过5元时，加收软票费1元；

H——候空费，为发展普通候车室空调而设的费用，除软席、市郊和200 km以内短途旅客运输外，旅客硬座客票票价每票增加1元的候空费。

B_2——对应区段减扣的保险费，各计价里程区段的保险费如表1.4所示。

表 1.4　各计价里程区段的保险费

起止里程/km	保险费/元	起止里程/km	保险费/元	起止里程/km	保险费/元	起止里程/km	保险费/元
1～460	0.5	1 601～2 340	2.0	3 971～4 800	3.5	6 001 及以上	4.5
461～980	1.0	2 341～3 140	2.5	4 801～5 700	4.0		
981～1 600	1.5	3 141～3 970	3.0	5 701～6 000	4.5		

3. 附加票票价的计算

附加票票价计算公式为

$$F_{附加}=x\times E$$

式中：$F_{附加}$——附加票（含加快票、空调票、卧铺票）票价；

x—— 相应票种所占硬座基本票价的百分率；

E——基本票价，意义同前。

注：① 快速加快票票价按普通加快票票价的两倍计算。

② 卧铺票票价另加 10 元订票费。

除此之外，在票价计算中还应注意以下问题：

① 空调列车的各票种票价，分别在原普通车客票、加快票、卧铺票、空调票的票价基础上向上浮动 50%并加相关附加费用，然后减扣对应区段的保险费，即得现行空调列车的票价；

② 加快票由低到高分为三等，即普通加快票、快速加快票和特别加快票，但为了体现列车提速不提价，特别加快票票价暂按加快票票价核收；

③ 广深开行的列车，票价由企业自主制定。

4. 动车组票价的计算

1）计算依据

① 按《国家计委关于高等级软座快速列车票价问题的复函》（计价管〔1997〕1068 号）的规定，旅行速度达到 110 km/h 以上的动车组列车软座票价基准价：每人公里一等座车为 0.336 6 元，二等座车为 0.280 5 元，可上下浮动 10%。

② 按《国家计委关于广深铁路运价的复函》（计价管〔1997〕261 号）的规定，广深线开行的动车组列车票价，可在国铁统一运价为中准价上下浮动 50%的基础上再上下浮动 50%，由企业自主定价。

③ 动车组软卧票价，按《关于动车组软卧票价有关事项的通知》（铁运电〔2008〕135 号）的规定计价。

2）票价计算

① 一等座车公布票价=0.336 6×（1+10%）×运价里程

② 二等座车公布票价=0.280 5×（1+10%）×运价里程

③ 软卧上铺公布票价=0.336 6×（1+10%）×1.6×运价里程

④ 软卧下铺公布票价=0.336 6×（1+10%）×1.8×运价里程

3）票价执行

动车组票价可按公布票价打折，但应符合下列条件。

① 根据不同区域、不同季节、不同时段的市场需求，实行不同形式的打折票价。

② 二等座车公布票价打折后不得低于相同运价里程的新空调软座票价。在短途，公布票价低于新空调软座票价时，按公布票价执行。70 km 及以下运价里程的动车组不进行任何形式打折优惠，一律按公布票价执行。

③ 经过相同径路、相同站间、相同时段，不同车次应执行同一票价。

④ 同一车次，各经停站的票价在里程上不能倒挂。

⑤ 一等座车与二等座车的比价在 1:1.2～1:1.25 之间。

⑥ 动车组软卧票价可按公布票价打折，但打折后不得低于相同运价里程的新空调软卧票价。

知识点3 客运运价里程

1. 基本概念

客运运价里程是指计算旅客票价、行包运价所应用的里程，它是计价的依据。客运运价里程与实际工务里程是有出入的，原因有以下两方面。

① 一是尾数处理的缘故。站间里程严格来说以站中心线为准，而站中心线就会出现××km+××m 的情况，在计价上不可能也没有必要带有尾数，故要处理成为整数，因而两者有误差。

② 二是线路改造的关系。为提高列车运行速度，线路经常要进行改造，在改造过程中线路就会产生延长或者缩短的现象，为保持相对的稳定性，不可能随时变动，而在一定时期，才由中国国家铁路集团有限公司（以下简称国铁集团）公布修改，因而客运运价里程有一定滞后性。

铁路旅客和行李、包裹的运价里程的确定，以《铁路客运运价里程表》为准。该里程表所载的线路，为国家铁路的正式营业线和与国家铁路办理直通运输的地方铁路线、合资铁路线。同时，该里程表也是用以查找和确认车站有无营业办理限制的依据。

2. 客运运价里程的确定

1）查找站名

如能确知所要查找的到站在哪条线路时，可从“站名音序索引表”中，查出该站所属线在“里程表”中的页数，即可查出到站。

如不能确知所要查找的到站在哪条线路时，可从“站名首字音序索引表”或者从“站名首字笔画索引表”中，查出该站在“站名索引表”中的页数，然后再查出该站在“里程表”中的页数，即可查出到站。

2）确认有无营业办理限制

查出到站后，应首先确认该站有无营业办理限制。有限制的车站，在站名前显示限制符号，各符号的意义如下。

※：旅客乘降所，只办理旅客乘降业务；

○：不办理行李和包裹业务；

◎：不办理包裹业务；

△：不办理客运业务，属于线路连接点车站。

3）计算里程

① 发站和到站在同一条线时，用两站到本线路起点或终点的里程相减，即可求出两站

间的里程。

② 发站和到站间跨及两条及其以上线路时，应按规定的接算站接算。

3. 接算站

1）基本概念

所谓规定的接算站，就是为了将发、到站间跨及两条以上不同的线路衔接起来，进行里程加总计算票价和运价，所规定的结算衔接点。

在全国铁路客运运价里程接算站示意图中，接算站用红色圆圈表示；非结算站用黑色圆圈表示；红色线条表示折返区间；数字表示区间里程，单位为千米；黑色粗线条表示国家铁路，黑色细线条表示窄轨线。

在《铁路客运运价里程表》中，站名用黑色字体印刷，站名下部印有 1 mm 宽的黑色横线，并在该站的“接续线名”栏注有“接××线”字样。

2）接算站的形式

① 大多数接算站是两条及其以上线路相互衔接的接轨站，如哈尔滨、衡阳等站。此类接算站，查找、计算里程都较为方便。图 1.6 是哈尔滨接算站，该站连接京哈线、滨北线、滨绥线、滨州线。

图 1.6　哈尔滨接算站

② 部分接算站是接轨站附近的城市所在站。由于接轨站线路设置、车站设备、列车开行等都受到一定的限制，同时，多数旅客从附近大站乘车，因此，为了铁路工作及旅客乘车的方便，指定城市站为接算站。凡是这种接算站，接轨站和城市站相互间要往返乘车，这部分往返里程已列入里程表中，确定运价里程时，不再另计。如沈山线与魏塔线的接轨点为塔山站，但接算站规定为锦州站，如图 1.7（a）所示；再如京广线与京沪线的接轨点为丰台站，但接算站规定为北京站，如图 1.7（b）所示。

③ 个别接算站是在同一城市无线路衔接的两个车站（由于城市建设的关系，相互间未能铺轨连接），为了计算里程的方便，而特将该两站作为同一接算站。如昆明站与昆明北站，中间相隔约 5 km，即视为昆明站与昆明北站相互衔接，并指定为同一接算站，如图 1.8 所示。

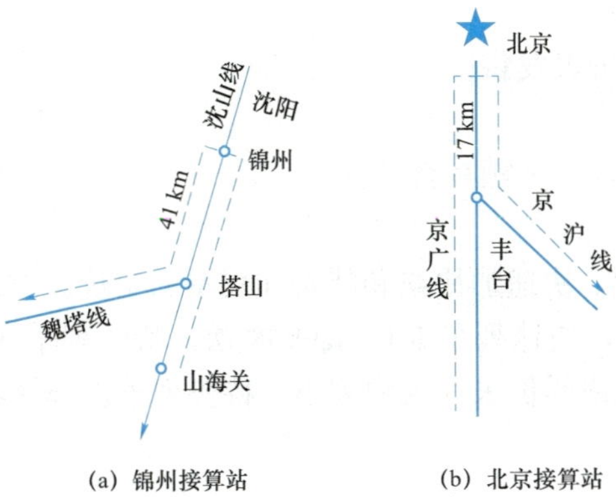

图 1.7　接算站示意图（一）

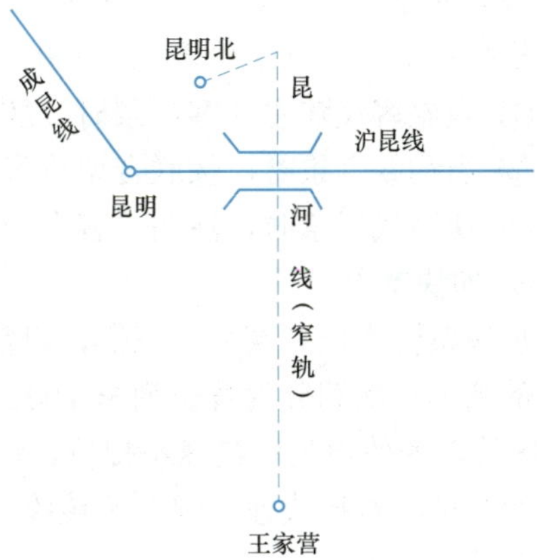

图 1.8　接算站示意图（二）

确定运价里程时，还应考虑一些特殊规定，如国际旅客联运经由国境线时，应另加算国境站至国境线的里程；如经轮渡时，应另加轮渡里程。

4. 客运运价里程的计算规定

① 旅客票价里程，按旅客的实际乘车径路计算。

② 行李运价里程，按行李的实际运送径路计算，旅客要求行李由近径路运送时，如有直达列车可按近径路计算。超过车票终到站以远的行李计费径路比照包裹计费径路办理。

③ 包裹运价里程，按最短径路计算。有指定径路时，按指定径路计算。带运、押运包裹的运价里程，按实际径路计算。

知识点4 铁路旅客票价表的使用

车站在发售车票时，实际上不必要也不可能按上述票价制定的方法进行运算，而是根据电子计算机打印的软票票面的票价核收。遇特殊情况，则根据发、到站间客运运价里程（不足起码里程按起码里程计算）依据铁路旅客票价表进行计算。

1. 接客车装备分类

铁路旅客票价表，按客车装备不同分为两部分：

① 基本票价表，适用于无新型空调的列车，即普通的绿皮列车；

② 新型空调车票价表，适用于空调列车。

新型空调车（简称新空列车）是指空调由列车集中供电的列车。新空列车票价表又根据是否折扣、折扣多少分为三档。

2. 按票价呈现方式分类

车票由主票（或称客票）和辅票构成。主票是指硬座、软座客票。辅票是指加快票、空调票、卧铺票等。根据票价呈现方式不同，旅客票价表又分为：分票种票价表及联合票价表。

分票种票价表是将主票和辅票的票价分别列出，联合票价表中的票价则是主票和有关辅票的票价相加的结果。

现行的旅客票价表，某些区段（主要是在 200 km 以内的区段）的票价，有不规范的地方，即出现分票种票价表的主、辅票的票价相加不等于联合票价表的票价。如 81～90 km 区段，分票种票价表的硬座客票票价为 5.50 元，普通加快票价 1.00 元，快速加快票价 2.00 元，而联合票价表的硬座客普快票价 7.00 元，硬座客快速票价 8.00 元，均误差 0.5 元。同时，该区段的软座普快半价及软座客快速半价，分票种票价表与联合票价表的票价也有误差。

根据铁道部运营运价电工〔2001〕87 号文规定：

① 当旅客仅购主（客）票时，按分票种票价表发售；

② 当购联合票时，按联合票价表发售；

③ 使用代用票时，注明“客”或“客快”等，金额写合计数。

3. 加快票价

加快票价由低到高分为三等，即普通加快票、快速加快票和特别加快票的票价。与之相对应的列车车次划分为普快列车 1001～5998 次，快速列车 K1～K9998 次，特快列车 T1～T9998 次。为体现列车提速不提价，现在特别加快票价未在表中列出，特快列车也未核收特别加快票价，暂按快速加快票价核收。

4. 其他票价

① 棚车代用客车时，其客票票价按硬座客票半价计算，棚车加快票价按普通加快票价计算；棚车儿童客票票价按棚车客票半价计算，棚车儿童加快票票价按普通加快票半价计算。

② 广深线开行的列车，票价由企业自主定价。

1.2.5 任务考核

1. 理论考核（40分）

该部分通过完成以下习题，获得理论考核成绩。

1）选择题（每题2分，共30分）

（1）铁路客运运价里程表中，计算发站和到站在互相衔接的两条线之间的里程方法是（　　）。

A. 分别计算出自发站和到站至该两条线的接算站间的运价里程相减
B. 计算出发站至接算站的运价里程相加
C. 分别计算出自发站和到站至该两条线的接算站间的运价里程相加
D. 分别计算出自发站和到站间的运价里程

（2）动车组软卧公布票价：软卧上铺公布票价=（　　）×运价里程。

A. 0.420 8×（1+10%）×1.6　　B. 0.336 6×（1+10%）×1.6
C. 0.336 6×（1+10%）×1.8　　D. 0.349 5×（1+10%）×1.6

（3）计算旅客客票票价的起码里程为（　　）km。

A. 10　　B. 20　　C. 50　　D. 100

（4）旅客票价里程，按（　　）计算。

A. 最短径路　　B. 铁路指定径路
C. 近径路　　D. 旅客的实际乘车径路

（5）铁路客运运价里程表中符号“※”表示（　　）。

A. 在该地不停　　B. 乘降所　　C. 在该地待避　　D. 临时车站

（6）计算旅客卧铺票票价的起码里程为（　　）km。

（7）铁路客运运价里程表中，“△”表示（　　）。

A. 不办理客运业务的线路连接点车站　B. 旅客乘降所
C. 不办理包裹业务的车站　　D. 办理高铁快件业务的车站

（8）铁路客运运价里程表中，“◎”表示（　　）。

A. 不办理包裹业务　　B. 不办理行李和包裹业务
C. 旅客乘降所　　D. 办理高铁快件业务

（9）旅客和行李、包裹的票价、运价里程，以国务院铁路主管部门公布的（　　）为计算依据。

A. 行李包裹运价表　　B. 铁路客运运价里程表
C. 客货运输专刊　　D. 铁路旅客票价表

（10）全国铁路客运运价里程接算站示意图中，红色圆圈表示（　　）。

A. 非接算站　　B. 接算站　　C. 客运营业站　　D. 车站

（11）全国铁路客运运价里程接算站示意图中，黑色圆圈表示（　　）。

A. 接算站　　B. 非接算站　　C. 客运营业站　　D. 车站

（12）全国铁路客运运价里程接算站示意图中，红色线条表示（　　）。

A. 窄轨线　　B. 国家铁路线　　C. 折返区间　　D. 地方铁路线

（13）硬座客票票价率是（　　）元/（人·km）。

A. 0.058 61　　B. 0.117 22　　C. 0.014 65　　D. 0.064 47

（14）旅客票价从（　　）km 起实行递远递减。

A. 101　　B. 201　　C. 301　　D. 501

（15）201～500 km 的旅客票价递远递减率是（　　）。

A. 20%　　B. 40%　　C. 10%　　D. 50%

2）填空题（每个空 1 分，共 10 分）

（1）客运票价，行李、包裹运价的起码里程分别为：客票（　　）千米、空调票（　　）千米、加快（　　）千米、卧铺票（　　）千米、行李（　　）千米、包裹（　　）千米。

（2）旅客票价是以（　　）的票价率为基础的，按照旅客旅行的（　　）和不同的（　　）条件，采取（　　）的办法确定。

2. 实践考核（40 分）

2018 年 3 月 20 日，1 名旅客要求购买 21 日 T284 次（包头—杭州）空调快速列车包头—杭州硬卧 3 张，窗口有票额（上、中、下），依据以上条件，说明应如何发售车票并填写代用票。

具体评分标准如下：

（1）运价里程、票价查找是否正确；（5 分）

（2）办理过程是否表达有误；（10 分）

（3）填写票据是否得当，如漏填、填写不当、多填；（15 分）

（4）在实训过程中纪律差或不听指导教师指挥、不服从指导教师教育。（10 分）

3. 出勤考核（20 分）

根据出勤情况及课堂表现，获得出勤考核成绩。

要求：缺勤一次扣 5 分，不按时完成任务扣 5 分，课堂表现差扣 10 分。

任务 1.3　车票发售作业办理

1.3.1　拟完成工作任务

① 2018 年 3 月 19 日，呼和浩特站一名旅客要求乘坐 1717 次（呼和浩特—成都）空调普快列车硬座去乌海，其随同旅行身高 1 m、1.3 m 的儿童各一名。呼和浩特站如何办理？

② 2018 年 3 月 19 日，包头站一名旅客要求乘坐 K218 次（包头—京—石家庄）列车软卧去石家庄，持有效“中华人民共和国残疾军人证”。5 车 1 日有余票。包头站如何办理？

③ 2018 年 3 月 19 日，某学校组织学生 43 人，要求乘坐 3 月 22 日 T316 次（呼和浩特—北京西）空调列车硬座到北京比赛。呼和浩特站应如何办理？

④ 2018 年 3 月 20 日，1 名旅客持有效学生证（优惠区间呼和浩特—北京）在呼和浩特站要求购买 25 日 K90 次（呼和浩特—北京西）列车学生硬座一张，有票额，如何发售？

请按照车票发售规定，办理以上车票发售作业。

1.3.2 任务目的

① 掌握计算旅客票价的技能。

② 掌握根据《铁路客运运价里程表》《铁路旅客票价表》确定旅客票价的技能。

③ 熟悉售票工作岗位，正确发售儿童票、学生票、团体旅客票等票种。

④ 培养遵章守纪、按章作业的工作作风。

1.3.3 所需资料

① 参考资料：《铁路互联网售票暂行办法》《旅客票价表》《铁路客运运价里程表》《行李包裹运价表》《客运杂费收费项目及收费标准》《全国铁路客运接算站示意图》《铁路旅客运输规程》。

② 所需票据、表报：软纸票、代用票、客运运价杂费收据、退票报销凭证。

③ 所需工具：模拟电子售票机、计算器、剪刀。

1.3.4 相关配套知识

知识点 1 车票的发售规定

车票由车站或铁路运输企业设立的其他售票处所发售，为了方便旅客，也可委托其他部门代售车票。在有运输能力的情况下，承运人或销售代理人应按购票人的要求发售车票。有计算机售票设备的车站，除系统设备故障等特殊情况外，不得发售手工车票。发售车票按以下规定办理。

1. 客票

① 承运人在发售客票时，应根据购票人指定的到站、座别、径路发售，不得为图方便，使用到站不同而票价相同的客票来互相代替。

② 发售软座客票时最远至本次列车终点站。始发站给中途站预留的包房，可利用其发售最远至预留站的软座客票，但涉及夜间（20:00 至次日 7:00）乘车时不得超过 2 h，超过时不得发售软座客票。

③ 旅客在乘车过程中，要求一段乘坐硬座车，一段乘坐软座车时，全程发售硬座客票。乘坐软座时，另收软座区段的软硬座票价差额。

④ 发售去边境地区的客票时，旅客应出示边境居民证、身份证或边境管理区通行证，如图 1.9 所示。

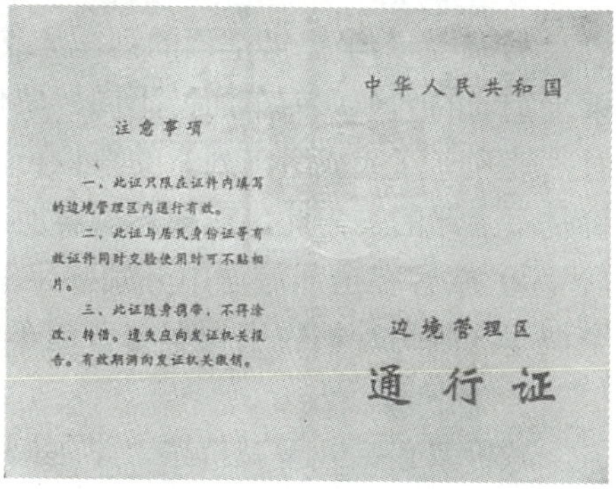

图 1.9 边境管理区通行证

⑤ 发售动车组列车车票时，最远至本次列车终点站。

【知识链接】

边境管理区铁路线站

① 南乌线的乌伊岭站。

② 富西线的塔南至古莲站间。

③ 北黑线的西岗子至黑河间各站。

④ 滨洲线的皇德至满洲里间各站。

⑤ 集二线的齐哈日格图至二连间各站。

⑥ 朝乌线的上游岭至莫尔道嘎间各站。

⑦ 白阿线的五岔沟至伊尔施间各站。

⑧ 广九线的平湖至深圳间各站。

⑨ 湘桂线的夏石至凭祥间各站。

⑩ 昆河线的南溪至河口间各站。

⑪ 兰新线西段的精河至阿拉山口间各站。

2. 加快票

① 旅客凭软座或硬座客票购买加快票。

② 发售不换车的加快票的到站，必须是所乘快车、快速车或特别快车的停车站。

③ 发售需要中转换车的加快票的中转站，必须是有同等级快车始发的车站，还应具备发到站之间全程都应有快车运行的条件，如中间有无快车运行的区段时，则不能发售全程加快票。

④ 新型空调列车的普快、快速、特快的车票，最远只能售至本次列车终点站或换车站。

3. 卧铺票

① 旅客凭软座或硬座客票（乘快车时还应有加快票）购买卧铺票。身高不够 1.2 m 的儿童单独使用卧铺时，只购买全价卧铺票，如有空调时还应购买半价空调票，但不必购买儿童票。

② 卧铺票必须和客票的座别、到站相同，但需中转换车的旅客其卧铺票只发售至换车站，为了照顾旅客对卧铺使用的要求，发站给中途站预留的铺位，如旅客的到站是预留站或预留站以近的车站时，可利用其发售到最远至预留站的卧铺票。

4. 空调票

① 旅客乘坐提供空调的列车（或车厢）时，应购买相应等级的车票或空调票。由于旅客乘坐空调的列车（或车厢）不同，票价也不相同，如乘坐新型空调列车或新型空调成组车列时，该列车（或成组车列）的票价可浮动 30%～50%，如乘坐不成组的普通空调车厢，该票价是不上浮的。为此，应根据旅客所乘的空调列车（或车厢），支付相应等级的票价。

② 旅客在全部旅途中分别乘坐空调车和普通车时，可发售全程普通车的车票，对乘坐空调车区段另行核收空调车与普通车的票价差额。

5. 减价票

减价票包括儿童减价票、学生减价票和伤残军人半价票。减价票应按下列规定发售。

1）儿童减价票（简称儿童票）

身高 1.2～1.5 m 的儿童乘车时，可购买半价客票、加快票和相应的空调票。超过 1.5 m 的儿童和不足 1.5 m 的成人应购买全价票。每一成人旅客可免费携带身高不足 1.2 m 的儿童一名，超过一名时，超过的人数应购买儿童票。

为了保证儿童旅行安全，承运人一般不接受儿童单独旅行（乘火车通学的学生和承运人同意在旅途中监护的除外）。因此儿童票的到站，不得远于成人车票的到站。免费乘车的儿童单独使用卧铺时，应购买全价卧铺票，有空调时还应购买半价空调票。

为测量儿童的身高，在售票窗口、检票口、出站口、列车端门口应涂有测量儿童身高的标准线。

2）学生减价票（简称学生票）

在普通大、专院校（含国家教育主管部门批准有学历教育资格的民办大学），军事院校，中、小学和中等专业学校，技工学校就读，没有工资收入的学生、研究生，家庭居住地和学校所在地不在同一城市时，凭附有加盖院校公章的减价优待证的学生证及优惠卡（小学生凭书面证明），每年可享受4次家庭至院校之间的半价硬座客票、加快票、空调票。新生凭录取通知书、毕业生凭学校书面证明可买一次学生票。

动车组列车只发售二等座车学生票，动车组列车的学生票价按全价票价75%计收。

学生票的发售时间为：寒假每年的12月1日至次年3月31日，暑假每年的6月1日～9月30日。

① 普通大、专院校，中、小学和中等专业学校、技工学校是指符合政府教育部门所规定的年限、学期和课程等制度并经相应级别的教育机关注册的院校，不包括各类职工大学、电视大学、业余广播大学、函授学校。

② “没有工资收入的学生”，是指没有固定工资收入的学生。学生有无工资收入，由学校确定，铁路凭学校发给的减价优待证售票。如能够确认有工资收入的学生持减价优待证购票时，车站可以拒绝发售学生票，并通知学校处理。

③ 学生父母都不在学校所在地，并分两处居住时，由学生选择其中一处，并登记在学生减价优待证上。如学生父母迁居时，根据学生申请，经学校确认，可将学生减价优待证上的乘车区段更改并加盖公章或更换新证。学生回家后，院校迁移或调整，也可凭院校证明和学生减价优待证，发售从家庭所在地到院校所在地的学生票。

④ 学生每年仅限购买4次单程减价票，当年未使用的次数，不能留作下年使用。

⑤ 学生票应按近径路发售，但有直达列车或换乘次数少的远径路也可发售。学生购买联程票或乘车区间涉及动车组列车的，可分段购票。

学生票分段发售时，由发售第一段车票的车站在学生优惠卡中划销次数，中转站凭上一段车票售票，不再划销次数。

⑥ 在乘降所上车的学生（其减价优待证上注明上车地点不为乘降所），可以在列车上售给全程学生票，并在减价优待证相对栏内，由列车长注明“某年某月某日乘某某列车”，加盖名章，作为登记一次乘车次数。

⑦ 减价优待证记载的车站是没有快车或直通车停靠的车站时，离该站最近的大站（可以超过减价优待证规定的区间）可以发售学生票。

⑧ 超过减价优待证上记载的区间乘车时，对超过区间按一般旅客办理，核收全价。

⑨ 华侨学生和港澳台学生回家时，车票发售至边境车站。不回家而去境内其他地方旅游观光或探亲访友时，在规定的次数内可发售学生票，由学校所在地车站和返程站售票时各加盖依次站名戳以记录售票次数。

⑩ 符合减价优待条件的学生无票乘车时，除补收票款外，同时应在减价优待证上登记盖章，作为登记一次乘车次数。

3）伤残军、警半价票

中国人民解放军和中国人民武装警察部队因伤致残的军人凭“中华人民共和国残疾军人证”[见图1.10（a）]及因公致残的人民警察凭“中华人民共和国伤残人民警察证”[见图1.10（b）]享受半价的软、硬座客票和附加票。“中华人民共和国残疾军人证”和“中华人民共和

（a）中华人民共和国残疾军人证　（b）中华人民共和国伤残人民警察证

图 1.10　伤残军、警半价票乘车凭证

国伤残人民警察证”以中华人民共和国民政部颁布的统一式样为准。现役伤残军人的“中华人民共和国残疾军人证”由中央军委后勤保障部签发；“中华人民共和国伤残人民警察证”和退役伤残军人的“中华人民共和国残疾军人证”由各省、自治区、直辖市民政部门签发。

上述持用减价票的学生、残疾军人、伤残人民警察乘坐市郊车、棚车时，仍按硬座客票半价计算，不再减价。但棚车加快票应按普通加快票价减成 50%核收。

6. 团体旅客票

20 人及以上乘车日期、车次、到站、座别、经由相同的旅客集体乘车时为团体旅客，即可发售团体旅客票。承运人对团体旅客乘车应优先安排；如填发代用票时除代用票持票本人外，每人另发一张团体旅客证。承运人对团体旅客乘车应优先安排并在计价上给予一定的优惠。其具体规定如下。

① 满 20 人时，给予免收 1 个人票价的优惠，20 人以上每增加 10 人，再免收 1 个人的票价，但每年春运期间（起止日期以春运文件为准）不予优惠。

② 团体旅客中有分别乘坐座、卧车或成人、儿童同一团体时，按其中票价高的免收。

③ 实行计算机售票的车站，办理团体旅客票并实行一定优惠政策时，优惠票的票面打印“㊊”“㊝”字样（见图 1.11），其余票的票面上加印“团”字样。非计算机售票的车站发售优惠团体旅客票时，一律填发代用票，“人数”栏的其中一栏可以改为“免收”栏，“记事”栏记录团体旅客证起止号码。

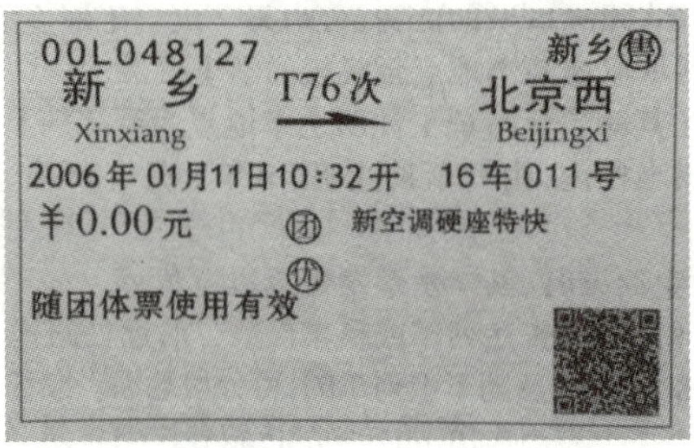

图 1.11　团体优惠车票

7. 代用票

代用票是根据需要临时填发的票据。它是车站在无计算机售票设备或计算机设备故障等特殊情况下代用车票和办理团体旅客乘车、包车、旅行变更、旅客丢失车票补票以及在列车内补收票价、杂费时使用的一种票据，如图 1.12 所示。

票面各栏的填写方法如下。

①“事由”栏，按下列规定的略语填写（同时办理两种以上内容时，应分别填写事由）：

代用客票——“客”；

代用普通加快票——“普快”；

代用快速加快票——“快速”；

代用特别加快票——“特快”；

代用卧铺票——“卧”；

代用客快联合票 ——“客快”或“客普快”；

代用客快速联合票——“客快速”；

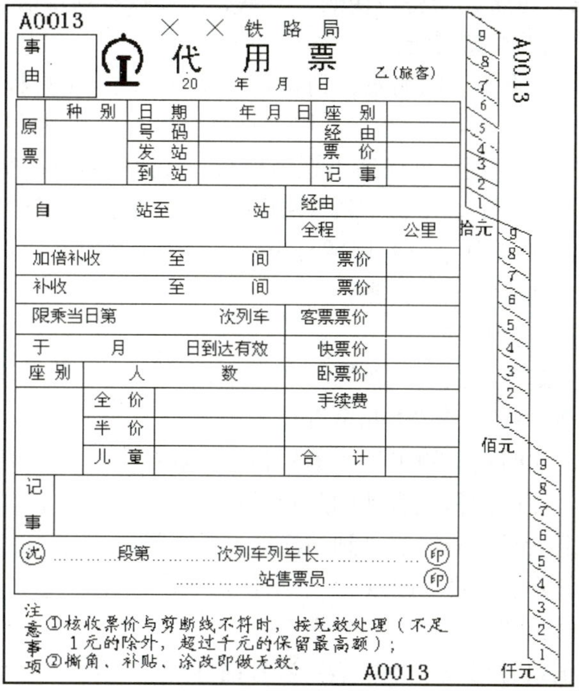

图 1.12　代用票票样

代用客特快联合票——“客特快”；
代用客快卧联合票——“客快卧”；
代用客快速卧联合票——“客快速卧”；
代用客特快卧联合票——“客特快卧”；
代用空调票——“空调”；
办理包车票——“包车”；
办理团体票——“团体”；
儿童超高——“超高”；
丢失车票——“丢失”；
变更座别——“变座”（补价）；
变更铺别（包括软座变硬卧）——“变铺”（补价）；
变更径路——“变径”；
无普快或无特快——“无快”或“无特快”；
乘车日期、车次、径路不符——“不符”；
误撕车票——“误撕”；
不符合减价规定——“减价不符”；
有效期终了——“过期”；
退加快票——“退快”；
退卧铺票——“退卧”；
持站台票来不及下车——“送人”；
改乘高等级列车补收票价差额——“补价”。

空调、包车、无票、越席、误售、误购、分乘、团体按本项定语填写。

②“原票”栏按收回的原票转记。

③ 乘车区间栏，填写乘车区间的发、到站名，经由站及乘车里程。

④“人数”栏，分全价、半价、儿童，用大写数字填写，不用栏用“#”符号抹销。

⑤“票价”栏，按收费种别分别在适当栏内填写。其他费用应在空白栏内注明收费种别和款额，“卧票价”栏前加“上、中、下”，不用栏用斜线划销，“合计”栏为收款总计。补收过程中有退款相冲抵时，退款金额前用减号表示。发生退款时在空白栏注明退款种别，在“合计”栏的金额数前用减号表示退款额。

⑥“记事”栏内记载下列事项：

a）发售新型空调列车车票记载“新”；

b）发售减价票记载“残”“学”“儿童”；

c）发售包车票时，注明包车的车种、车号和定员数；

d）办理团体票时，注明团体旅客证的起止号；

e）在列车上发生退款时，应注明“到站净退××元”；

f）站、车同意上车补票记载“同意”；

g）随同原票使用时记载“随同原票使用有效”；

h）发售（补）卧铺票时记载“××车××号铺”；

i）票价超过万元时记载大写款额；

j）其他需要注明事项。

⑦ 票面填写禁止涂改，乙联按“合计”栏款额在相应的剪断线剪断后交旅客，原票随丙联上报。代用票分甲、乙、丙三联：甲联——存根；乙联——旅客用；丙联——上报。

总之，站、车发售代用票时，字体要清楚、不潦草，不写自造简化字，不涂改，项目填写齐全，不用栏划斜线。发、到站间有两条及其以上径路和发、到站间涉及两条线路时，应填写“经由”站；发、到站均在一条线路上时，一般情况下不必填写“经由”站。

8. 站台票

到站台上迎送旅客的人员应买站台票（见图 1.13），但部分车站不发售站台票。是否发售站台票，由站长决定。站台票当日使用，一次有效。对经常进站接送旅客的单位，车站可

图 1.13　站台票

根据需要发售定期站台票。随同成人进站身高不足 1.2 m 的儿童及特殊情况经车站同意进站人员可不买站台票。未经车站同意无站台票进站时，加倍补收站台票款。遇特殊情况，站长可决定暂停发售站台票。

知识点 2　实名制车票的发售规定

1. 互联网售票作业程序

1）基本规定

铁路互联网售票是指通过中国铁路客户服务中心网站（12306.cn，以下简称“12306.cn 网站”，见图 1.14）销售铁路电子客票及其改签、变更到站、退票等业务。

铁路互联网售票范围、购票方式以及铁路电子客票的使用范围、使用方式、办理铁路电子客票业务的售票窗口等事项以 12306.cn 网站和车站公告为准。

铁路电子客票是以电子数据形式体现的铁路旅客运输合同，与纸质车票具有同等法律效力。

在 12306.cn 网站，购买铁路电子客票以确认交易成功的时间作为铁路旅客运输合同生效的时间，退票以网站确认交易成功的时间作为铁路旅客运输合同终止的时间，改签、变更到站按照购票、退票处理。

旅客或购票人应当妥善保管铁路电子客票信息及购票时所使用的有效身份证件。

图 1.14　12306.cn 网站

2）售票规定

按照《铁路互联网售票暂行办法》，在 12306.cn 网站购买铁路电子客票时，应当注册并准确提供乘车人的有效身份证件信息。在 12306.cn 网站购票可使用的有效身份证件包括：

① 中华人民共和国居民身份证；

② 港澳居民来往内地通行证；

③ 台湾居民来往大陆通行证；

④ 按规定可使用的有效护照。

原则上，一张有效身份证件同一乘车日期同一车次只能购买一张车票，但购买儿童票的乘车儿童没有办理有效身份证件的，可使用同行成年人的有效身份证件信息。

在 12306.cn 网站购买学生优惠票（以下简称“学生票”）、残疾军人或伤残人民警察优待票（以下简称“残疾军人票”）时，应当符合规定的减价优惠（待）条件。

在 12306.cn 网站购票应当在车票预售期内且不晚于开车前 30 min，并在提示的支付时间内完成网上支付。

网上支付应使用 12306.cn 网站支持的在线支付工具。

12306.cn 网站收到在线支付工具支付成功的信息后，进行购票交易确认；收到在线支付工具支付失败的信息或超过规定的支付时间未收到在线支付工具支付成功信息的，取消购票交易，席位不再保留。

12306.cn 网站确认购票交易成功后，根据购票人提供的手机、电子邮箱将所购车票信息以短信、电子邮件的方式通知购票人。购票人应及时通知乘车人，并妥善保管有关信息。

3）换取纸质车票

（1）需要换取纸质车票的情形

在 12306.cn 网站购票后，遇以下情形，应当在购票后、开车前换取纸质车票后进站乘车：

① 使用居民身份证购票但乘车站或下车站不具备居民身份证检票条件的；

② 使用居民身份证购票但进站检票时无法出示居民身份证原件或居民身份证无法在自动检票机上识读的；

③ 使用居民身份证以外的其他有效身份证件购票；

④ 使用同行成年人有效身份证件信息购买儿童票的；

⑤ 购买学生票、残疾军人票的；

⑥ 按所购车票的乘车日期、车次在中途站进站乘车的。

旅客换取纸质车票后，不能再在 12306.cn 网站办理改签、变更到站、退票，应凭纸质车票办理改签、变更到站、退票以及进站乘车过程中实名制验证、检票、验票。

（2）换取纸质车票的相关规定

换取纸质车票时，按如下规定办理：

① 使用居民身份证购票的，可凭购票时所使用的乘车人有效居民身份证原件到车站售票窗口、铁路代售点或车站自动售票机上办理；

② 居民身份证无法自动识读或者使用居民身份证以外的其他有效身份证件购票的，需出示购票时所使用的乘车人有效身份证件原件和订单号码，到车站售票窗口或铁路运输企业授权的铁路代售点，由售票员录入证件号码和订单号码并核实后办理；

③ 学生票凭购票时所使用的有效身份证件和附有学生火车票优惠卡的学生证（均为原件）到安装有学生火车票优惠卡识别器的车站售票窗口或铁路代售点办理；

④ 残疾军人票凭购票时所使用的有效身份证件和“中华人民共和国残疾军人证”“中华人民共和国伤残人民警察证”（均为原件）到车站售票窗口办理；

⑤ 有效身份证件信息、订单号码等经核实一致的，予以换票；不一致的，不予换票。学生票、残疾军人票同时核对减价优惠（待）凭证。学生票还应核减优惠乘车次数。

购票后、换票前，有效身份证件丢失的，乘车人本人应到乘车站铁路公安制证口办理临时乘车身份证明，并需出示购票时所使用的乘车人有效身份证件原件和订单号码，到车站售票窗口或铁路运输企业授权的铁路代售点，由售票员录入证件号码和订单号码并核实后办理换票。

提示：持临时乘车身份证明办理换票手续时，按“换取纸质车票的相关规定”中的“②”项规定执行。

纸质车票票面载明购票时所使用的乘车人有效身份证件号码和姓名，并标记“网”字。

旅客应当妥善保管车票，保持票面信息清晰、可识读，并妥善保护票面身份信息。

（3）纸质车票挂失补办

旅客购票后丢失车票时，符合以下条件的，可到车站售票窗口办理挂失补办：

① 提供购票时所使用的有效身份证件原件、原车票乘车日期和购买地车站名称；

② 不晚于票面发站停止检票时间前 20 min。

以下情形，不办理挂失补办：

① 超过规定时间挂失补办；

② 原车票已经退票的；

③ 已经挂失补办的。

车站确认旅客身份、车票等信息无误后，旅客应按原车票车次、席位、票价重新购买一张新车票。新车票票面标记“挂失补”字样。

新车票发售后，原车票失效。新车票不能改签或变更到站，但可以退票；退票时按规定核收补票的手续费。新车票退票后，原车票效率恢复。

旅客持新车票乘车时，应向列车工作人员声明。到站前，列车长确认该席位使用正常的，开具客运记录（即退票证明）交旅客作为到站退票的凭证。

旅客到站后 24 h 内，凭客运记录、新车票和购票时所使用的有效身份证原件，至退票窗口办理新车票退票，按规定核收补票的手续费。

4）使用居民身份证进站乘车

在 12306.cn 网站使用居民身份证购票且乘车站和下车站都具备居民身份证检票条件的，可凭购票时所使用的乘车人有效居民身份证原件，直接通过车站自动检票机（闸机）办理进、出站检票手续。

自动检票机（闸机）在识读居民身份证时所做的进站、出站记录分别为铁路旅客运输合同运送期间的起、止证明。

旅客在所购车票乘车区间中途站出站的，自动检票机验证后予以放行。

列车验票时，应核对旅客所持的居民身份证原件及车票等信息；经确认没有旅客车票信息的，应当先行补票。旅客因居民身份证丢失、补票后，又找到居民身份证的，列车确认后开具客运记录交旅客，旅客持客运记录和居民身份证原件到下车站退票窗口退还后补车票，不收退票费。

客运记录应填写旅客居民身份证号码、姓名、席位等有关内容。

到站检票时，确认旅客没有车票信息的，应当按规定补票。

旅客乘车后需换取纸质车票的，不晚于自车票所载乘车日期之日起 31 d，逾期不予办理，换取的纸质车票仅作报销凭证。

使用居民身份证作为乘车凭证的旅客，在车站、列车发生意外伤害事故的，站车工作人员应当在客运记录中记录其居民身份证号码等身份信息，事故案卷中应附有居民身份证复印件。

5）改签、变更到站和退票

铁路电子客票可以在 12306.cn 网站或车站售票窗口办理改签、变更到站、退票。

旅客在 12306.cn 网站购票后，尚未换取纸质车票的，可以在 12306.cn 网站办理铁路电子客票改签、变更到站、退票；已经换取纸质车票的，只能在车站办理。在 12306.cn 网站办理时，改签、退票应不晚于开车前 30 min，变更到站不晚于开车前 48 h。

旅客在车站办理铁路电子客票改签、变更到站、退票的，应当到车站售票窗口并比照相关规定办理：

① 已经换取纸质车票的，凭纸质车票按现行规定办理改签、变更到站、退票；

② 在具备居民身份证检票条件的乘车站，持居民身份证已经办理进站检票但未乘车的，

经车站确认后按规定办理改签、退票；

③ 乘车站和下车站均具备居民身份证检票条件，持居民身份证检票乘车，因伤、病或者承运人责任中途下车的，凭列车长出具的客运记录在下车站按规定办理退票。

改签或变更到站时，新车票票价高于原车票、需补收票价差额的，在12306.cn网站应当使用购票时所使用的在线支付工具、在车站售票窗口应当使用银行卡支付新车票全额票款，原票款按购票时所使用的在线支付工具相关规定退回原在线支付工具；新车票票价低于原车票的，退还差额，对差额部分核收退票费并执行现行退票费标准，应退票款按购票时所使用的在线支付工具相关规定退回原在线支付工具。退票时，应退票款同样退回原在线支付工具。

在车站售票窗口办理铁路电子客票改签或变更到站后，出具纸质车票。在12306.cn网站办理改签、变更到站、退票后，需退票费报销凭证的，应当凭购票时所使用的有效身份证件原件在办理退票之日起10 d内（含当日）到车站退票窗口索取。

2. 售票作业

1）实名制售票

根据《铁路旅客车票实名制管理办法》，乘车人须凭有效身份证件原件或复印件购买车票，并持车票及购票时所使用的乘车人本人有效身份证件原件进站、乘车，但免费乘车的儿童及持儿童票的儿童除外。

有效身份证件包括：居民身份证、临时身份证、户口簿、旅行证、军人保障卡、军官证、武警警官证、士兵证、军队学员证、军队文职干部证、军队离退休干部证、按规定可使用的有效护照、港澳居民来往内地通行证、往来港澳通行证、台湾居民来往大陆通行证、大陆居民往来台湾通行证、外国人居留证（含外国人永久居留证）、外国人出入境证、外交官证、领事馆证、海员证、外交部开具的外国人身份证明、地方公安机关出入境管理部门开具的护照报失证明、铁路公安部门开具的乘坐旅客列车临时身份证明等24种，1.5 m以上16岁以下未成年人有效身份证件还包括学生证。

提示：为了提高购票、验证速度，建议中国公民使用居民身份证购票。

2）电话订票

全国铁路电话订票号码为区号+95105105。

通过电话订票，可以购买直达票，但学生票、残疾军人票等需减价优待凭证购票的除外。电话订票办理开车前4～30 d（含购票当日）内的车票；服务时间为每天的6:00至23:00。

电话订票时，须输入有效身份证件号码。目前受理居民身份证、港澳居民来往内地通行证、台湾居民来往大陆通行证、按规定可使用的有效护照四种证件。

电话订票成功后，须在以下时间内取票：当日12:00前预订的，订单保留至次日12:00；当日12:00后预订的，订单保留至次日24:00。逾期未取票的，取消订单。

1.3.5 任务考核

1. 理论考核（40分）

通过完成以下习题，获得理论考核成绩。

1）选择题（每题2分，共28分）

（1）不属于减价票的是（　　）。

A. 儿童票　　B. 学生票　　C. 铁路乘车证　　D. 伤残军人证

（2）学校发售学生票寒假期限为（ ）之间。

A. 12月1日—2月28日　　B. 11月1日—2月28日

C. 12月1日—3月31日　　D. 11月1日—3月31日

（3）车站发售车票时，（ ）使用到站不同但票价相同的车票互相代替。

A. 可以　　B. 不能

C. 特殊情况下可以　　D. 到站为同城车站可以

（4）新型空调票最远可发售至（ ）。

A. 车票终点站　　B. 本次列车终点站

C. 任意站　　D. 旅客要求的乘车站

（5）旅客在乘车区间中，要求一段乘坐硬座车，一段乘坐软座车时，全程发售硬座客票。乘坐软座时，另收（ ）的软、硬座票价差额。

A. 全程　　B. 硬座　　C. 所乘区间　　D. 软座区间

（6）学生票可享受动车组列车二等座票价优惠，学生票票价按二等座公布票价的（ ）计算。

A. 75%　　B. 50%　　C. 100%　　D. 25%

（7）《铁路旅客运输规程》规定发售学生票时应以（ ）或换乘次数少的列车发售。

A. 远径路　　B. 近径路　　C. 乘车径路　　D. 最短径路

（8）持有（ ）可享受半价软座、硬座客票和附加票。

A. 革命工作人员残废证　　B. 中华人民共和国伤残人民警察证

C. 参战民工残废证　　D. 参战民兵残废证

（9）身高超过（ ）m的儿童使用儿童票乘车时，应购买全价票价。

A. 1.2　　B. 1.1　　C. 1.5　　D. 1.4

（10）卧铺票必须和（ ）相同。

A. 客票的座别、到站　　B. 附加票的座别、到站

C. 客票的座别　　D. 附加票的座别

（11）5月2日，包头站一名旅客持中华人民共和国残疾军人证要求购买一张Z318次包头至北京（票价：软座客票110.00、加快票22.00、空调票14.00、软卧下117.00）的软卧下铺车票，则应收（ ）元。

A. 192　　B. 190　　C. 131.5　　D. 133.5

（12）3月25日，呼和浩特站一名旅客持学生证要求购买当日K1673次呼和浩特至包头东硬卧下铺车票（全价硬座客票票价14.5元、全价空调票票价3元、全价加快票票价6元、全价硬卧下铺票价54元）一张，已知学生证优惠乘车区间符合规定且磁条次数充足，则应收（ ）元。

A. 66　　B. 77.5　　C. 39　　D. 23.5

（13）3月15日，呼和浩特站一名旅客持学生证及学校实习证明要求购买一张实习地点到学校的学生票，已知该学生家庭所在地为柳州，学校所在地为北京，呼和浩特为学校组织的暑期实习地点，则车站应发售（ ）。

A. 呼和浩特—北京的全价票　　B. 呼和浩特—北京的学生票

C. 呼和浩特—柳州的学生票　　D. 呼和浩特—柳州的全价票

（14）5月5日，临河站一名旅客要求购买一张K396次临河至北京西的硬座客快车票（全价票价：247.5元）一张，旅客需持（　　）有效优惠证件方可购买到票价为124元的优待票。

A. 中华人民共和国残疾军人证　　B. 记者证

C. 学生证　　D. 残疾人证

2）判断题（每道题2分，共12分）

（1）（　　）一张有效身份证件同一乘车日期同一车次限购一张实名制车票。

（2）（　　）身高在1.2～1.5 m的人员乘车应购买半价客票，加快票和空调票。

（3）（　　）加快票的到站必须和客票的到站相同。

（4）（　　）符合减价规定的学生每年可享受四次家庭至院校之间的半价客票、加快票和空调票。

（5）（　　）毕业生凭学校的书面证明可买一次学生票。

（6）（　　）代用票填写后不允许涂改。

2. 实践考核（共40分）

完成以下任务，获实践考核成绩，每题10分，共40分。

（1）发售卧铺票的技能：一旅客在南京站购买K527（南京—广州，新空车）硬卧票中、下铺各一张，携带身高1 m的儿童1名，儿童单独使用卧铺，请办理。

（2）发售空调票的技能：一旅客在南京要求购买K161次（南京—厦门，新空车）软卧（下）到龙岩，请办理。

（3）发售学生票的技能：3月1日，南京站一旅客持东南大学的学生证，减价优待区间为南京—北京，要求购买当日T66次（南京—北京，新空车）到北京的硬卧（中）车票，请办理。

（4）发售团体票的技能：3月2日，北京西客站一旅客要求办理3月3日的T189次（北京西—南宁，新空车）到武昌30人（其中身高1.3 m儿童2名）新空调硬座客特快卧团体票，设3车1～10号有票额。为便于报销，要求发售1张代用票。请办理。

每题具体评分标准如下：

（1）运价里程、票价查找是否正确；（2分）

（2）办理过程是否表达有误，处理依据是否有误；（3分）

（3）填写票据是否得当，如是否有漏填、填写不当、多填；（3分）

（4）在实训过程中纪律差或不听指导教师指挥、不服从指导教师教育。（2分）

3. 出勤考核（20分）

根据出勤情况及课堂表现，获得出勤考核成绩。

要求：缺勤1次扣5分，不按时完成任务扣5分，课堂表现差扣10分。

任务1.4　特定运价及客运杂费

1.4.1　拟完成工作任务

2018年3月1日，美籍华人自费旅游团35人，其中1.2～1.5 m儿童5名，在南京站要求包用带空调的餐车、软卧车各一辆，路程单提出3月15日南京挂T66次到北京，停留后挂3月19日T75次到兰州，停止使用。因南京站没有所需车辆，从上海站调配软卧RW51333一辆（定员32人）、餐车CA94622一辆至南京站。请根据规定进行办理并填写相应票据。

1.4.2 任务目的

① 熟悉包车、租车、自备车挂运和行驶费的核收规定，具备计算包车费用的能力。

② 按照包车作业程序，正确核办包车作业，正确收取客运杂费并填制“客杂”票据。

1.4.3 所需资料

（1）参考资料：铁路旅客运输规程；铁路客运运价规则；铁路旅客运输办理细则；铁路旅客运输管理规则；客运规章汇编。

（2）所需票据、表报：行李票、包裹票、代用票、客运杂费收据。

（3）所需工具：计算器、剪刀、模拟电子售票机。

1.4.4 相关配套知识

知识点1 包车运输

凡旅客要求单独使用加挂车辆（含普通客车、公务车）或加开专用列车（含豪华列车）时，均按包车办理。包车人应与承运人签订包车合同。包车合同应载明：包车人、承运人的名称、地址、联系人姓名、电话；包用车辆的种类、数量、时间；发站和到站站名；包车运输费用；违约责任；双方商定的其他内容。签订包车合同时，包车人应预先缴付相当于运输费用20%的定金。

1. 包车运输费用的计算

加挂车辆或加开专用列车，应按下列标准，根据运行里程（或根据使用日数）核收票价、运费、使用费、包车停留费、空驶费及其他费用等。并且，包车的运输费用，在全部运行中，里程采取通算。

1）票价

① 座车（含合造车的座车部分），按座车种别、定员核收全价客票票价。

② 卧车（含合造车的卧车部分），按卧车种别、定员核收客票及卧铺票的全价票价。

③ 公务车，按40个定员核收软座客票及高级软卧票（上、下铺各1/2）的全价票价。

④ 豪华列车，每辆按32个定员核收软座客票及高级软卧票（上、下铺各1/2）的全价票价。

⑤ 棚车代用客车，按车辆标记载重计算定员（按1.5人/t折算）核收棚车客票票价。

乘坐包车的旅客，票价高的与票价低的（即成人与儿童，包括享受减价优待的学生、伤残军人等）混乘一辆包车时，按票价高的核收，如实际乘车人数超过定员时，对超过的人数按实际分别核收票价。

2）加快票价

包用的客车、公务车加挂在普通快车、快速列车、特别快车上或加开的专用列车、豪华列车按上述等级的快车速度运行时，都应根据核收客票票价人数核收相应的加快票价。途中发生中转换挂（或开行）不同列车等级时，按首次挂运（或开行）的列车等级核收加快票价。

3）空调费

包用车辆使用空调设备时，还应按核收客票票价的人数核收空调费。娱乐车、餐车的空调费按使用费的 25%计算。

4）运价

行李车（含合造车的行李车部分），按车辆标记载重核收行李或包裹运费。用棚车代用行李车时，按行李或包裹的实际重量核收行李或包裹运费，起码计费重量按标记载重的 1/3 计算（不足 1 t 的尾数进整为 1 t）。行李、包裹混装时，按其中运价高的核收。

加开专用列车、豪华列车时，隔离车或宿营车不另计费。如用隔离车装运行李、包裹时，应核收包车运费。

5）使用费

娱乐车、餐车按每日每辆核收使用费，不足 1 d，亦按 1 d 计算。但餐车合造车减半核收使费。

6）包车停留费

包车停留费是指包车或加开的专用列车，根据包车人提出的要求，在发站、中途站、折返站停留时（因换挂接续列车除外），所应付的费用。

包车停留费按每日每辆核收，并根据产生停留的自然日计算，即自 0:00 起至 24:00 止为 1 d，停留当日不足 12 h 减半核收。

包车停留费，根据运输成本并考虑减少计费标准、简化手续等要求，将各种不同车辆予以归类，每一个类别规定统一的收费标准，现行的车辆归为五类：

① 娱乐车、餐车，每日每辆 5 000 元（餐车合造车按减半核收）；

② 公务车、高级软卧车，每日每辆 3 300 元；

③ 软座车、软卧车、软硬卧车、硬卧车、软座硬卧合造车，每日每辆 1 800 元；

④ 硬座车、行李车、软硬座合造车、行李邮政车、软座行李合造车、硬座行李合造车，每日每辆 1 400 元；

⑤ 棚车，每日每辆 139 元。

包用娱乐车、餐车，1 d 内同时发生停留费、使用费两项费用时，只收一项整日费用。

7）空驶费

空驶费是指包车人指定要在某日包用某种车辆，而乘车（装运）站没有所需车辆，须从外站（车辆所在站）向乘车（装运）站空送时，以及用完后送至车辆原所在站，所产生空驶应付的费用。空驶费按最短径路并全程通算。

对车辆空驶区段（里程按最短径路并采取通算），不分车种，按每车每公里核收空驶费，但棚车不核收空驶费。

8）其他费用

① 包用公务车、豪华列车的服务费，按车票票价 15%核收。

② 包用专用列车、豪华列车，如列车编成辆数不足 12 辆时，根据实际运行日数，按每日每辆核收欠编费。当日不足 12 h 的减半核收。

2. 包车变更费用的计算

包车人包用的车辆，由于某种原因需要变更时，可以办理包车变更。但包车人在未交付运输费用前取消用车计划时，定金不退。如已交付运输费用时，则按下列规定办理。

① 包车人在始发站停止使用时，除退还已收空驶费与已产生空驶区段往返空驶费差额外，其他费用按以下方式计算核收：

a）开车前48 h前，退还全部费用，核收票价、使用费、运费10%的停止使用费；

b）开车前不足48 h至开车前6 h退还全部费用，核收票价、使用费、运费20%的停止使用费；

c）开车前不足6 h，退还全部费用，核收票价、使用费、运费50%的停止使用费；

d）开车后要求停止使用时，只退还尚未产生的包车停留费。

② 包车人在始发站延期使用，在开车前 6 h 以前提出时，按规定核收包车停留费；在开车前不足6 h提出时，核收票价、使用费、运费50%的延期使用费，并重新办理包车手续。

③ 包车人在中途站延长使用区段或延长停留时间时，需经中途变更站报请铁路局集团公司，同意后核收票价、运费、使用费或包车停留费。如包车人当时付款有困难时，应根据其书面要求，由变更站电告发站或到站补收应收费用。

中途缩短停留时间或缩短使用区段时，所收费用不退。

④ 包车人在中途站要求变更径路时，应补收新旧径路里程的票价、运费差额。要求变更到站时，应补收自变更站至新到站与自变更站至原到站的票价、运费差额。

变更径路、到站均不退还票价、运费差额。

如包车中承运人违约时，应双倍返还定金。

知识点2 租车及租用车、自备车辆的挂运和行驶

1. 租车

租用人向承运人租用客运车辆时，租用人应与承运人签订租车合同。租车合同主要载明：租用人和承运人名称、地址、联系人姓名、电话，租用车辆种类、数量，租用时间和区间，租车费用，违约责任，双方商定的其他事项等，并按包车停留费标准，按日核收租车费。单独租用发电车时，租车费每日每辆2 100元。

2. 租用车及自备车辆的挂运和行驶

企业自备机车车辆或租用车，利用承运人动力挂运或线路运行时，应向承运人提出书面要求，经协商同意并对机车车辆的技术进行检查，合格后方能办理，核收挂运费或行驶费。长期挂运或行驶时，承运人应与企业或租用人签订合同。

企业自备客车或租用客车在国家铁路的旅客列车或货物列车挂运时，按下列标准核收挂运费。

1）空车

不分车种，按0.534 元/（轴 • km）核收。随客运列车挂运的空客车，如有随车押运人员，应购买所挂运列车等级的硬座车票。随货物列车挂运的空客车，如有随车押运人员，按货运押运人收费标准核收押运费。

2）重车

① 客车，按标记定员票价的80%核收。

② 行李车，按标记载重及所装行李或包裹品类运费的80%核收。

③ 餐车、娱乐车、发电车，按租车费的80%核收。

企业自备动力牵引租用客车或企业自备客车，利用国家铁路线路运行时，不论空车或重车，均按0.468 元/（轴 • km）（含机车轴数）核收行驶费。

铁路机车车辆工厂（包括车辆研究所）新造车或检修车出厂在正式营业线上进行试验时，同样收取挂运费或行驶费。

军运、邮政部门租车和自备车辆挂运及行驶的收费标准，按军运和邮运有关规定办理。

挂运费和行驶费，不足1元的尾数按四舍五入处理。

知识点3 过轨运输

国家铁路、合资铁路、地方铁路及特殊运价区段间相互办理直通旅客、行包运输业务为过轨运输。

在办理旅客直通运输时应分别按各段里程计算车票票价，加总核收。国家铁路涉及几个地段时，里程采取通算。上述各段由于分段计算，有不足起码里程区段时按起码里程计算，但卧铺票价按表1.5所列比例计算。

表1.5 卧铺票价比例计算表

里程/km	占400 km卧铺票价的比例/%
1～100	25
101～200	50
201～300	75
301～400	100

在办理行包直通过轨运输时，执行国铁行包统一运价及相关计费标准，里程通算，运费在发站一次核收。

与广深公司段（属于特殊运价区段）办理旅客直通过轨运输时，除按上述规定办理外，并根据铁运电〔1999〕108号与铁运电〔2006〕245号电文精神，京广线广坪段（广州—坪石）软席票价可在国铁统一运价基础上上浮50%，广坪段与其他营业线之间开行的直通旅客列车，其票价分段计算，同时涉及广坪段和广九线的旅客列车，将广坪段和广九线里程通算，并按下列公式计算票价：

广深公司段票价=［（900+广深公司段里程）处的国铁票价−900 km处国铁票价］×（1+x）

式中：900——特殊运价段的票价起算点；

x——软席上浮幅度，现行坪深段上浮50%。

客运杂费按实际产生的核收。

知识点4 旅游列车运输

1. 旅游列车含义及办理条件

1）旅游列车的含义

旅游列车是指由旅行社等单位（简称包车人）往返全部包用、运载旅游团体旅客的列车。两个以上单位同时包用一辆列车时，应当由一个牵头单位作为包车人。

2）办理条件

① 开行旅游列车应当在图定旅游列车运行线中选择，不得开行图外旅游列车。

② 旅游列车开行计划应当提前两个月提报，跨局旅游列车由国铁集团批准。

包车人应于每月5日前向始发站或当地铁路局集团公司提出第三个月的要求。开车要求包括列车编组、往返开车日期、运行区段、中途停车站、经由及运行时刻等内容。

铁路局集团公司应于每月 10 日前以电报向国铁集团提出第三个月旅游列车的开车申请报告。

国铁集团于每月 15 日前以局电下达第三个月的旅游列车开行批复意见。在旅游列车开行前 5 至 7 日内，铁路局集团公司将开行计划再次确认后电话报国铁集团客调部门，由国铁集团客调部门下达开车命令。

③ 开行跨局旅游列车的，载客车辆不少于 14 辆；经过限制区段的，载客车辆为限制牵引辆数减 3 辆；宿营车只能使用 1 辆。

④ 开车计划经批准后，包车人应与承运人签订包车合同，并要求包车人向发站交付包车费用 20%以内的定金。

收取定金时，填写“预付款存入凭证”。制票时，已收定金填制“预付款抵用凭证”冲抵运输费用。包车人违约时，填写“客运杂费收据”核收定金、延期使用费或停止使用费。承运人违约时，应双倍返还定金。加倍部分填写“退款证明书”，在车站运输收入进款中垫付，月末向财务部门清算。

2. 旅游列车运输费用的计算

1）票价

① 旅游列车票价按相应的设备条件（非空调或空调，空调车按新空票价执行）、普快和标记定员计价并按 90%核收，车辆标记定员不足 32 人的按 32 人计算；使用豪华车辆（每辆车定员不足 20 人）的另核收服务费。使用宿营车内铺位时，按实际铺位计费。

② 旅游列车实际运行技术标准高于上述规定的，按相应等级核收票价。

③ 旅游列车按单程里程通算计算票价；运行径路涉及国铁、地方铁路、合资铁路等特殊运行区段的，可分段计算，加总核收。

2）使用费

① 旅游列车编挂一辆餐车时，不核收使用费；超过一辆时，对超过部分，按相应等级硬卧车标记定员票价核收使用费。该硬卧车标记定员按实际编组确定，不同定员混编时，取最高数。

② 旅游列车编挂娱乐车、会议车时，均按相应等级硬卧车标记定员（含义同前）票价核收使用费。

3）停留费

旅游列车中途站停留 24 h，折返站停留 48 h 以内的，免收停留费。超过上述时限的，自超过时起，不足 12 h 的，按半日核收停留费，满 12 h 但未超过 24 h 的，按 1 日核收停留费。

4）空驶费

旅游列车在始发站出发前及终到站停车后，因调用车辆产生空驶的，不收取空驶费。而途中产生的空驶，已按里程通算在票价内，为此，一般来说，全程不可能再产生空驶。

旅游列车产生的服务费、停留费、空驶费、延期使用费、停止使用费等，均参照包车的收费标准核收。

3. 旅游列车乘车票据

1）使用代用票

旅游列车的乘车票据为代用票。始发站使用代用票一次收清包车费用，其他站、车不得再另外收取任何费用。代用票交包车人持有，并另复印一张交折返站。两个以上单位共同包用一列车时，可以按包车人数量出具代用票。

2）代用票填制

①“事由”栏：填记“旅游列车”。

②“原票”栏：划斜线抹销。

③ 乘车区间栏：分别填写往、返程发到站。如旅游列车不从原径路返回时，以距始发站最远的停车站作为折返站填写票据。

④“经由”栏：按列车实际经由填写，如往返程不同时，以分子、分母形式分别填写往返程的经由。

⑤ 里程栏：以分式表示，分子为往程里程，分母为返程里程。

⑥“票价”栏：车票票价填在“客票票价”栏，并将“客”字改为“车”字；停留费填在空白栏；使用费、服务费用其他票价栏改写。

⑦ 车次栏：填拟开行的旅游列车车次。

⑧“日期”栏：按约定终了日期填入。

⑨“座别”栏：根据编挂的车辆，按硬、软或软/硬（软、硬车混编时）如实填记。

⑩“人数”栏：付费人数，填在“全价”栏（数字大写）；不用栏别，用“#”字符号划销。

⑪“记事”栏：注明编组辆数、载客车辆数、标记定员、团体旅客证起止号、车票票价打九折以及其他需记载的事项。

⑫ 款额剪断线：超过万元的保留最高额。

知识点5 客运杂费

客运杂费是在铁路运输过程中，除去旅客车票票价、行包运价以外，铁路运输企业向旅客、托运人、收货人提供的辅助作业、劳务及物耗等所收的费用。

1. 客运杂费的种类

客运杂费有下列4种。

① 付出劳务所收的费用：包括搬运费、送票费、接取送达费、手续费、行包变更手续费、查询费、装卸费等。

核收这类费用，是因为旅客或托运人、收货人提出要求，为其特殊服务时而收取的，要贯彻既为旅客或托运人、收货人服务，又要收费合理的原则。

② 违反运输规定所收的费用：包括各种无票乘车加收的票款及违章运输加倍补收的运费。

为了维护站、车秩序，对无票乘车或者持失效车票乘车的人员，应根据《中华人民共和国铁路法》及客运规章有关规定加收票款。

为了贯彻国家运输政策，确保旅客运输安全，对违章携带、违章运输应采用经济制裁的办法，施行加倍补收运费。

③ 使用有关票据及其他用品所收的物耗费用：包括货签费、安全标志费、其他用品耗费等。

对这类费用应本着为人民服务的精神，核收适当的费用。

④ 为了加强资金与物资管理所收的费用：包括迟交金、保价费、保管费等。

这类费用是按照有关款额的百分比或保管的日数进行计算收取的。

2. 费用核收的标准

对于客运杂费的收费项目和收费标准，根据《中华人民共和国铁路法》规定，由国务院铁路主管部门规定。客运杂费收费项目及收费标准如表1.6所示。

表 1.6　客运杂费收费项目及收费标准

收费项目		计费条件	收费标准	备注
1	站台票		1 元/张	
2	手续费	列车上补卧铺	5 元/人次	同时发生时按最高标准核收一次手续费
		其他	2 元/人次	
3	退票费	按每张车票面额计算	阶梯式退票费（计算的尾数以 5 角为单位，尾数小于 2.5 角的舍去，2.5 角以上且小于 7.5 角的计为 5 角，7.5 角以上的进为1元）	最低按 2 元计收
4	送票费	送到集中取票点	3 元/人次	
		送到旅客所在地	5 元/人次	
5	货签费		0.25 元/个	
6	安全标志费		0.20 元/个	
7	行李、包裹变更手续费	装运前	5 元/票次	
		装运后	10 元/票次	
8	行李、包裹查询费	行李、包裹交付后，旅客或收货人还要求查询时	5 元/票次	
9	行李、包裹装卸费	从行李房收货地点到装上行李车，或从行李车卸下至交付地点，各为一次装卸作业	2 元/件次	超过每件规定重量的，按其超重倍数增收
10	行李、包裹保管费	超过免费保管期限，每日核收	3 元/件	超过每件规定重量的，按其超重倍数增收
11	行李、包裹搬运费	从广场停车地点搬运至行包办理处或从行包交付处搬运至广场停车地点各为一次搬运作业。由火车、汽车搬上、搬下时每搬一次，另计一次搬运作业	1 元/件次	超过每件规定重量的，按其超重倍数增收
12	行李、包裹接取送达费	接取、送达各为一次作业，每 5 km（不足 5 km 按 5 km 计算）核收	5 元/件次	超过每件规定重量的，按其超重倍数增收
13	携带品搬运费	从广场停车地点搬运至站台或从站台搬运至广场停车地点各为一次搬运作业。由火车、汽车搬上、搬下时每搬一次，另计一次搬运作业	2 元/件次	每件重量以 20 kg 为限，超重时按其超重倍数增收
14	携带品暂存费	每日核收	3 元/件	每件重量以 20 kg 为限，超重时按其超重倍数增收

3. 填写票据

客运运价杂费收据如图 1.15 所示，分甲、乙、丙三页。乙页给付款人，丙页上报，甲页留站存查。

① 填写客运运价杂费收据或计算机打印票据，注明日期、发到站、车次、事由、件数、重量。

② 填写要求：填写时字迹要清楚，按收费种别分别填入核收费用栏内，不用各栏划斜线抹销。各栏填写要求如下：

a）日期栏按制票日期填写；

b）“原票据”栏按原票填写，无原票时，划斜线抹销；

c）“核收区间”栏按补票和补费的发到站填写，其中“经由”按主要结算站填写，“座别”按软、硬

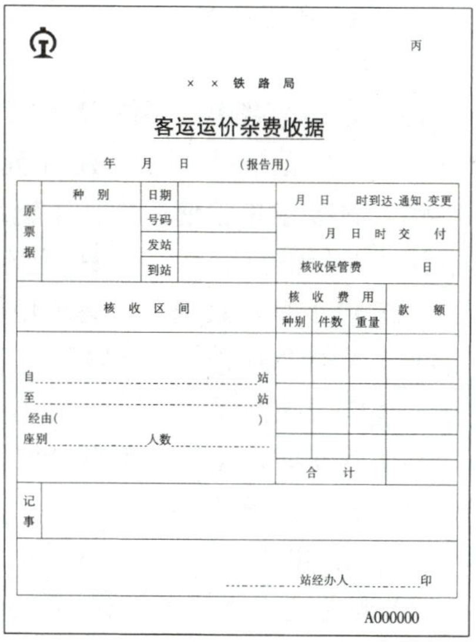

图 1.15　客运运价杂费收据

座填写，“人数”按补票人数填写中文大写数字；

d）“核收费用”栏按实际补收费用填写；

e）“合计”栏按款额之和填写；

f）“记事”栏填写需要注明的事项。

作废票时应各联齐全，画对角线并加盖“作废”戳记。

客运运价杂费收据三页均为薄纸复写式，尺寸为 130 mm×150 mm。每 50 组为一册，按甲、乙、丙顺序在上端反穿铁丝装订。顺序号码由 00001～100000 号循环。每 10 万张附记汉语拼音字母 A、B、C 符号，各页均用黑色印刷。

1.4.5 任务考核

1. 理论考核（30 分）

该部分通过完成以下习题，获得理论考核成绩。

1）选择题（每题 3 分，共 27 分）

（1）货签费的收费标准为（　　）。

A. 0.30 元/个　　B. 0.25 元/个

C. 0.20 元/个　　D. 0.50 元/个

（2）《铁路旅客运输办理细则》规定，包车时（　　）里程按最短径路并采取通算。

A. 空驶费　　B. 行驶费　　C. 挂运费　　D. 包车费

（3）列车上补卧铺票时，核收手续费（　　）元/人。

A. 10　　B. 1　　C. 2　　D. 5

（4）客运杂费是指在铁路运输过程中，除去旅客车票票价、行李包裹运价以外，铁路运输企业向（　　）提供的辅助作业、劳务及物耗等所收的费用。

A. 旅客、托运人　　B. 托运人、收货人

C. 旅客、托运人、收货人　　D. 旅客、收货人

（5）客运运价与（　　）构成全部运输费用。

A. 客运杂费　　B. 包车费用

C. 行李、包裹运价　　D. 货物运输费用

（6）客运杂费中的手续费（列车上补卧铺除外）按（　　）计算。

A. 1 元/张　　B. 1 元/人次　　C. 2 元/张　　D. 2 元/人次

（7）凡要求单独使用加挂车辆或加开专用列车时，均按（　　）办理。

A. 优惠票价　　B. 包车　　C. 团体旅客　　D. 旅游专列

（8）包车时，娱乐车、餐车使用费每日每辆（　　）。

A. 1 800 元　　B. 5 000 元

C. 2 500 元　　D. 1 400 元

（9）包车时，豪华列车每辆按（　　）定员核收软座客票及高级软卧票（上下铺各二分之一）的全价票价。

A. 40 个　　B. 28 个　　C. 32 个　　D. 54 个

2）判断题（每题 1.5 分，共 3 分）

（1）（　　）客运杂费由国务院铁路主管部门规定。

（2）（　　）某单位包用客车旅行，于是12:01到达甲站，第三天11:58又从甲站挂出，其停留费计费日数为3天。

2. 实践考核（50分）

每5位同学分为一组，按照包车作业各环节作业标准模拟包车作业流程，同学们根据岗位工作内容进行演练并录制视频。

具体评分标准如下：

（1）岗位工作任务模拟有误或经提示；（15分）

（2）办理程序有误（如漏程序、程序颠倒、多程序）；（25分）

（3）在实训室实训过程中纪律差或不听指导教师指挥、不服从指导教师教育。（10分）

3. 出勤考核（20分）

根据出勤情况及课堂表现，获得出勤考核成绩。

要求： 缺勤1次扣5分，不按时完成任务扣5分，课堂表现差扣10分。

项目 2 旅客运输

【项目描述】

客运站是铁路旅客运输的基本生产单位，它是铁路与旅客之间联系的纽带，也是反映一个城市形象的窗口。在旅客运输服务中，应掌握旅客乘车基本条件，车票有效期的计算、延长及失效的处理；误售误购、误乘、丢失车票及不符合乘车条件的处理；各种旅行变更的处理；旅客携带品的范围及旅客违章携带品的处理。

【知识目标】

① 熟悉客运站的主要设备。
② 掌握旅客的乘车条件及不符合乘车的处理办法。
③ 掌握退票及旅行变更作业的办理办法。
④ 了解铁路对旅客携带品的有关规定。
⑤ 掌握铁路乘车证及其使用方法。
⑥ 了解铁路运输事故处理流程及相关规定。

【能力目标】

① 掌握客运站的作业内容。
② 会计算车票的有效期。
③ 能运用规章处理旅客的各种旅行变更。
④ 能按规定进行不符合乘车条件的处理。
⑤ 能进行旅客违章携带品的处理。

任务 2.1 铁路客运站

2.1.1 拟完成工作任务

A 客运站的行包房设置在进站口一侧，B 客运站的行包房设置在出站口一侧，为什么要这样设置？

2.1.2 任务目的

① 掌握客运站主要设备的功用及布置要求。

② 熟悉客运站的作业，了解客运站的主要设备。

2.1.3 所需资料

（1）参考资料：《铁路客运运价规则》《铁路客运运价里程表》《铁路旅客票价表》《全国铁路旅客列车时刻表》《铁路旅客车站建筑设计规范》《铁路旅客运输服务质量规范》《铁路旅客运输规程》《铁路客运运价规则》《铁路旅客运输办理细则》等。

（2）所需票据、表报：红、蓝色车票样本若干，软纸票，代用票，客运运价杂费收据，售票交款单、客票售出登记表、票据整理报告等。

（3）所需工具：计算器、剪刀、模拟电子售票机。

2.1.4 相关配套知识

知识点1 铁路客运站设备

客运站的主要任务是安全、迅速、有秩序地组织旅客上、下车；便利旅客办理一切旅行手续，为旅客提供舒适的候车环境；保证铁路与市内交通联系便捷，使旅客迅速集散。为完成上述任务，客运站必须有完善的设备及正确的工作组织方法。

1. 客运站的作业与主要设备

1）客运站的作业

① 客运服务作业：包括旅客上下车、候车、问讯、小件行李寄存，以及对旅客文化、生活、饮食、卫生方面的服务等。

② 客运业务：包括客票发售，行李、包裹的承运、装卸、保管和交付，邮件装卸等。

③ 技术作业：包括列车接发、机车摘挂、车列技术检查、车底取送、客车上水、餐料供应及上燃料等。

2）客运站的主要设备

客运站由站房、站场及站前广场组成。

① 站房：站房是客运站的主体，包括为旅客服务的各种用房、运营管理工作所需的各种技术办公用房，以及办理行包、邮件用房。

② 站场：站场是办理客运技术作业的场所，包括线路（到发线、机车走行线、机待线、车辆停留线等）、站台、雨棚、跨线设备等。

③ 站前广场：站前广场是客运站与城市联系的“纽带”，包括车行道、停车场和旅客活动地带等。

2. 站房的布置要求

站房是直接为旅客服务的房舍，是城市的大门。它的布置是否合理，对提高服务质量、保证车站有良好秩序、提高车站运输能力是十分重要的。因此，站房的布置必须满足下列要求。

① 站房的位置要和城市规划及市内交通网密切配合。通过式客运站，站房一般设在线路靠居民区一侧。尽头式客运站，站房一般设于站台线尽端。站房与站前广场及城市交通工具停车点之间，应有便捷、安全的通路。

② 各种流线应保证畅通无阻、行程便捷，避免交叉干扰，使旅客、行包和各种车辆在站安全、迅速地集散和通行。

③ 站房建筑的平面应按旅客的需要设置，便利旅客办理各种旅行手续，便于车站工作人员组织旅客上、下车。

④ 根据客流量的大小，尽可能使到达与始发客流、短途与长途客流分开。在站房内、站台上，应将行包、邮件的搬运与旅客上、下车的通路分开。

⑤ 站房应力求适用、经济、美观，并显示出城市的建筑风格和地理环境的特点，还要求有良好的通风和采光条件。还应有良好的取暖设备和可靠的空调设备。

⑥ 要考虑未来客流发展，留有发展余地，使站房扩建后仍然是一个协调的整体。

3. 站房内各种用房的设置

站房所具有的房舍及其布置，应根据站房等级、类型，服务于旅客的种类，车站工作量及工作性质等因素确定。大中型站房一般具有以下三类房屋。

① **客运用房**：由候车部分（各种候车室）、营业部分（售票厅、行包房、小件物品寄存处、问事处、服务处等）、交通联系部分（广厅、通廊、过厅等）组成。

② **技术办公用房**：运转室、站长室、办公室、会议室、公安室、信号楼等。

③ **职工生活用房**：为职工生活服务的各种用房。

下面结合如图 2.1 所示的北京站平、剖面简图，介绍客运用房的各种房室及其设置条件。

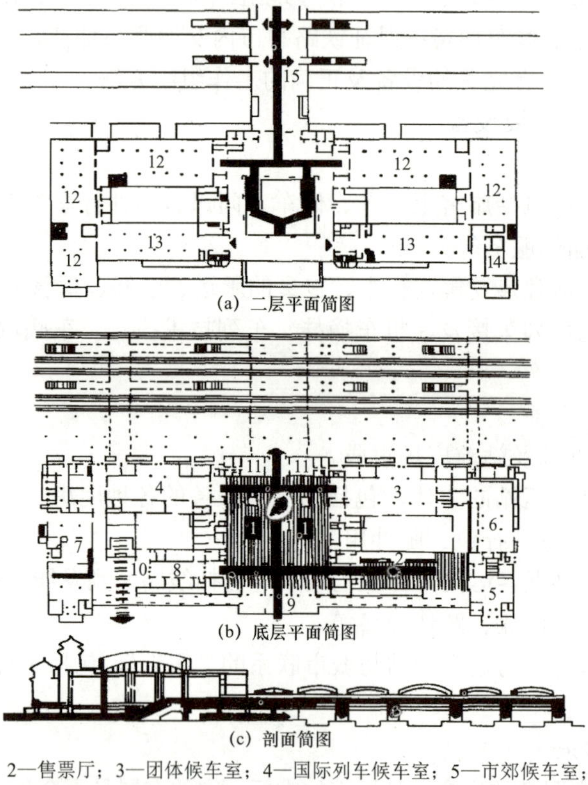

(c) 剖面简图

1—进站枢纽广厅；2—售票厅；3—团体候车室；4—国际列车候车室；5—市郊候车室；6—发送行包房；7—到达行包房；8—小件寄存处；9—主要入口；10—出站广厅；11—贵宾室；12—普通候车室；13—中转候车室；14—餐厅；15—高架进站交通厅。

图 2.1 北京站平、剖面简图

1）广厅

广厅起着通过和分配人流的作用，也称为交通大厅。广厅分进站广厅和出站广厅两种。

进站广厅又可分为营业广厅和分配广厅。

① 营业广厅：中小型客运站在进站广厅内设有售票处，有时将行包房、问事处也设在里面。营业广厅是客运站的通道，也是旅客办理旅行手续的地点。

② 分配广厅：在大型客运站，为了同时分配各旅客列车的旅客上车，在去往站台前即行分开，可在站台线上空设置分配广厅（即高架候车室），通往各站台都有出入口，分配客流极为方便，图 2.1（a）中的“15”即为北京站的分配广厅。

③ 出站广厅：一般设在大型客运站，是旅客出站的必经之地。在出站广厅内设有问事处、补票处、旅客服务处，为出站旅客服务。中小型客运站可不设出站广厅，而由站房旁边的检票口直接出站。

提示：也有的大型客运站只设一个中央厅，进出站旅客共用。广厅的一侧设置城市至站房及广厅到站台的入口，广厅的另一侧设置由站台至广厅及站房至城市的出口。广厅的中央部分办理旅客业务，供到达和出发旅客共用。

2）候车室

候车室是旅客候车、休息、排队进站的场所。候车室要为旅客候车创造舒适的环境，有良好的通风、采光、采暖、防暑、休息等设备，与其他站房的主要出入口有密切的联系，并尽可能靠近站台，减少旅客检票上车的行程。候车室的面积除特殊规定者外，一般根据一昼夜内在候车室旅客最高集结量，按每一旅客占用 1.1～1.2 m^2 计算。

候车室根据候车、营业、交通联系三部分的不同组合分成以下三种：

① 综合候车室：将与旅客关系最密切的候车、营业、交通联系三部分组织在一个空间中形成具有综合功能的候车室。其优点是使用机动灵活，利用率高。但当客流较大时，候车秩序乱，影响服务质量。

② 候车、营业、交通联系三部分分开布置：以交通联系部分为枢纽，将候车、营业部分联通，形成按旅客方向、性质或列车种类分别设置候车室，如普通候车室、母婴候车室、贵宾候车室、软席候车室等。这种候车室，候车条件好，便于组织客流，服务质量高。

③ 候车、营业、交通联系三部分既分又联的布置形式：将候车部分与交通联系部分集中设置，将旅客活动较频繁的营业部分单独设置，并设于进站通路的两侧。这种候车室旅客候车安静、方便，但候车旅客多时各种旅客互相干扰、秩序紊乱。

3）行包房

行包房包括行李、包裹的托运、提取处和行包仓库两部分。行包房的位置应与旅客托运、提取行包的流线密切结合，尽量减少与客流、车流的交叉干扰，并与客运用房、站台、广场取得有机联系，与跨线设备及运输方式取得密切配合。行包房的布置形式有下列两种。

（1）综合行包房

设一个行包房，兼办行包的托运和提取业务。这种布置的优点是行包仓库的利用、管理人员的安排和行包的搬运等方便灵活。缺点是行包的托运、提取流线易发生干扰，行包业务容易产生差错。根据行包房位置不同又可分为下列几种形式：

① 行包房设在旅客进出站流线之间，如图 2.2（a）所示。

② 行包房设在站房左侧或右侧，如图 2.2（b）、图 2.2（c）所示。

（2）分别设置托运和到领取包房

行包房设于站房的左侧和右侧，如图 2.2（d）所示。这种布置能方便进出站旅客托运和领取行包，又可避免行包流线与旅客流线彼此影响，但与一个行包房相比，对行包仓库的利用及管理人员的安排均不够灵活。

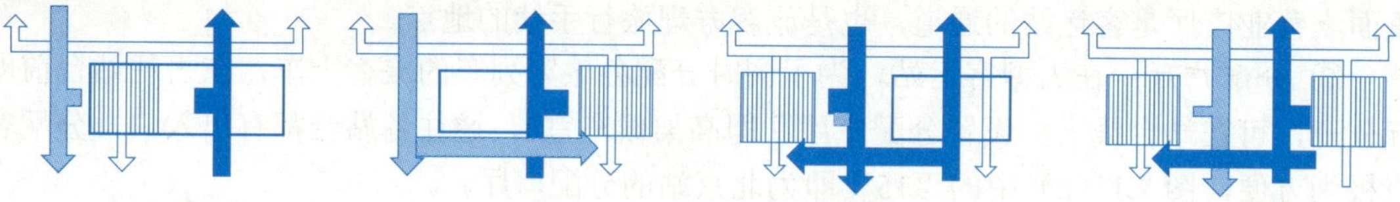

(a) 方案一　(b) 方案二　(c) 方案三　(d) 方案四

一行包流线；一行包房。

图 2.2　行包房在站房中的位置

4）售票处（厅）

售票处的位置及布置方式应根据客运站的性质、规模及旅客进站办理作业的程序等因素决定。中小型客运站的售票处设在广厅内进站口一侧，这样可使进、出站客流不发生交叉。大型客运站的售票处应设在进站流线的前端，直通站前广场和广厅，与候车室要联系方便。在站房之外另设售票处时，必须通过走廊与站房连接，减少旅客的露天行程。在中转旅客多的车站，可在站台内或出口附近设中转签字处。售票处应根据旅客发送量开设售票窗口，售票窗口需要量的其计算公式如下：

$$C=\frac{KA(1+\gamma)^{n}+m}{P\mu T}$$

式中：C——售票窗口需要量；

K——始发客流的波动系数；

A——计算期内到达售票大厅的旅客总人数；

P——售票员的平均服务强度；

γ——售票员的售票速度，张/ h；

T——计算期，h；

μ——客流的平均增长率，%；

n——设计年限；

m——根据客流特殊需要设置的额外窗口。

为方便旅客售票，减轻车站售票处负担，大城市通常根据市内人口及交通情况设置市内售票所和车票代理发售处。

5）问事处

问事处是解答旅客问讯的处所，如回答旅客列车发到时刻、购票、托运、提取行包手续等问题。三等以上车站应设置专门的问事处。其位置应在站内较明显的地方，并靠近售票处。在客流比较集中的大站可设几个问事处或设电视、电话问讯设备及电子信息显示系统。

6）小件物品寄存处

小件物品寄存处是旅客暂时存放携带品和小件行李的场所。小型客运站可将小件寄存处附设在问事处或行包房内。大中型客运站应单独设置，其位置最好能供进、出站旅客共用，如客流量大的车站可在进站大厅、出站口附近分设几处，方便旅客就近存取。

4. 站前广场及站场

1）站前广场

站前广场是客流、货流、车流的集散地点，是车站组织旅客室外候车和休息的场所，站前广场还可作为临时迎宾和集会的地方。

为保证旅客和车辆能安全、迅速、便利地通行，站前广场的修建应与城市规划密切配合，使城市道路与站前广场、旅客站房的进出口取得有机联系，尽量缩短进、出站旅客的步行距离，减少车流、人流、行包流的交叉和干扰。

北京站站前广场示意图如图 2.3 所示，从中可见站前广场由三部分组成。

① 各种车辆停车场，包括公共汽车站、地铁站、无轨电车站、小汽车停车场等。

② 旅客活动地带，包括人行通道、交通安全岛、乘降岛和旅客活动平台。

③ 旅客服务设施，包括旅馆、食堂、商店、邮局、汽车站、厕所等。

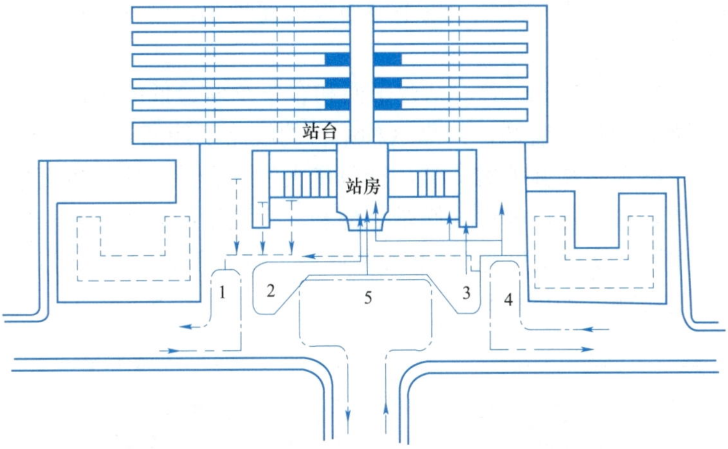

1—公共汽车站；2，3—地铁站；4—无轨电车站；5—小汽车停车场。

图 2.3　北京站站前广场示意图

2）站场

客运站站场内应设有旅客列车到发线、站台、跨线设备（天桥、地道、平过道）、雨棚及客车给水设备。

（1）旅客列车到发线

旅客列车到发线应设置在站台两侧，并在相邻两个旅客站台之间布置两股旅客列车到发线。

中间站旅客列车到发线的进路，一般应按方向别固定线路。客车始发、终到站应按列车固定进路。这样的安排，既便利旅客的乘降，也便于客运（站、车）作业。

注意：客运站除旅客列车到发线外，还应设有货物列车运行线、机车走行线、客车停留线等。

（2）站台及雨棚

为保证旅客安全，便利上、下车，提高旅客乘降速度，缩短行包、邮件的装卸时间，提高客运站的通过能力，在办理旅客乘降的车站均应设置站台。站台的数量与位置应与旅客列车到发线的数量相适应，随着客运站类型不同而有所不同。当客运站为通过式时，应设基本站台和中间站台；当客运站为尽端式时，应设分配站台和中间站台。如图 2.4 所示。

站台应硬面化，以保证雨季也能正常使用。按站台与线路钢轨顶面的高差值，可将站台分为三种：

① 低站台（高差为 300 mm），设在靠正线及通过超限货物列车到发线的旅客站台；

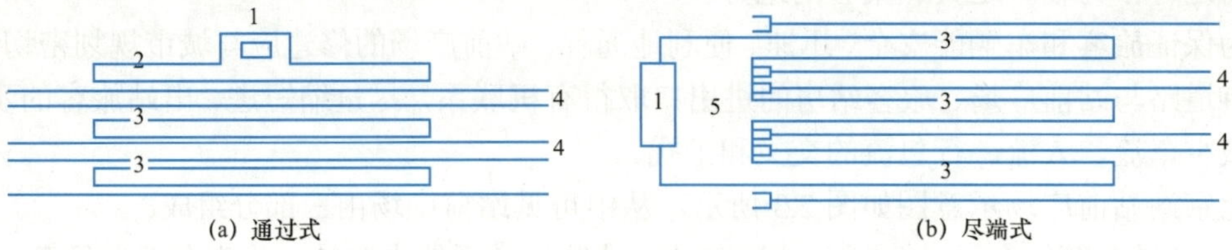

1—站房；2—基本站台；3—中间站台；4—到发线；5—分配站台。

图 2.4 旅客列车到发线的布置

② 高站台（高差为 1 100 mm），站台平面和旅客车厢车底平面相同，便于旅客乘降和行包装卸，但不能通过超限货物列车，也不能通过高速列车，这种站台设在特等站停靠旅客列车到发线的旅客站台；

③ 一般站台（高差为 500 mm），站台平面和客车车厢最低的阶梯踏板大致等高，这种站台也较便于旅客乘降和行包装卸，但靠这种站台的线路不能通过超限货物列车。

在客车的始发、终到站和其他客流量、行包量大的站台上，应设置雨棚。雨棚用于遮阳和避风雨，给旅客乘降和行包、邮件装卸带来便利。大型站的雨棚，其长度、宽度应分别与站台的长度、宽度相同。站台宽度超过 10 m 或站台上建有天桥、地道等，宜采用双柱雨棚，其他站台可采用单柱雨棚，如图 2.5 所示。

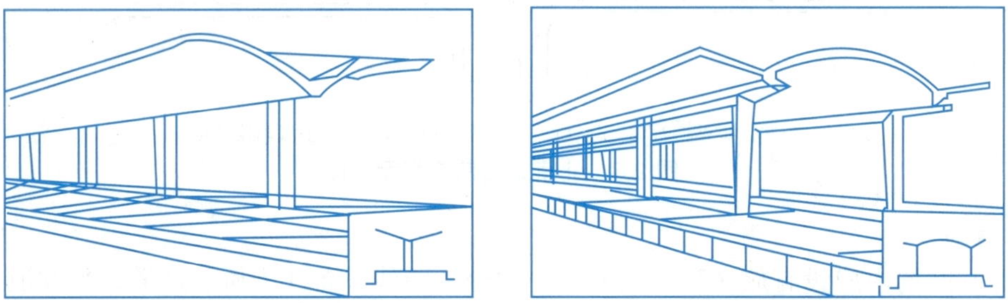

(a) 单柱雨棚　　(b) 双柱雨棚

图 2.5 站台雨棚

三等以上车站的站台上，根据需要可设售货亭、洗脸池和卫生设施。

（3）跨线设备

跨线设备是站房与站台之间或站台与站台之间来往的道路。它对于保证旅客及工作人员安全、便利地通行，保证行包、邮件安全便利地运送，提高通过能力，起着重要的作用。跨线设备按其与站内线路交叉关系可分为平过道及立体跨线设备。

① 平过道：这是最简便的跨线设备。在通过式车站，站台端部的坡底一般设置平过道，供运送行包和邮件的车辆跨越线路。在较小的客运站，一般在站房进、出口之间和中间站台适中的地方设置平过道。

② 立体跨线设备：最常见的立体跨线设备是人行天桥和地道。中型站一般应设立体跨线设备，大型以上的客运站，为避免进、出站人流对流阻塞，需设置两个立体跨线设备，这样的车站究竟建造天桥还是地道，应依据站场条件、地形地质、工程造价、站房而定（侧上式和侧平式站房宜造天桥，侧下式站房宜造地道）。一般来说，车站建两个立体跨线设备——一个天桥（进站）、一个地道（出站）为宜。

（4）客车给水设备

旅客列车始发站、技术作业站和折返站应设客车给水设备。客车给水设备包括水井、水栓和胶管。每两股旅客列车到发线之间应设置一组水井，每组水井的数量同列车编组相同，即主要干线不少于 20 个，其他干线不少于 18 个，一般线路不少于 16 个。给水栓应设置为双头的，便于同时给两列车上水。上水胶管的长度一般为 25 m（一辆车厢长度）为宜。客车给水站的分布距离以 150～200 km 为宜。

知识点 2 铁路客运站工作组织

客运站工作组织，包括售票、行包运送及客运服务工作。由于客运站的设备、条件、工作量及客流性质各有不同，因此具体的组织方法应根据实际情况来确定。

1. 售票工作组织

售票工作组织是客运站工作组织的重要组成部分。它的具体任务是正确和迅速地将车票发售给旅客。客运站通过售票把广大旅客按方向、车次有条不紊地组织起来纳入运送计划。为保证旅客及时、方便地买到车票，客运站必须做好售票组织工作。

1）售票处的种类

（1）车站售票处

车站售票处售票范围比较全面，以发售当日车票为主，同时也预售车票及办理电话订票、送票等业务。

车站售票处应根据设备条件，旅客的流向、流量，合理划分各售票窗口的售票范围，如有发售全国各站的窗口、有发售某线或该线某段的窗口、有发售某方向或某列车的窗口，还有专发售军人、通勤客票的窗口及中转、加快窗口等。当售票处使用电子计算机售票时，则各售票窗口均可发售全国各站的各种车票。客运量较大的车站，各售票窗口应昼夜不间断地发售车票。客运量较小的车站，应固定售票时间，并向旅客公告。

（2）市内售票所

市内售票所主要办理预售车票，一般设在市内交通便利、人口集中、商业繁华的地点。

（3）临时售票处

在节假日服务于突然增大的客流而深入厂矿、企业、机关、学校临时设置的售票场所，发售当日车票或预售车票，以减轻车站和市内售票所的负担。

另外，铁路可与厂矿、企业、金融及事业单位签订协议，开辟车票代理发售点等。

2）售票的主要设备和业务资料

（1）主要设备

主要设备有电子计算机、车票打印机、USBkey、储票柜、保险柜、计算器（算盘）、学生优惠卡识别器、多功能验钞机、双向对讲扩音机等，并要有良好的通风和照明以及便于售票作业的专用桌子和转椅。

（2）业务资料

业务资料有《铁路旅客运输规程》《铁路客运运价规则》《铁路旅客运输办理细则》《铁路旅客运输管理规则》《客运规章汇编》《铁路客运运价里程表》《铁路旅客票价表》《国际旅客联运协定》《国际铁路客运运价规程（国际客价）协约》《铁路军事运输计费付费办法》《全国铁路旅客列车时刻表》《铁路列车编组顺序表》，以及中国地图、全国铁路客运营业站示意图、全国快车始发站、停车站名表和本站列车到发时刻等。

3）售票处工作组织

售票处的工作是合理组织客流、实现计划运输的重要环节。为保证旅客迅速、正确地办理乘车手续，售票处必须有周密的售票计划和良好的工作组织。

（1）售票计划的编制

客运量较大的车站，必须制定客票发售计划，以免造成列车超员或座位虚糜现象。编制售票计划，应根据列车定员、超员率、团体预留票额、中转旅客的规律数及近期客流的变化情况进行发售票额分配。

① 始发列车的发售票额分配：应以客调批准的票额总数作为发售票额分配数，减去预计中转换乘人数，余额为始发站的计划售票张数，再减去预售票数量，剩余数即为当日的发售数。

② 过往列车的发售票额分配：有固定票额的列车，按固定票额售票和签证；无固定票额的列车，实行票额共用和席位复用。票额共用是指车站“公用”用途票额，允许被列车运行径路前方多个车站使用，旅客根据需要选择乘车站购票，并按票面指定乘车站乘车；席位复用是指对客票系统席位售出后，再次生成从售到站至原限售站的新席位，使列车能力再次利用。

（2）售票工作

售票是一项细致的工作，既要有较快的速度，又要保证票款准确，同时还要解答旅客问询。因此，售票员应有熟练的售票技术和良好的工作态度。

① 售票作业程序。

售票作业过程中，不仅需要解答旅客问询，保证票据、票款准确，还要快速地发售车票，减少旅客购票时间，因此售票工作是一项需要耐心的工作，同时要求有固定的流程，以免出错。在实际售票过程中，为防止差错，又好又快地发售车票，要求售票员做到“问”“输”“收”“做”“核”“交”六字作业法。

问：问清旅客乘车日期、车次、发到站、席别、票种、张数、支付方式等。

输：输入旅客乘车日期、车次、选择发到站、票种、数量及席别。

收：一是收取购票款、乘车人有效身份证件，认真清点、核对，并根据计算机找零显示，正确找零款；二是银行卡购票时，在作业系统中选择银行卡支付功能，在 POS 机上刷卡扣款，旅客在消费凭条上签认，确认扣款成功后，方可进行下一步操作。

做：录入旅客提供的乘车人有效身份证件号码后，打印车票。

核：核对票面信息，产生废票时及时作废处理，注明废票理由并加盖名章。

交：将车票、余款（银行卡、消费凭条第二联）及证件交给旅客，同时唱收唱付。

② 改签作业程序。

旅客购票后，如果不能按票面指定的日期、车次乘车，可在票面指定的日期、车次开车前办理一次提前或推迟乘车签证手续。 始发改签采用“接”“问”“输”“做”“核”“交”六字作业法。

接：接过车票，审核原票是否有效。

问：问清旅客改签的乘车日期、车次、到站、席别。

输：扫描原票，还原票面信息，确认原票无误后，再将改签信息输入计算机。

做：按系统提示退还或补收新旧车票票价差额，正确办理银行卡支付业务，并制出新票。

核：一是核对新票票面信息；二是复核票价差额与新票票价之和是否与原票票款相符。

交：将车票及余款（银行卡、消费凭条第 2 联）交给旅客，在原票上加盖印章，并将原票（商户存根联）收回，放入抽屉归类存放。

③ 退票作业程序。

旅客购票后，如需取消行程，可以在票面开车前办理退票手续。退票采用“看”“输”“核”“盖”“交”五字作业法。

看：看票面日期、车次、发到站、票价、有效期，有无行李戳记及禁退标志，旅客提供的身份证件是否与票面所载一致，有无卡购、网购车票标记，发现问题要问清车票来历、票价及退票原因。

输：选择退票理由，将票面信息输入计算机。

核：确认票面内容和计算机显示一致后，进行退票。

盖：纸质车票人工加盖“退”字章，并将所退车票按序存放。

交：一是按净退款额点清退款，将应退款及退票报销凭证一起交旅客，收回已退车票；二是银行卡购票旅客退票，进行刷卡后，净退款直接返回卡内，将 POS 机凭条第一联由旅客签字后收回，第二联、退票报销凭证、银行卡、有效身份证件一起交旅客。

由于卡购、网购车票的增多，以及实行阶梯式退票，在输入票面信息前，要告知旅客退票的手续费及卡购、网购车票钱退回原购票的银行卡，征得旅客同意后退票。

④ 交班作业程序。

售票员交班作业时需清点票款、核对票据等，应采用“关”“点”“填”“交”“核”“登”六字作业法。

关：关窗停止售票，并将关窗停售信息提前 15 min 以上向旅客公告。

点：清点票款、票据，留好备用金。

填：一是将 POS 机进行结账操作，打印结账统计单后，将作业系统进入结账状态；二是填写“售票交款单”和“客票售出登记表”，退票窗口还需填“票据整理报告”；三是将售票款额和 POS 机结账金额输入计算机，按“结账”按钮后再按“交班”按钮，退出作业系统。

交：将票款封好，交进款员签收。

核：核对废票、改签票和退票的车票。

登：在“交接班簿”上登记未使用票卷起止号、未使用异地票手续费起止号、退票窗口的退票报销凭证起止号、备品、设备使用状况是否良好。 退票窗口还需核对备用金。

（3）票据的请领和保管

客运站的各种车票、票据应有一定的储备量。储备车票、票据由车站票据库统一请领、保管和发放。

① 票据的请领。

请领车票（含电子计算机的软纸票、代用票等）必须根据年度客流动态及节假日客流情况，结合全年运量确定全年用量，于每年 11 月份提出次年的印制计划，并按 2～4 个月的储备量填报票据请领单，向铁路局集团公司收入部门请领车票。

票据请领单一式四联，甲、乙、丙、丁四联均为白纸黑色印刷。甲联由局收入部门登账，乙联由局票据库存查，丙联在收到票据后签回铁路局集团公司收入部门，丁联站段存查。

请领单位收到寄来的车票后，应按丙联所列车票号码、数量进行清点，并在收到后对计算机车票在 15 d 内、其他票据在 10 d 内全部点完，将请领单丙联加盖公章及点收人名章，注明收到及点完日期，寄回铁路局集团公司收入部门。同时将收、点完、寄回日期填注在丁联上以备核查。

在点收中如发现数量不符或印刷错误，应将实际收到的车票符号、号码、数量和差错情况做成记录，加盖单位和点收人名章，连同原车票及请领单丙联一并寄回铁路局集团公司收入部门处理。

② 车票的保管。

车票为有价证券，必须妥善保管。车票发售量较大的车站均设有票据库，由专人负责建账保管。

车站售票处的窗口，要备足一日发售的车票，不足时售票员应按规定填写票据领发单，向票据库请领。票据库按窗口票据领发单配发。配发的车票要进行清点，核对无误后盖章签收，妥善保管。

(4) 售票室日常工作管理

① 严格按照规定票额分配计划售票，遇特殊情况经上级部门同意需增加票额时，售票室还必须向客运室通报，以便加强组织。

② 售票室要根据客流情况及时加开窗口，减少旅客的排队时间。

③ 发售一张车票不超过 2 min。废票立即处理，加盖戳记，入柜保管。废票率不超过千分之三。填写票据、报表规范、清晰，内容准确，字迹工整，不使用错字、不规范的简化字，代用票剪断线不错剪，按规定加盖站名戳和名章。

④ 对团体旅客票要提前预订，并将客流变化情况及时向上级部门汇报，以便及时调整票额。

⑤ 经常深入各大院校、疗养院，组织团体客流，努力增收。

2. 行包运送工作组织

行包运输是旅客运输的一个组成部分。组织好行包运输，既方便旅客旅行，又能充分发挥行李车的使用效率，有利于完成工农业急需物资的运输任务。客运行包组织工作要做到：按计划承运，及时装车，保证运输安全，并方便旅客托运和领取。客运站行包组织工作分为行包的发送作业、到达作业、中转作业和行包房服务工作。

1) 行包的发送作业

行包的发送作业包括行包的承运、保管及装车作业。

(1) 行包的承运

承运是行包运输的开始，也是铁路承担运输责任的起点。车站必须做好承运工作，为安全、迅速、准确地运输行包创造良好的必要条件。对承运的行李，应随旅客所乘列车或提前装运。承运大批行包时，应事先汇报客调预留行李车容积或组织整车运输。遇节假日、学生、新老兵运输及地区性大型会议等，车站可派人上门办理承运，也可设专口办理团体行包。

承运包裹时应分轻重缓急，按一、二、三、四类包裹的顺序有计划地承运，按指定日期搬入站内，并按下列方法计算包裹的承运件数：

本次列车应承运的包裹数=本次列车计划装车的总数−本次列车行李规律数−中转行包件数−库存本次列车待装件数

行包承运作业过程如下：

① 旅客托运行李，应提出有效客票和行李托运单。托运包裹时只提出填写好的包裹托运单，经安全检查将托运物品交过磅处。

② 车站应认真检查品名、包装是否符合运输包装标准，如适合运输条件，则正确检斤

并在托运单内填写重量，在标签上加盖行包票据号码并拴于行包两端，如托运易碎、流质等物品，还应在包装外部粘贴安全标志。

③ 按规定正确、清楚地填写行李和包裹票，计算并核收运费，将行包票（丙、丁联）及剩余款额交还旅客或托运人。

为了提高行包承运工作的服务质量，减轻车站行李员的劳动强度，近几年在较大的客运站行包房开发了微机控制的行包检斤制票系统。该系统由数字显示秤、微型机和打印机组成，具有下列功能：

① 将行包秤上检斤的重量通过电缆和接口传入微机；

② 自动查找全路各营业站里程及判断经由站名；

③ 根据行包到站判别一切办理限制；

④ 根据品名自动判别包裹类别；

⑤ 自动计算运杂费；

⑥ 自动打印行包票据；

⑦ 分项目结算行包日、旬、月报。

此外，采用拼音方式检找不常用站名；对于常用站名，可一键输入快速调出。由于该系统从旅客托运行包的检斤、查出里程、计算运费，到最后打印出行包票据等环节由微机自动完成的，所以可大大提高工作效率。同时，这一系统还可以随时查账，仅用 2 s 就可以查找到今天开始至现在要查的账目，用 3～4 min 就可以做完旬、月报表，可以减少行李房的复检、总检工作及铁路局集团公司收入部门对票据的审核工作。

（2）行包的保管及装车

① 行包保管。

承运后的行包，按方向、区段（到站）或车次分别堆放在发送仓库的货位上。货位的划分应以保证容易清点、便于装车及行包不受损坏为原则。一般情况下，对行李运量不大的车站，可按区段堆放，包裹按到站堆放；对大批的行李或包裹，应按票堆放，便于做装车计划。运输报单必须与行李、包裹同行，以免发生票货分离。

车站行李员应掌握各次列车行李车的编挂位置、车型容积、载重及车站计划装车的件数，做好计划运输、均衡运输，并严格按国铁集团制定的“行李、包裹运输方案”做装车计划，消灭不合理中转，提高行李车的利用效率及行包的运输速度。

行包计划装运数量于前一日报局客调。客调平衡后，按车次编制与下达各客运站、各区段有关站的行包装运计划，届时各站按计划和列车预报组织装车。

② 行包装车作业过程。

a）*编制行李、包裹装卸交接证*：计划行李员根据行李、包裹运输方案，按车次配好待装的行李、包裹票（运输报单），装车行李员按票逐项核对现货，无误后按到站顺序编制行李、包裹装卸交接证，一式两份（一份站存，一份交给列车）。

b）*编制行包装车站顺单*：为便利站、车行李员装车点件，提高装车速度，车站行李员装车前再次进行票货核对，确认无误后按装车顺序编制行包装车站顺单，统计装车件数。

c）*装车*：站、车行李员先交换票据，先卸后装，票货核对无误后，双方分别在装卸交接证上盖章签收。车站行李员根据列车行李员的预报，及时正确地将卸车件数、剩余容积向前方站转报，必要时向铁路局集团公司客调汇报。同时，将装、卸车的行李、包裹交接证交计划行李员，以便统计发送、中转、到达的行包件数及流量、流向。

多装巧装是提高行李车装载能力的有效措施，因此必须按轻重配装的原则做好装车计划，实行中转、始发同装，沿站分装，大小套装，分别隔离。装卸员要根据列车行李员指定的货位，分方向、按站顺装车，并做到“大不压小、重不压轻、大件打底、小件放高、堆码整齐、巧装满载、便于清点”。

2）行包的到达作业

行包的到达作业包括卸车、仓库保管和交付。

（1）卸车

① 车站行李员于列车到达前与行包计划员联系预报情况，确认卸车站台，预先准备好人力和搬运车辆。

② 列车到达后，车站行李员接收并清点运输报单总数，确认与交接证相符后，按票点件卸车。一般采用“边卸、边点、边装搬运车”的货不落地的方法，以缩短行包进库和搬运时间。在中转量大的车站，应根据预报件数组织专人负责分拣行包，根据标签上的到站，分中转和本站到达，边卸边分方向分行李、包裹，以免发生卸后再挑货件的重复作业。卸车后要对所卸行包清点件数，检查包装，无误后在交接证上盖章签收，严禁信用交接。发现件数不符、行包破损或有其他异状时，经确认后应在交接证上注明现状，由站、车行李员按规定手续处理，并对行包随即按到达、中转分别送入库内，对立即中转的行包应送至装车站台。

（2）仓库保管

为保证到达行包安全和完整，应及时将卸下的行包送到仓库保管。为便于查找对照，应根据作业量的大小和车站设备条件采用不同形式的分区堆放的方法，常用分区堆放方法如下。

① 按件分区：以票据尾号（0～9）为标准，再按每一尾号分为 1 件区、2 件区、3 件区……10 件区，11 件以上的为多件区。这种方法适于仓库面积较大的车站。

② 按线分区：按线别划分为上行线区、下行线区。有三条线路以上时，分为某线区或某方向区，并分别以票据尾号（0～9）再划分货位。

③ 按票据尾号分区：不分件数、线别和到达日期，只按票据尾号（0～9）划分货位。

各站应根据具体情况进行堆放，不宜强求一致。容易破损的货件应单放，零星小件应放在明显处。

行包进入仓库后，接车行李员与仓库行李员应办理交接，将到达日期、车次填记在运输报单相应栏内，再按运输报单填写行包到达登记簿，注明堆放货位。运输报单的整理和保管亦应按上述堆放区域划分，分别整理，并在专用格子里保管以便查找。仓库行李员交接班时，凭交接簿进行票货核对，并严格执行“货动有交接、交接有手续”的安全工作制度。

（3）交付

交付工作是行李、包裹运输过程中最后一道工序，是铁路负责运输全过程的结束，也是全部运输过程的一个重要环节，交付后双方不再承担义务和责任。

① 包裹到达后，应用电话或明信片通知收货人及时领取，防止包裹到达后长期占用仓库。

② 旅客或收货人领取行包时，凭行李票或包裹票先到行包房换票处换票。换票处将运输报单所记载的到达日期、车次及通知日期、时间填记在行李、包裹票有关栏内，并填记交付日期和货位编号。在运输报单上填记交付日期，如超过免费保管期则按规定核收保管费，然后将行李票或包裹票交收货人，收货人持票到库房领取行李或包裹。

③ 办理交付的行李员，对行包票和行包运输报单、货签所记载的票据号码、件数、发站、到站及托运人、收货人姓名、地址核对无误后，在行李票、包裹票和运输报单上加盖“交

付讫”戳记，将运输报单连同行李或包裹交付旅客或收货人。

3）行包的中转作业

行包的中转作业是指行包在中转站卸下后，再装入其他旅客列车中的行李车内继续运送的作业。作业内容前半部分与到达行包的卸车作业相似，后半部分与始发行包的装车作业相似。

为加速行包的运送，在装车时应注意将包裹和中转的行李以直达列车装运。没有直达列车时，应以中转次数最少的列车装运。途中有几个中转站次数相同时，应首先在有始发列车接运的车站中转。如途中有几个站都有始发列车接运，原则上应在最后一个中转站中转，但其他站应适量分担。途中都没有始发列车时，应在最后一个中转站中转。

为缩短中转时间，站、车应加强预报。中转站应按国铁集团规定的“行李、包裹运输方案”做好中转计划，并采用“快速中转”的作业方法，即指定对各站较熟悉的装卸人员根据中转计划对中转的行包按标签上的到站边卸边分中转方向，分别卸在搬运车上。对能立即中转的，逐票进行核对，核对无误后送往列车停靠的站台装车。对不能立即装车中转的，核对票、货相符后，按方向别送中转库或始发仓库加以保管。过往列车的行包中转作业应先卸后装，特别注意点件和交接，防止误装、误卸。装车后应按中转方向、件数及时向前方站预报。

在中转过程中，如发现行李、包裹有破损、减量、无货签或有其他异状时，应会同有关人员采取措施进行处理，不给到站或另一中转站造成困难。

4）行包房服务工作

（1）行李、包裹的接取和送达

车站应以“人民铁路为人民”为宗旨，全面开展文明服务，礼貌待客，并扩大服务项目，办理行李、包裹的接取送达业务，做到“接货上门，送货到家”。这样可使旅客和收货人节省办理托运或领取手续的时间，免除其自找运输工具的麻烦，同时也为铁路实行计划运输提供有利条件，减少行包房的拥挤，提高行包仓库的使用效率。

行李、包裹的接取和送达是根据旅客或托运人、收货人的委托来办理的。车站接到旅客或托运人、收货人的委托后，即行组织接取或送达，但行包托运人须凭接取证亲自到站办理。送达时应收回行包票，另行填发行李、包裹送达票，交旅客或收货人作为送达后领取的凭证，并按规定核收手续费和搬运费。

办理接取、送达所使用的交通工具，有的车站自行配备，有的则由车站和市内运输部门采取联合运输的方式办理。搬运费根据规定的标准核收。

（2）行李、包裹的包装服务

为确保行包在运输过程中的安全、完整，方便旅客和托运人，行李房应设立包装组，为旅客或托运人托运行包进行包装服务，真正做到方便旅客托运。

3. 客运服务工作组织

客运服务工作，要树立全心全意为人民服务的思想，坚持“全面服务、重点照顾”的原则。要以“人民铁路为人民”为宗旨，做到“三要”“四心”“五主动”的优质服务，使人民放心，使人民满意。

① *三要*：是指对待旅客要文明礼貌、纠正违章要态度和蔼、处理问题要实事求是。

② *四心*：是指接待旅客热心、解答问题耐心、工作认真细心、接受意见虚心。

③ *五主动*：是指主动迎送旅客、主动扶老携幼、主动解决旅客困难、主动介绍旅行常识、主动征求旅客意见。

客运服务工作包括问事处、候车室服务工作，旅客乘降工作，广播宣传工作，小件寄存工作，车站美化及卫生工作。

1）问事处服务工作

车站问事处的基本任务是正确、迅速、主动、热情地解答旅客旅行中提出的各种问题，使旅客在购票、托运和提取行李、上车及中转换乘等方面得到便利。问事处应根据客流动态及车站具体情况进行宣传和组织工作，尽可能使旅客在旅行中不发生错误。解答旅客问询的方法有两种：口头解答、文字解答。

（1）口头解答

口头解答指的是通过问事处的电话、广播解答旅客问题，或者直接回答旅客的问题。

口头解答有很大的灵活性，它可针对当时的实际情况随时解决问题，效果较好。在列车到、发前后或列车晚点、满员时旅客问询较多，问事处可用广播来解答旅客中带有普遍性的问题，使有同类问题的旅客都得到答复。解答问询要耐心热情，做到有问必答、答必正确、百问不烦，让旅客满意。进行通告时一定掌握好时机。为正确及时解答旅客所提出的各种问题，问事处应收集和积累各种资料。

（2）文字解答

文字解答是让旅客通过自己的视觉来解决自己的问题。车站应在问事处、售票处、候车室等旅客经常逗留的地方，提供旅客列车时刻表，车票票价表，办理车票、行包手续应注意的事项说明，铁路营业站示意图，车站所在地市区交通路线图及其他临时公告等图表或文字说明。图表的内容要通俗易懂，版面要美观，夜间应有充足的照明。在大型客运站还设置先进的电脑视导系统及触摸式问讯电脑。

2）候车室服务工作

候车室是旅客休息和候车的场所，昼夜都有大量的旅客，而且流动性很大，车站必须为旅客创造一个良好的候车环境。候车室一般凭票候车，但对那些夜间下车不能回家的旅客也允许他们在候车室休息。较大的车站，可按旅客去向设置候车室，或按车次、席别、客流性质设置候车室。

候车室工作人员应保证候车室有良好秩序，要主动、热情、诚恳、周到地为旅客服务。候车室服务工作包括以下几个方面。

① 候车室服务人员应仪容整洁、大方，耐心解答旅客问事，使用文明用语。主动迎送旅客，凭票进入候车室，引导旅客按方向、车次顺序候车。为保证旅客安全，又保证旅客休息，应及时清理候车室内闲杂人员，保证候车室秩序良好，并对进入候车室的旅客进行安全检查。

② 候车室门口或进站口应配置危险品检查仪，要建立人机结合检查危险品制度，做到件件检查；检查仪操作员须经培训，持证上岗。无危险品检查仪的车站，要设立危险品检查岗，有专人负责，春运、暑运期间做到件件开包检查，平常应做到重点开包检查。 检查人员检查危险品时，应佩戴“安全检查证”；对查堵的危险品要填写“危险品检查登记簿”，罚没危险品应出具“没收危险品决定书（兼收据）”；非法枪支、弹药、雷管、炸药、导火索、管制刀具等交由公安人员处理，其他由客运部门妥善保管，按规定报局批准后处理。

③ 了解列车运行情况，及时通告有关列车到、开和检票进站时间。加强安全、卫生及旅行常识的宣传工作。落实作业标准，严格执行预检、停检等制度，组织旅客有秩序地进站、上车，消灭责任事故。

④ 搞好清洁卫生，除随脏随扫外，应根据列车开、到时刻，在候车室内旅客较少时进行清扫工作，避免对旅客的干扰。

⑤ 保持室内空气清新，候车室门窗要定时打开，保持室内空气流通。要定期由防疫部门对候车室进行消毒。做好吸烟危害健康的宣传，候车室内禁止吸烟，对吸烟旅客以劝诫为主，个别不听劝阻的进行必要和适度的罚款。冬季搞好采暖，夏季搞好降温，为旅客创造良好的候车环境。

⑥ 旅客至上、优质服务，满足旅客饮水、吃饭、洗脸和文娱活动等要求。

⑦ 保证候车室内服务设施完好，标志明显，揭示牌内容准确，在明显处设立旅客意见簿和投诉簿，公开路内举报电话，自觉接受旅客监督。

3）旅客乘降工作

（1）检票作业

为维护站车秩序，保证旅客安全，防止旅客乘错车，车站对进站旅客以及送客人员持用的车票、站台票要进行检验。

① 检票时间。

根据客流量和站场条件确定检票放客时间，对于始发列车，一般在开车前 40 min 开始检票；对于路过列车，到站前 20 min 开始检票。检票前先通报检票车次、列车终到站及停靠的站台，宣传进站上车的安全注意事项等。检票时应遵循先重点（老、弱、病、残、孕、带小孩的旅客）后团体再一般的顺序进行。

同时，根据检票口到列车的距离，合理确定停止检票时间，并向旅客公告。当在检票放客过程中，听到广播通知停止检票时，检票员应及时关闭检票口，对未赶上车的旅客做好解释工作。

② 检票方式。

一是人工检票，检票时要确认车票的日期、车次、发到站、签证是否正确，并认真执行“一看（看日期、车次）、二唱（唱到站）、三剪（加剪）”制度。对于实名制车票，还要检查乘车人的有效身份证件，票、证、人一致时，才能放行。对于持减价票乘车的旅客，还要检查其相应的减价凭证，如学生证、中华人民共和国残疾军人证等。

二是自动检票机检票。随着高速铁路及动车组列车的快速发展，磁介质车票逐步代替传统纸质车票，为铁路车站实行自动检票提供了基础条件，实现了旅客自动检票、快速通关。自动检票机通过自动从客服系统集成管理平台获取列车检票信息和检票计划，旅客持当日当次有效的磁介质车票，将车票插入磁票入口，由自动检票机读磁，检查票磁信息合法性并判断检票计划、票种。如车票不合要求，则从磁票口退出车票；车票合法时，即回写检票磁信息并打印进站标志（进站标志为黑三角，出站标志为覆盖进站标志的黑方块），然后将车票从磁票出口弹出，旅客取回车票，闸门打开，待旅客通过后，闸门自动关闭，接着进行后续旅客车票的检验。

车站设置自动检票机检验车票时，应保证设备良好，应用自如，一旦发生故障，应迅速排除。如不能及时排除故障，应立即采取手工检票，避免耽误旅客进站上车。事后通知维修人员进行处理。

（2）乘降工作

检票放客进站上车或列车到达旅客出站时，站台客运员应坚守岗位，维护好站台秩序，并做好下列乘降工作。

① 组织有序。

在检票放客、列车到达之前，站台客运员应清理站台，劝离闲杂人员，保证通道畅通。

对进出站旅客应按最短径路组织流线，防止客流交叉，相互干扰。同时，对天桥、地道、平过道等关键部位要加强防护，提醒旅客注意安全。

② 引导上车。

站台上应设置进出站引导标志、列车编组情况的指向牌。在检票放客时，站台客运员应引导旅客上车。对路过列车提前放客时，应组织旅客站在安全白线内，并按车厢位置排队等候。当同一站台有两趟列车同时乘降作业时，应加强组织与宣传，防止旅客误乘。

③ 疏解出站。

对出站旅客要及时进行疏解，遇到行动不便的旅客要做好帮扶工作，车站广播室亦要通过广播来引导旅客出站，保证广大旅客方便、快速、畅通离站，并按规定查验车票，正确为旅客办理补票业务和携带品超过规定补收运费的手续。

4）广播宣传工作

客运站的广播对客运工作人员起着指挥生产的作用，对旅客起着向导作用。通过广播，可将车站的接发车准备、检收票、清扫及整顿秩序等工作及时传达给工作人员，以便按照统一的作业过程，有条不紊地完成各项工作。通过广播，将列车的到达、出发时刻及其他有关事项通知候车室、广场和站台上的旅客，以便组织旅客及时进出站和上下车。对广播工作的具体要求是：

① 认真执行党的方针政策，充分发挥广播对旅客的服务、宣传、组织作用；

② 广播员应按照列车到开顺序和旅客候车规律编制广播计划，做好安全、服务、卫生和旅行常识的宣传，按时转播中央人民广播电台的新闻，适当播放文娱节目；

③ 转播时要预先确认，认真监听，严防误转错播，直播时要事先熟悉材料，做到发音准确、音量适宜、语言通俗易懂，并要积极收集资料，丰富广播内容；

④ 勤与运转室联系，准确掌握列车运行情况，遇有列车晚点及作业变化要及时广播通告；

⑤ 爱护机械设备，熟悉机械性能，精心使用，严格管理，认真执行操作规程。

5）小件寄存工作

小件寄存处是为旅客临时保管随身携带品的场所。做好寄存工作，能给上车前、下车后的旅客创造便利条件。寄存物品体积小，重量轻，存取时间集中、紧迫。为安全、正确、迅速地完成寄存工作，应设置带格的物架，对寄存物品实行分区、分堆、分线保管。一般采用寄存票尾号对号保管。

对笨重大件的或集体旅客寄存的大批物品，可堆放一起分堆保管，易碎品应固定货位存放。在大的客运站，现已采用电子技术控制的双控编码锁小件寄存柜，旅客可自己选定号码开柜，既安全又方便，为车站服务人员的管理工作创造良好条件。

6）车站美化和卫生工作

（1）车站美化和卫生要求

客运站是城市的大门，是旅客聚集的地点，做好车站的清洁卫生、站容整顿和绿化工作，既可美化站容、净化空气，又能为旅客旅行提供良好的环境。

① **车站站容**：要求达到庄重整洁、美观大方、设备齐全、标志明显、搞好绿化。栽种树木以常青树为宜，并采取乔木和灌木、花树和花卉相结合的绿化方法，有规划地绿化车站。合理安排站前广场上各种车辆的停靠位置和走行通道，统一布置大型宣传广告和标语。

② **车站卫生**：要求达到窗明地净、四壁无尘、内外清洁、消灭四害。为此，要保持车站的卫生，必须建立日常清扫与定期突击相结合的管理制度，按班组划分清洁区，分片包干

和专人负责相结合，执行检查评比制度并定期公布。

（2）车站的旅客文化生活服务设施

在大站，通常设有以下 4 类旅客文化生活服务设施。

① 书报阅览室：设置在候车室或广厅内，室内布置整洁、明亮，备有足够数量的桌椅、书报、杂志，并按期及时调换，旅客可借用报刊和文娱用品。

② 电视厅、电影院：在较大的客运站上设有电视厅、电影院，放映时间应根据车次、客流情况而定。

③ 餐饮店：为满足旅客在饮食方面的需要，应设置餐饮店，条件许可的，可增设茶室。在候车室内，应经常保持足够的供旅客饮用的开水。茶杯应消毒。

④ 售货部：站台上应设有售货亭及流动售货车，候车室内应设有小卖部，在大型客运站还可开设商场，供应旅客在旅行生活中所需的商品，从而使车站转变为多功能的服务场所。

2.1.5 任务考核

1. 理论考核（40 分）

该部分通过完成以下习题，获得理论考核成绩。

1）选择题（每道题 2 分，共 16 分）

（1）一般车站可采用（　　）的低站台。

A. 1 100 mm　　B. 700 mm　　C. 300 mm　　D. 500 mm

（2）车票请领时站段留有的是票据请领单中的（　　）联。

A. 甲　　B. 乙　　C. 丙　　D. 丁

（3）北京火车站到达、中转列车进站和出站都是沿相同的到发线反向而行，待牵出后再由不同方向的线路运行，根据以上叙述可确定北京火车站是（　　）。

A. 通过式车站　　B. 尽头式车站　　C. 市郊客运站　　D. 枢纽站

（4）办理客运的车站主要设施应包括（　　）三部分。

A. 站房、站台、雨棚　　B. 站房、天桥、地道

C. 站房、站场和站前广场　　D. 站房、站台、站前广场

（5）大中型客运站站前应有广场，站台应有雨棚（根据需要可设无站台柱雨棚）、导向设备，跨越线路应采用（　　）。

A. 高架天桥　　B. 平交过道　　C. 地道　　D. 天桥或地道

（6）车站根据（　　），开设足够的售票窗口。

A. 旅客运输的能力　　B. 旅客发送量

C. 客流的流量、流向　　D. 旅客发送和中转量

（7）问事处的工作包括（　　）。

A. 口头解答和文字解答　　B. 口头解答

C. 口头解答和电话解答　　D. 电话解答

（8）站容车容标准：庄重美观、（　　）、设备齐全、标志鲜明。

A. 四壁无尘　　B. 环境优美　　C. 整洁卫生　　D. 窗明地净

2）判断题（每道题 4 分，共 24 分）

（1）（　　）始发车提前 20 min 开始检票。

（2）（　　）中间站提前 10 min 开始检票。

（3）（　　）客运站站台包括一般站台和高站台。

（4）（　　）“三要”是指对待旅客要文明礼貌，纠正违章要态度和蔼，处理问题要实事求是。

（5）（　　）客车给水的上水胶管一般为 25 m 长。

（6）（　　）口头解答有很大的灵活性，它可针对当时的实际情况随时解决问题，效果较好。

2. 实践考核（40 分）

每 5 位同学分为一组，按照售票、退票、改签作业各环节模拟售票员、旅客进行演练并录制视频。

具体评分标准如下：

（1）岗位工作任务模拟有误或经提示；（15 分）

（2）办理程序有误（如漏程序、程序颠倒、多程序）；（15 分）

（3）在实训室实训过程中纪律差或不听指导教师指挥、不服从指导教师教育。（10 分）

3. 出勤考核（20 分）

根据出勤情况及课堂表现，获得出勤考核成绩。

要求：缺勤一次扣 5 分，不按时完成任务扣 5 分，课堂表现差扣 10 分。

任务 2.2　铁路旅客乘车的基本条件

2.2.1　拟完成工作任务

2016 年 8 月 1 日，K896/7 次（包头—通辽）空调快速旅客列车，运行途中硬卧 12 车列车员发现本车厢票夹子内的 14 号下铺车票（包头—开鲁）丢失，马上报告了列车长，经核查确定该铺位 1 张硬卧全价车票因保管不当已丢失。列车如何办理？

2.2.2　任务目的

① 熟悉旅客乘车的基本条件，掌握车票有效期的计算、延长及失效的处理规定，掌握误售误购、误乘和丢失车票及不符合乘车条件的处理规定。

② 正确填写代用票及客运记录。

2.2.3　所需资料

① 参考资料：《铁路客运运价规则》《铁路客运运价里程表》《铁路旅客票价表》《全国铁路旅客列车时刻表》《铁路旅客车站建筑设计规范》《铁路旅客运输服务质量规范》《铁路旅客运输规程》《铁路客运运价规则》《铁路旅客运输办理细则》等。

② 所需票据、表报：代用票、客运杂费收据等。

③ 所需工具：模拟电子售票机、计算器、剪刀。

2.2.4 相关配套知识

知识点1 旅客乘车基本条件

① 旅客乘什么车买什么票，并须按票面载明的乘车日期、车次、径路、席别乘车，在票面规定的有效期间内抵达到站。

② 对乘坐卧铺的旅客，列车可以收取车票，并集中保管。收票时应换发卧铺证，旅客下车前，凭卧铺证换回车票。对票额不共用、席位不复用的列车，如列车开车后较长时间卧铺仍无人使用时，列车长可将该卧铺另行出售，持票旅客再来卧铺时，尽量安排同等席别的其他铺位；没有空位时应编制客运记录交旅客，由到站退还票价，核收手续费。

考虑旅客携带儿童方便，允许成人带儿童或儿童与儿童共用一铺。

③ 除特殊情况并经列车长同意外，持低票价车票的旅客不能在高等席别的车厢停留。

④ 为了确保广大旅客的人身健康和安全，对烈性传染病患者、精神病患者或健康状况危及他人安全的旅客，站、车可以不予运送。车站发现时，应告之铁路规定并对已购的车票按旅客退票的有关规定处理；列车上发现时，列车长编制客运记录交车站处理，必要时，应通知铁路防疫部门处理污染现场。车站应退还已收车票票价与已乘区间车票票价的差额，已乘区间不足起码里程时，按起码里程计算，并核收退票费。

⑤ 对违反国家法律、法规，在站内、列车内寻衅滋事、扰乱公共秩序的旅客，站、车均可拒绝其上车或责令其下车，车站工作人员应将站内发现的和列车移交的上述旅客带到站外，情节严重的送交公安部门处理，对未使用至到站的票价不予退还，并在车票背面作相应的记载，运输合同即行终止。

知识点2 改签、中转签证

1. 改签

1）旅客自身责任

（1）办理原因

旅客不能按票面指定的乘车站、日期、车次乘车时。

（2）办理时间

开车前 48 h（不含）以上，可改签预售期内的其他列车；开车前 48 h 以内，可改签开车前的其他列车，也可改签开车后至票面日期当日 24:00 之间的其他列车，不办理票面日期次日及以后的改签；开车之后，旅客仍可改签当日其他列车，但只能在票面发站办理改签。

（3）办理方法

① 在车站售票预售期内且有运输能力的前提下，车站应予办理，收回原车票，换发新车票，并在新车票票面注明“始发改签”字样（特殊情况在开车后改签的注明“开车后改签不予退票”字样），原车票已托运行李的，在新车票背面注明“原票已托运行李”字样并加盖站名戳。必要时，铁路运输企业可以临时调整改签办法。

② 旅客在发站办理改签时，应收回原票，换发新票，票面打印“始发改签”字样。计算票价时，在联合票价基础上计算。新车票票价高于原车票的，补收差额；新车票票价低于原车票的，退还差额，同样对差额部分核收退票费并执行现行退票费标准。

③ 旅客办理中转签证或在列车上办理补签、变更席（铺）位时，签证或变更后的车次、

席（铺）位票价高于原票价时，核收票价差额；签证或变更后的车次席（铺）位票价低于原票价时，票价差额部分不予退还。

旅客在中途站办理签证不需补差价时，只打印签证号；需补差价时，发售有价签证票。

旅客在列车上要求变更座位、铺位时，在列车有能力的情况下应予以办理。需补收差价时，发售一张补价票，随同原票使用有效。（除售票系统故障等特殊情况外，不得手工改签车票。）

2）承运人责任

（1）办理原因

因承运人责任使旅客不能按票面记载的日期、车次、座别、铺别乘车时。

（2）办理方法

站、车应重新妥善安排。重新安排的列车、座席、铺位高于原票等级时，超过部分票价不予补收。低于原票等级时，应退还票价差额，不收退票费。

① 停运列车办理高改低改签业务不收退票费。在办理高改低改签业务时，系统自动检测列车是否做了停运调令，有停运调令列车的车票在办理改签高改低时，系统自动不收取差价部分的退票费。

② 停运列车办理改签业务不受 48 h 规则限制。在列车开车前 48 h 内办理改签时，系统自动检测列车是否做了停运调令，有停运调令的，系统对改签日期不做限制，允许改签预售期内的任意乘车日期车票。

2. 中转签证

1）办理原因

旅客在中转站换车和中途下车恢复旅行时，都应办理签证手续。

2）办理办法

签证的车次票价高于原票价时，核收票价差额，计算机除打印“中转签证”字样的签证票外，另以代用票补收票价差额，签证的车次票价低于原票价时，票价差额部分不予退还，计算机只打印“中转签证”字样的签证票，随原票使用。需补差价时，发售有价签证票。

知识点3 车票的有效期间

车票是运输合同，任何一种合同都有一定的时效，作为运输合同的车票也不例外，其时效即为有效期间。

1. 车票有效期间的计算

车票有效期间，是根据列车衔接和旅客列车运行速度等因素制定的。直达票当日当次有效，但下列情形除外：

① 全程在铁路运输管理内运行的动车组列车车票有效期由企业自定；

② 有效期有不同规定的其他车票；

通票有效期间按乘车里程计算：1 000 km 以内为 2 d，超过 1 000 km 时，每增加 1 000 km 增加 1 d，不足 1 000 km 的尾数也按 1 d 计算；日期自指定乘车日起至有效期间最后一日的 24:00 止计算。

2. 车票有效期间的延长

遇下列情况，可适当延长车票的有效期间。

① 因列车满员、晚点、停运等原因，使旅客在规定的有效期间内不能抵达到站时，车站可视实际需要延长车票的有效期间。延长日从客票有效期终了的次日起计算。

② 旅客因病，在客票有效期间内，提出医疗单位证明或经车站证实时，可按实际医疗日数延长，但最多不得超过 10 d。卧铺票不能延长，可办理退票。同行人同样办理。

③ 由于误售、误购、误乘，原票有效期间不能到达正当到站时，应根据折返站至正当到站间的里程，重新计算车票有效日期。

车站在办理延长有效期手续时，应在客票背面注明“因××延长有效期×日”并加盖站名戳。因铁路责任还应在行李票上同样签注，作为到站提取行李时计算免费保管日数的凭证。

3. 车票有效期间失效的处理

① 旅客在乘车途中客票有效期间终了，要求继续乘车时，应自有效期间终了站（如列车正在运行中，则从最近前方停车站）起另行补票，核收手续费。

② 旅客持用的定期客票的有效期间，在乘车途中终了时，可按有效使用至到站。

知识点 4 旅客乘车中发生特殊情况的处理

1. 误售、误购车票的处理

由于站名相似、口音不同等原因，发生误售、误购车票时，车站和列车必须正确处理，使旅客能安全、迅速到达旅行目的地。

对误售、误购车票，应按下列规定补收或退还已收票价与正当票价的差额，不收手续费或退票费：

① 在发站，收回原票，换发新票；

② 在中途站、原票到站或列车内，应补收票价时，收回原票，换发代用票，补收票价差额；应退还票价时，站、车应编制客运记录，连同原票交给旅客，作为乘车至正当到站退还票价差额的凭证，并应以最方便的列车将旅客运送至正当到站。

【例 2.1】误售、误购车票的处理（车站办理）。

案例描述：2016 年 7 月 20 日，6055 次（大同—包头）非空调普通旅客列车，集宁南站前列车验票时发现一名持丰镇—巴彦郭勒（集二线）硬座普客通票（票号：B123465；票价：15.50 元）的旅客误购车票，其实际到站是巴彦高勒（包兰线），如何处理？

解：（1）办理依据：发生车票误售、误购时，在发站应换发新票。在中途站、原票到站或列车内应补收票价时，换发代用票，补收票价差额。应退还票价时，站、车应编制客运记录交旅客，作为乘车至正当到站要求退还票价差额的凭证，并应以最方便的列车将旅客运送至正当到站，均不收取手续费或退票费。

（2）办理过程：

（a）丰镇—巴彦郭勒：区间里程，231 km；硬座客票价，15.50 元。

（b）丰镇—巴彦高勒：区间里程，683 km；硬座客票价，38.00 元。

硬座客票差：38.00−15.50=22.50（元）。

应收合计：22.50 元。

填写代用票，如图 2.6 所示。

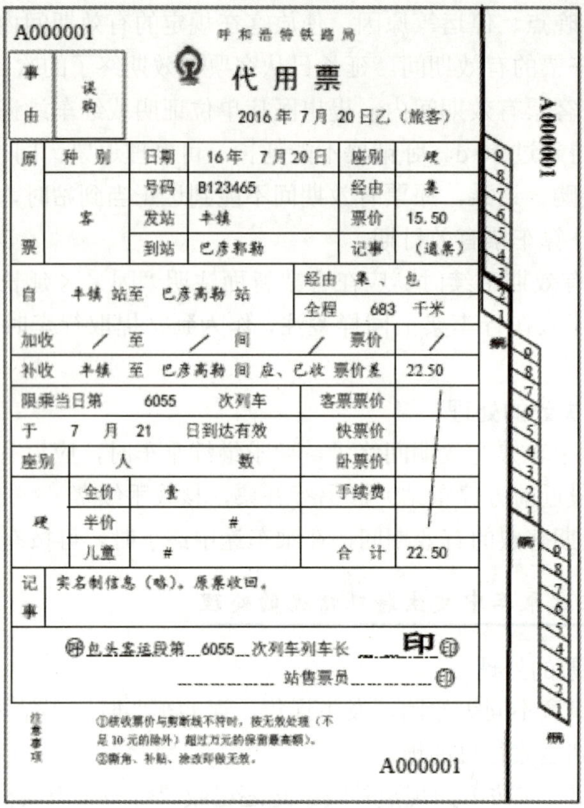

A000001　呼和浩特铁路局

代用票

2016 年 7 月 20 日乙（旅客）

事由	误购					
原票	种别	日期	16 年 7 月 20 日	座别	硬
	客	号码	B123465	经由	集
		发站	丰镇	票价	15.50
		到站	巴彦郑勒	记事	（通票）
自	丰镇 站至 巴彦高勒 站			经由	集、包
				全程	683 千米
加收	/ 至	/ 间	/	票价	/
补收	丰镇 至 巴彦高勒 间 应、已收			票价差	22.50
限乘当日第	6055	次列车		客票票价	
于	7 月 21	日到达有效		快票价	
座别	人	数		卧票价	
硬	全价	壹		手续费	
	半价	#			
	儿童	#		合计	22.50
记事	实名制信息（略）。原票收回。				

包头客运段第 6055 次列车列车长 ____ 印

____ 站售票员 ____ 印

注意事项：①核收票价与剪断线不符时，按无效处理（不足 10 元的除外）超过万元的保留最高额）。②撕角、补贴、涂改即做无效。

A000001

图 2.6　车站办理车票误购的代用票

【例 2.2】误售、误购车票的处理（列车办理）。

案例描述：2013 年 3 月 18 日，1485 次（太原—成都，新空）列车华山站开车后验票，发现一名旅客持当日华山—略阳的新空硬座客快票，票号 A000002，经询问其实际到站为洛阳站，站车应如何处理？（设西安站指定旅客乘坐 K2225/8 次列车至洛阳站）

解：购票情况如图 2.7 所示。

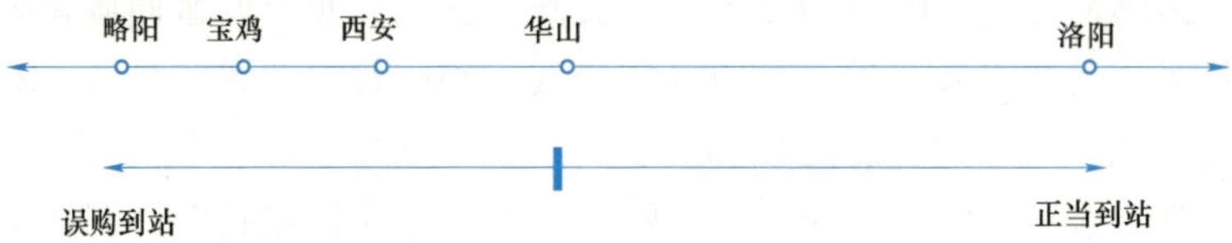

图 2.7　本案例购票情况

（1）办理依据：发生车票误售、误购，应退还票款时，站、车应编制客运记录，连同原票交给旅客，作为乘车至正当到站退还票价差额的凭证，并应以最方便的列车将旅客运送至正当到站。

1485 次列车长应编制客运记录（见图 2.8），将旅客移交西安站处理。

（2）误乘处理：由于旅客没有确认车次或上、下行方向坐错了车，或乘车中坐过了站，统称为误乘。旅客发生误乘时，列车和车站应认真妥善处理。列车长应编制客运记录，交前方停车站，车站应在车票背面注明“误乘”并加盖站名戳，指定最近列车（不办理一般旅客运输的国际列车除外）免费送回误乘站或正当到站。

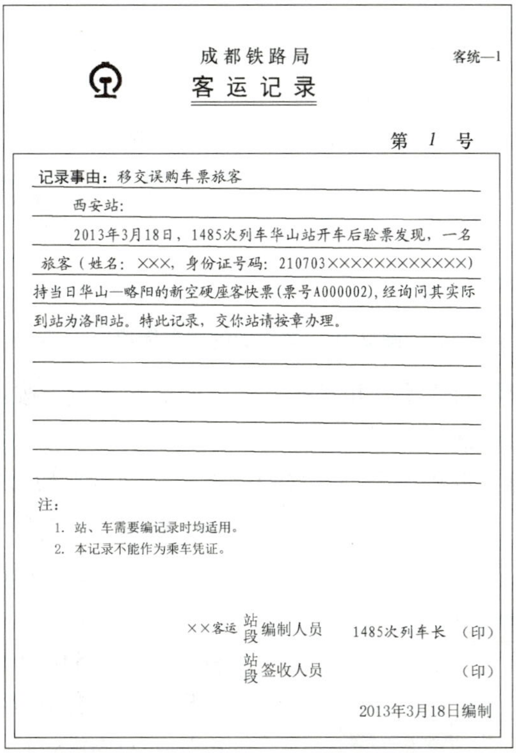

成都铁路局　　　　客统—1

客运记录

第 1 号

记录事由：移交误购车票旅客

西安站：

2013年3月18日，1485次列车华山站开车后验票发现，一名旅客（姓名：×××，身份证号码：210703××××××××××××）持当日华山—略阳的新空硬座客快票（票号A000002），经询问其实际到站为洛阳站。特此记录，交你站请按章办理。

注：

1. 站、车需要编记录时均适用。
2. 本记录不能作为乘车凭证。

××客运站段编制人员　1485次列车长　（印）

站段签收人员　（印）

2013年3月18日编制

图 2.8　误售、误购车票的客运记录

对于误售、误购、误乘或坐过了站的旅客，站、车均应告知旅客，在免费送回区间不得中途下车。如中途下车时，对往返乘车的免费区间，按返程所乘列车等级分别核收往返区间的票价，核收一次手续费。

免费送回中途下车需要确定往返乘车区间，图 2.9 为常见往返乘车区间的情况。在图 2.9 中，旅客持 A 站到 B 站车票一张，D 站到站前列车验票时发现旅客坐过站，于是列车长编制客运记录，连同原票和乘客交前方停车站 D 站，D 站应在车票背面注明“误乘”，加盖站名戳，指定乘坐最近列车免费送回 B 站，D 站和列车在交接旅客过程中均应告知旅客不得中途自行下车。如果旅客在回送途中于 C 站下车，则对往返乘车免费区段（B—D 站、D—C 站）按所乘列车等级核收票价，核收一次手续费。

图 2.9　常见往返乘车区间的情况

【例 2.3】误乘处理。

案例描述：2013 年 3 月 18 日，一名旅客持北京西—石家庄的新型空调硬座客特快联合票，乘 K2079 次列车（北京西—郑州，新空）。列车在邯郸开车后，验票发现该旅客坐过了站，列车长即编制客运记录，连同原票和旅客到安阳站交下，安阳站指定乘坐 1482/3

次列车（南昌—包头，新空）免费送回石家庄，但该旅客在中途站邯郸下车，站、车应如何处理？

解： 本案例的乘车情况如图 2.10 所示。

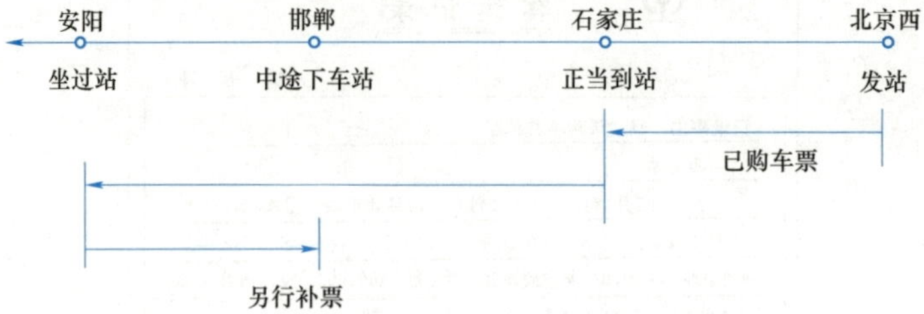

图 2.10 本案例的乘车情况

办理方法：邯郸站应收回原票，并对往返乘车的免费区段，按返程所乘列车等级分别核收往返区段的票价，核收一次手续费。

计算过程：票价计算按返程所乘列车（1482/3 次新空调普快）等级计算票价。

（a）石家庄—安阳：

区间里程：225 km；

硬座票价：22.50 元；

普快票价：5.00 元；

空调票价：5.00 元；

小计：22.50+5.00+5.00=32.50（元）。

（b）安阳—邯郸：

区间里程：60 km；

硬座票价：5.00 元；

普快票价：2.00 元；

空调票价：2.00 元；

小计：5.00+2.00+2.00=9.00（元）。

（c）手续费：2.00 元。

合计：32.50+9.00+42.00=43.50（元）。

填写客运运价杂费收据，如图 2.11 所示。

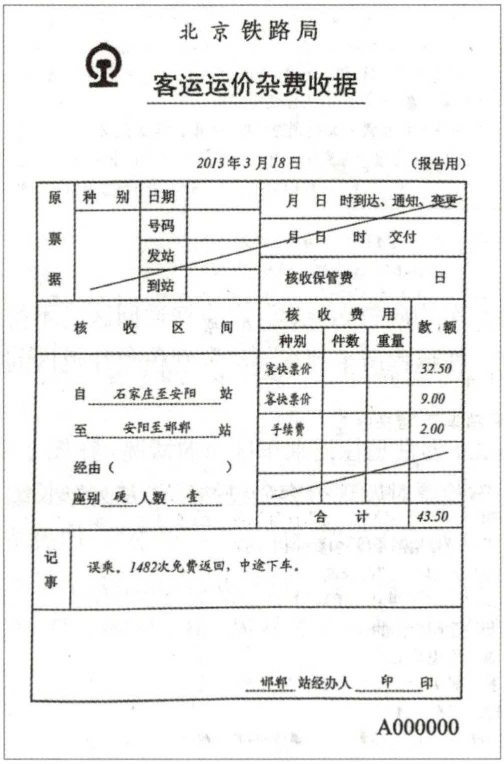

北 京 铁 路 局

客运运价杂费收据

2013年3月18日 （报告用）

原票据	种别	日期		月 日 时到达、通知、变更
		号码		月 日 时 交付
		发站		核收保管费 日
		到站		

核收区间	核收费用 种别	件数	重量	款额
自 石家庄至安阳 站	客快票价			32.50
至 安阳至邯郸 站	客快票价			9.00
经由（ ）	手续费			2.00
座别 硬 人数 壹				
	合计			43.50

记事：误乘。1482次免费返回，中途下车。

邯郸 站经办人 印 印

A000000

图 2.11 客运运价杂费收据

2. 丢失车票的处理

1）基本要求

① 旅客丢失车票应另行购票。在列车上，应自丢失站起（不能判明时从列车始发站起）补收票价，核收手续费。

② 旅客丢失车票另行购票时，车站另发新票。列车上补票时，注明丢失。由于站、车工作人员工作失误，造成旅客车票丢失时，站、车均应填发代用票，在记事栏内注明“因××原因丢失”，将款额剪断线全部剪下随丙联上报。

③ 旅客丢失车票另行补票后又找到原票时，列车长应编制客运记录，连同原票和后补车票一并交给旅客，作为旅客在到站出站前退还后补车票的依据。列车长与车站办理交接时，

车站不得拒绝。处理站在办理时，填写退票报告，并核收退票费，列车长编制的客运记录随退票报告联一并上报。

④ 旅客在乘车途中，因未能提供身份证原件而补票、下车前又找到身份证的，应经列车确认并开具客运记录，载明旅客身份证号码、姓名、乘车日期、车次、席别等内容后，持客运记录和身份证原件至到站退票窗口办理退票。

⑤ 到站通过客票系统确认车票信息且未办理换票、改签、退票或挂失补办，票、证、人一致的，对原车票办理退票，不收退票费，列车补票手续费不退。

2）实名制车票“挂失补”

（1）实名制车票“挂失补”的条件

旅客购票后丢失车票时，符合以下条件的，可到车站售票窗口办理挂失补办手续：

① 提供购票时所使用的有效身份证件原件、原车票乘车日期和购票地车站名称；

② 不晚于票面发站停止检票时间前20 min。

（2）不能办理“挂失补”的情况

以下情形，不办理挂失补办手续：

① 超过规定时间提出的；

② 原车票已经退票的；

③ 已经挂失补办的。

（3）“挂失补”车票退票

① 异地办理车票挂失补办手续，旅客购买新车票时，按规定核收异地售票手续费。旅客持“挂失补”车票到站退票时，除核收补票的手续费外，异地售票手续费按规定不退。

② 旅客挂失补办后持“挂失补”车票乘车，如果中途下车，列车长应在其下车前开具客运记录交旅客。下车站核实客运记录“挂失补”车票、购票时所使用的有效身份证件原件及旅客本人一致后，按“挂失补”车票票面乘车区间及票价办理退票，核收补票的手续费。

如果越站，列车应按规定办理越站手续，并在旅客下车前开具客运记录交旅客，注明“旅客×××，身份证号××××，持车票××××（“挂失补”车票票号）自××—××区间席位使用正常，可办理退票；自××—××区间越站乘车，车票号×××”等字样。下车站核实客运记录“挂失补”车票和列车补越站车票、购票时所使用的有效身份证件原件及旅客本人一致后，按“挂失补”车票票面乘车区间及票价办理退票，核收补票的手续费。

③ 车站办理实名制车票挂失补办手续时，旅客应提供购票时所使用的有效身份证件原件、原车票乘车日期和购票地名称等信息，并与客票系统所调取的信息进行比对，两者一致的，方可办理。为便于客票系统快速查找旅客车票信息，购票地名称只要是能指明旅客购票地或换票地所在铁路局的任何一个城市或客运办理站名称即可。

④ 旅客如不能提供购票时所使用的有效身份证件原件，可按规定到车站铁路公安制证口办理临时乘车证明后，凭该证办理实名制车票挂失补办手续。

⑤ 旅客在乘车前办理“挂失补”车票退票手续时，全国通退。在乘车后办理时，到站或下车站应收回客运记录和“挂失补”车票，随退票报告报上级收入部门。“挂失补”车票退票均只按规定核收补票的手续费，不收退票费。

【知识链接】

办理“挂失补”基本常识

① 售票窗口发售实名制“挂失补”车票时收取手续费吗？

不收，只按票面票价收取票款（异地票按章收取异地票手续费）。

② 实名制“挂失补”车票在发站退票时收取退票费吗？

不收退票费，只收取补票手续费2元。

③ 实名制 “挂失补”车票在到站退票时收取退票费吗？

不收退票费，只收取补票手续费2元。

④ 实名制“挂失补”车票退票时，退异地票手续费吗？

不退。

⑤ 实名制“挂失补”车票在发站开车前，在任意站均可办理退票吗？

能，全国通退。

⑥ 旅客实名制车票丢失后，不想再补办，已丢失车票能否办理退票？

不能，目前铁路对实名制车票丢失后只能为其办理补办手续，允许其继续乘车，对已丢失车票不办理退票。

⑦ 旅客在列车上丢失实名制车票后，能否办理挂失？

不能，只能按现行有关规定补票。

⑧ 在列车上，发现实名制“挂失补”的原车票，原车票的“票、证、人”一致时，该车票有效吗？

无效，因为新车票发售后，原车票失效。

⑨ 在列车上，发现实名制“挂失补”新车票的“票、证、人”不一致时，该车票有效吗？

无效，因为“票、证、人”不一致的，按无票处理。

⑩ 旅客购买的实名制车票票面发站为列车始发站，丢失后想在某沿途站办理挂失，其办理时限是该沿途站停止检票时间前20 min吗？

不是，应按票面发站的检票时间前20 min计算，因为规定的时间是“不晚于票面发站停止检票时间前20 min”。

⑪ 实名制“挂失补”车票只能在该列车途经各停车站发售吗？

不是，在全国任意车站指定窗口均可办理实名制“挂失补”手续。

⑫ 发售实名制“挂失补”车票时，如果办理站与票面发站为非同城时，是否收取异地票手续费？

按章收取异地票手续费。

⑬ 旅客持“挂失补”车票到站后，没有列车开具的客运记录可以办理退票手续吗？

不予办理。

⑭ 实名制“挂失补”只能由乘车人本人办理吗？

不是，只要持乘车人证件原件并提供有关信息即可办理。

⑮ 实名制“挂失补”用铁路公安制证口开具的临时乘车证明可以办理吗？

可以，所开具的临时乘车证明所载证件号码等信息必须与原票票面实名制信息一致时方可办理。

⑯ 旅客持“挂失补”车票乘车，如中途下车时，中途站是否只退其未乘区间车票票价？

不是，应退还票面全部票价。

⑰ 旅客持“挂失补”车票未乘车，是否可以在开车后退票？

特殊情况也可在开车后2 h内。

⑱ 车站根据旅客提供的信息找不到需要挂失的车票怎么办？

可直接与客票管理所联系，确认旅客提供的信息是否准确。

⑲ 售票员办理“挂失补”车票出票前，要向旅客说明哪些事情？

一要告知旅客退票时收取2元手续费，异地挂失还要告知收取异地票手续费。二要告知旅客上车后找列车长开客运记录，凭记录办理退票。三要告知旅客必须在到站后24 h内办理。

⑳ 已挂失的车票再次丢失还能挂失吗？

不能。

㉑ 挂失车票的最晚时间“不晚于票面发站停止检票时间前20 min”怎么理解？

上述最晚时间是对旅客公告的，客票系统限定的挂失补办最晚时间是票面发站停止售票时间，即只要客票系统能够办理，就不要局限于停检前20 min。

㉒ 旅客持证件复印件可以办理实名制“挂失补”车票的退票手续吗？

不行，必须为证件原件。

㉓ 旅客持实名制“挂失补”车票正常到站下车后，又通过其他交通方式到达列车下停靠站要求退票时，是否办理？

不予办理。告知旅客上车后找列车长开客运记录，凭该记录办理退票。

知识点5 车票的查验和违章乘车的处理

1. 车票的查验

1）车站的检票和收票

车站对进站旅客持用的车票经确认后加剪表示旅客旅行的开始，也是铁路旅客运输合同履行的开始。

车站对已使用完毕的车票、站台票、团体旅客证应收回（但在中途下车和换车旅客的车票不加剪也不收回）。旅客需报销时，硬纸卡片式车票应把右端发到站名撕下，将有日期、票价的一端交给旅客；计算机票、代用票、区段票应撕角后交给旅客。

2）列车上的验票

列车上的验票工作应由列车长负责组织实施，由乘警、列车值班员等有关人员配合。验票原则上每400 km一次，运行全程不足400 km的列车应查验车票一次。

铁路稽查人员凭稽查证件、佩戴稽查臂章可以在列车上验票。

2. 对违章乘车的处理

违章乘车包括不符合乘车条件的乘车和车票未按规定办理签证、剪口的乘车，现将对其处理规定分述如下。

1）对不符合乘车条件的处理

不符合乘车条件的情况可分为两种类型：客观原因，有意取巧、不履行义务。

（1）客观原因

属于客观原因，不符合乘车条件的，只补收车票票价或票价差额，核收手续费。此类客观原因包括：

① 确因时间仓促来不及买票，经车站发给补票证或特殊情况经列车同意上车补票的，只补收车票票价（持旅客乘降所发给的补票证不收手续费）；

② 应买票而未买票的儿童只补收儿童票价；超过 1.5 m 持用儿童票乘车时，应补收全价票价与儿童票价的差额；

③ 旅客持用票价低的车票，经车站和列车同意乘坐票价高的座席、卧铺或高等级列车时，只补收乘车区段车票票价差额；

④ 持站台票送客的人员，已经上车来不及下车并及时声明时，按所乘列车的等级，补收至前方停车站的车票票价。

（2）有意取巧、不履行义务

属于有意取巧、不履行义务的，除按规定补收票价、核收手续费外，还必须加收应补票价 50%的票款。此案情况包括：

① 无票乘车时，补收自乘车站（不能判明时自列车始发站）起至到站止的车票票价，持失效车票乘车按无票处理；

② 持用伪造或涂改的车票乘车时，除按无票处理外并送交公安部门处理；

③ 持站台票上车并在开车 20 min 后仍不声明时，按无票处理；

④ 持用低等级的车票乘坐高等级列车、铺位、座席时，补收所乘区段的票价差额；

⑤ 旅客使用减价票，不符合乘车条件时，补收全价与减价票差额。

【例 2.4】对不符合乘车条件的处理。

案例描述：2016 年 7 月 31 日，K1117 次（包头—北京西，经由绥德、太原、石家庄）空调快速旅客列车，榆林到站前列车验票，发现一名身高不足 1.5 m 的成人，持包头—太原儿童票乘坐在硬座 3 号车厢 30 座位，与该车 29 号座位旅客同行，并使用该旅客身份信息，列车如何处理？

解：

（1）办理依据：要做好中途验票工作，列车中途会同乘警重点对客流较大的区段加强车票查验工作，动车组列车要充分利用站车交互系统信息进行认真核对和查验，对票、证、人不一致的按无票处理。铁路实名制售票规定：购买实名制车票时，须凭乘车人有效身份证件购买车票，并持车票及购票时所使用的乘车人本人有效证件进站、乘车，但免费乘车的儿童及持儿童票的儿童除外。

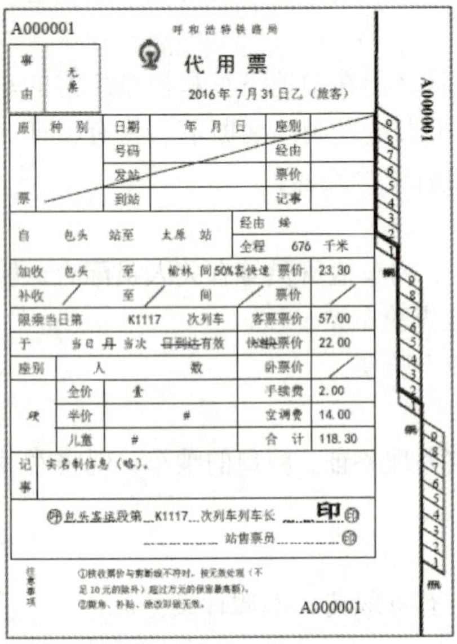

图 2.12 例 2.4 代用票

（2）计算过程：

区间里程：包头—榆林，304 km；榆林—太原，372 km。

补收包头至太原车票：

57.00+22.00+14.00=93.00（元）。

加收包头至榆林间应补票价 50%票款：

（28.50+12.00+6.00）×50%=23.25≈23.30（元）。

（现列车补票机尾数保留至 0.5 元）

手续费：2.00 元。

应收合计：93.00+23.30+2.00=118.30（元）。

填写代用票，如图 2.12 所示。

2）车票未签证、未剪口的处理

① 旅客未按票面指定的日期、车次乘车（含错后乘车2 h以内的），但乘坐票价相同的列车时，列车换发代用票，核收手续费；错后乘车超过2 h的，车票按失效处理。

② 旅客所持车票日期、车次相符但未经车站剪口的应补剪；中转换乘或中途下车恢复旅行应签证而未签证的应补签。补剪、补签应核收手续费，但已使用至到站的车票不再补剪、补签。

2.2.5 任务考核

1. 理论考核（40分）

该部分通过完成以下习题，获得理论考核成绩，每答错1题扣4分。

（1）有效期为6天的通票里程是（ ）km。

A. 3 001　　B. 4 001　　C. 2 001　　D. 5 001

（2）有效期为2天的通票里程是（ ）km。

A. 1 999　　B. 1 001　　C. 555　　D. 2 000

（3）有效期为3天的通票里程是（ ）km。

A. 1 657　　B. 776　　C. 2 099　　D. 2 355

（4）旅客持里程为2 000 km的通票（硬座车票），按票面记载日期、车次于2018年4月28日乘车，该旅客因病于中途站下车住院治疗13天，在通票有效期内经车站证明属实，该旅客恢复旅行时通票有效期延长至（ ）的24时止。

A. 2018年5月12日　　B. 2018年5月11日

C. 2018年5月10日　　D. 2018年5月13日

（5）5月2日，兰州西开往呼和浩特的2636次列车，一旅客持当日当次兰州至乌海西的学生票，中卫站到站前列车查验车票时发现该旅客无减价凭证，其减价不符加收区段为（ ）。

A. 兰州至中卫　　B. 兰州至乌海西

C. 中卫至乌海西　　D. 兰州至包头

（6）旅客丢失车票应另行购票。在列车上应自（ ）起（不能判明时从列车始发站起）补收票价，核收手续费。

A. 任一停车站　　B. 丢失站

C. 最近前方停车站　　D. 列车始发站

（7）由于（ ）在原票有效期间不能到达正当到站时，应根据折返站至正当到站间的里程，重新计算车票有效日期。

A. 变径后的车票　　B. 中转换乘的车票

C. 丢失后的车票　　D. 误售、误购、误乘

（8）旅客补票后又找到原票时，列车长应（ ）交旅客，作为在到站出站前向到站要求退还后补票价的依据。

A. 编制客运记录

B. 出具证明

C. 在原票、代用票背面加盖名章

D. 在代用票背面签字证明

（9）对主动补票并经站、车同意上车的人员或儿童，（　　）。

A. 只补收票价，核收手续费

B. 不予处理

C. 补收票价，加收 50%票款，核收手续费

D. 只补收票价

（10）旅客因病，在客票有效期间内，提出医疗单位证明或经车站证实时，客票有效期可按实际医疗日数延长，但最多不得超过（　　）d。

A. 5　　B. 10　　C. 15　　D. 20

2. 实践考核（40 分）

2016 年 7 月 30 日，K274 次（呼和浩特—满洲里）空调快速旅客列车，集宁南到站前验票，在硬座 5 号车厢发现一名持当日呼和浩特东站站台票的旅客，自称是上车送客未来得及下车（已超过开车后 20 min）如何处理？

具体评分标准如下：

（1）办理依据是否正确；（10 分）

（2）处理过程是否正确；（10 分）

（3）查表数值是否正确；（10 分）

（4）在实训过程中纪律差或不听指导教师指挥、不服从指导教师教育。（10 分）

3. 出勤考核（20 分）

根据出勤情况及课堂表现，获得出勤考核成绩。

要求：缺勤 1 次扣 5 分，不按时完成任务扣 5 分，课堂表现差扣 10 分。

任务 2.3　退票及旅行变更作业办理

2.3.1　拟完成工作任务

2016 年 7 月 26 日，K1278 次（包头—南昌西）空调快速旅客列车，察素齐到站前，列车验票时发现一旅客持包头—集宁南本次硬座车票（票号：B123469；票价：50.50 元）在硬卧 4 号车厢 6 号下铺休息，列车如何办理？

2.3.2　任务目的

① 熟悉旅客责任退票和铁路责任退票的处理规定。

② 掌握旅客变更等级、变更径路的处理规定。

③ 掌握旅客越站乘车、旅客分乘的处理规定。

2.3.3　所需资料

① 参考资料：《铁路旅客运输管理规则》《铁路客运运价里程表》《行李包裹运价表》《客运规章汇编》，以及全国铁路客运运价里程接算站示意图、全国铁路局管辖线路示意图。

② 所需票据、表报：代用票、退票报销凭证、退票报告表等。

③ 所需工具：模拟电子售票机、计算器、剪刀。

2.3.4 相关配套知识

知识点1 退票

1. 退票的一般规定

① 旅客要求退票时，应当在票面指定的开车时间前到车站办理，退还全部票价，核收退票费。特殊情况经购票地车站或票面乘车站站长同意的，可在开车后 2 h 内办理。团体旅客不应晚于开车前 48 h 退票。应注意：开车前全国通退；开车后旅客退票必须在购票地车站或票面发站办理；铁路责任全国各站通退。

② 旅客开始旅行后不能退票。但如因伤、病不能继续旅行时，经站、车证实，可退还已收票价与已乘区间票价差额，核收退票费。已乘区间不足起码里程时，按起码里程计算，同行人同样办理。

③ 退票时，开车时间前 15 d（不含）以上退票的，不收取退票费，48 h 以上的，按票价 5%核收退票费；24 h 以上、不足 48 h 的，按票价 10%核收退票费；不足 24 h 的按票价 20%核收退票费。

④ 开车前 48 h～15 d 期间内，改签或变更到站至距开车 15 d 以上的其他列车，又在距开车 15 d 前退票的，仍核收 5%的退票费。

⑤ 停运列车的车票在办理早改晚改签手续后，若改签后的新票需办理退票时，比照新购车票的退票收费规则执行。

⑥ 计算的尾数以 5 角为单位，尾数小于 2.5 角的舍去，2.5 角以上且小于 7.5 角的计为 5 角，7.5 角以上的进为 1 元。

⑦ 改签或变更到站后的车票乘车日期在春运期间的，退票时一律按开车时间前不足 24 h 标准核收退票费。

2. 因不可抗力原因造成线路中断产生的退票

① 发生线路中断旅客要求退票时，在发站（包括中断运输站返回发站的）退还全部票价，在中途站退还已收票价与已乘区间票价差额，不收退票费，但因违章加收的部分和已使用至到站的车票不退。

② 因线路中断致使旅客中途退票时，应退还已收票价与已乘区间票价差额，已乘区间不足起码里程时，按起码里程计算，不收退票费。

③ 退还票价时，按客、快、卧起码里程分别计算。旅客需报销退票费时，应开具退票费报销凭证。但罚款、手续费、携带品超重超大补收的费用不退。

【例 2.5】因不可抗力原因造成线路中断产生退票的办理。

案例描述：2015 年 3 月 2 日，一名旅客持 3 月 3 日石家庄—成都的 1363 次（北京西—成都）硬座普快联合票 1 张，票价 98.00 元，因邯郸—郑州发生水害造成线路中断，在石家庄站要求退票。石家庄站应如何办理？

解：（1）办理依据：发生线路中断旅客要求退票时，在发站（包括中断运输站返回发站的）退还全部票价，在中途站退还已收票价与已乘区间票价差额，不收退票费。

（2）办理结果：应退票价 98.00 元，不收退票费。

3. 因承运人责任造成的退票

因承运人责任致使旅客退票时按下列规定办理，不收退票费。

① 在发站，退还全部票价。

② 在中途站，退还已收票价与已乘区间票价差额，已乘区间不足起码里程时，退还全部票价。

③ 在到站，退还已收票价与已使用部分票价差额，未使用部分不足起码里程按起码里程计算。

④ 空调列车因空调设备故障在运行过程中不能修复时，应退还未使用区间的空调票价。

【例 2.6】因承运人责任造成退票的办理。

案例描述：2015 年 3 月 2 日，1363 次（北京西—成都）列车运行至石家庄，因邯郸—郑州发生铁路交通事故造成线路中断，该旅客持北京西—成都的硬座普快卧联合票 1 张，票价 239.00 元，在石家庄下车要求退票。石家庄站应如何办理？

解：（1）办理依据：因承运人责任致使旅客在中途站退票时，退还已收票价与已乘区间票价差额，已乘区间不足起码里程时退还全部票价，不收退票费。

（2）计算过程：

已收票款：239.00 元。

已乘区间北京西—石家庄里程：277 km。

客票票价：18.00 元。

普快票价：3.00 元。

硬卧（下）票价：39.00 元（因不足起码里程退还全部票价）。

合计：18.00+3.00=21.00（元）。

应退票价：已收票价－已乘区间票价=239.00－21.00=218.00（元）。

4. 其他情况产生的退票

1）异地票退票办法

旅客要求退票时，车站应退还旅客所购异地车票的全部票价，不收退票费。对旅客在局管内车站购票时产生的铁路异地售票手续费应予退还，但对在外局车站购买异地车票时产生的铁路异地售票手续费，不予退还。

2. 动车组中途退票办法

中途站办理动车组列车退票的公式：应退票款=原票价－（原票价－原票里程×已乘区间里程）

知识点 2 旅行变更的处理

1. 变更等级

1）旅客要求变更

① 旅客要求变更座席、卧铺、列车等级时，由高等级变更为低等级不办理（即不退还变更区段的票价差额）。

② 由低等级变更为高等级（含直通票的旅客在中转站要求换乘动车组列车），补收变更段（不足起码里程时，按起码里程计算）的票价差额，核收手续费，车票有效期间按原票转记。

③ 持用软座票的旅客要求改用硬卧时，换发代用票，补收变更区段的票价差额，核收手续费。

2）因铁路责任发生变更

因铁路责任，使旅客变更座席、卧铺、列车等级时，所发生的票价差额，应补收的不补收；应退款时，由列车长编制客运记录，到站退还票价差额。均不收取手续费。

① 已乘区段不足起码里程时，退还全程票价差额。

② 变更区段不足起码里程时，按起码里程计算，退还票价差额，均不收退票费。

③ 持加快票的旅客，在换车站因铁路责任不能换乘接续快车而改乘低等级列车时，换车站也按此精神办理退款。

【例 2.7】因旅客原因改换卧铺的办理。

案例描述：2016 年 7 月 11 日，K712 次（包头—青岛）空调快速旅客列车，一旅客持包头—青岛本次硬座车票（票号 B123456，票价 201 元），要求补办软卧。集宁南开车后软卧 7 车 15 号铺位空余可售。列车如何处理？

解：（1）办理依据：① 旅客办理中转签证或在列车上办理补签、变更席（铺）位时，签证或变更后的车次、席（铺）位票价高于原票价时，核收票价差额；签证或变更后的车次、席（铺）位票价低于原票价时，票价差额部分不予退还。

② 旅客购买卧铺票时，卧铺票的到站、座别必须与客票的到站、座别相同，但对持通票的旅客，卧铺票只发售到中转站。

（2）计算过程：

集宁南—青岛：1 420 km。

集宁南至青岛软硬座客票票价差：

206.50−105.50=101.00（元）。

软卧下铺票价：210.00 元。

手续费：5.00 元。

应收合计：101.00+210.00+5.00=316.00（元）。

填写代用票，如图 2.13 所示。

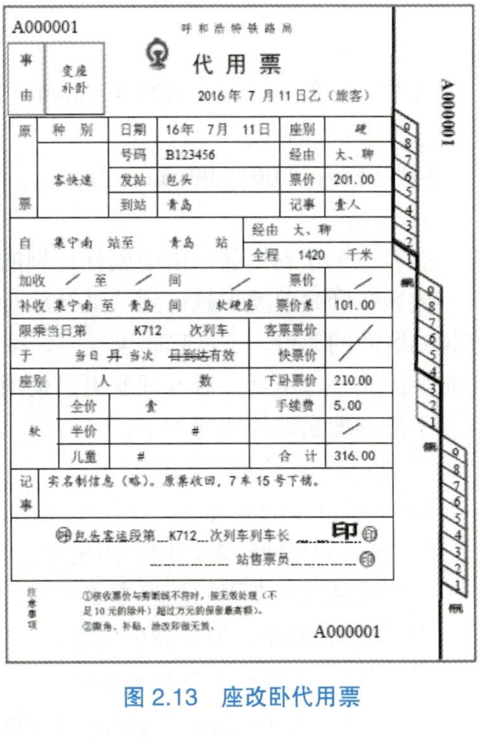

A000001 呼和浩特铁路局

代用票

事由：变座补卧

2016 年 7 月 11 日乙（旅客）

原票	种别	日期	16年 7月 11日	座别	硬
	客快速	号码	B123456	经由	大、聊
		发站	包头	票价	201.00
		到站	青岛	记事	壹人

自 集宁南 站至 青岛 站　经由 大、聊　全程 1420 千米

加收 ／ 至 ／ 间 ／	票价	／
补收 集宁南 至 青岛 间 软硬座	票价差	101.00
限乘当日第 K712 次列车	客票票价	／
于 当日 当次 有效	快票价	／
座别 人数	下卧票价	210.00
软 全价 壹	手续费	5.00
半价 #		／
儿童 #	合计	316.00

记事：实名制信息（略）。原票收回，7 车 15 号下铺。

包头客运段第 K712 次列车列车长 印

站售票员

A000001

图 2.13　座改卧代用票

2. 变更径路

变更径路，简称变径，是指发站、到站不变，只是经过不同线路到达。

1）变更径路的条件

① 旅客在中途站或列车内，可办理一次径路的变更。

② 办理变径，必须在客票、加快票有效期内能到达到站时，方可办理。

2）变更径路票价的计算

① 办理变径时，原票价低于变径后的票价时，应补收新旧径路里程票价差额，核收手续费。车站可使用常备专用补价票或计算机票补价。补价时，应收回原票。

② 原票价高于或相等于变更后的径路票价时，持原票乘车有效，差额部分（包括列车等级不符的差额）不予退还。

③ 动车组列车车票不办理变径。

注意：符合使用原票乘车的规定时，可在原票背面注明“变更经由×站”，加盖站名戳记或列车长名章，凭原票乘车。

3. 变径加快票的处理

① 持加快票的旅客变径后，新径路没有快车或乘低等级列车时，不退还加快票价。

② 加快票到站相同，补收新、旧径路里程票价的差额。

注意：变径后客票有效期间应从办理站起，按新径路重新计算。

【例 2.8】变径的处理。

案例描述：2011 年 3 月 18 日，保定站一旅客持 3 月 17 日北京西经太原至宝鸡新空硬座客快联合票，票号 01A0108355，票价 145.00，要求改乘当日 1363 次（北京西经郑州）去宝鸡，北京西至宝鸡线路如图 2.14 所示。

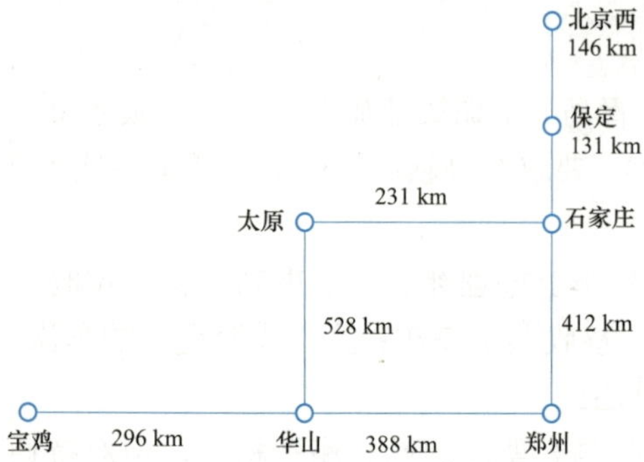

图 2.14 北京西至宝鸡线路

解：（1）办理方法：保定站收回原票，换发代用票，补收自分歧站起算的新、旧径路里程票价差额，核收手续费。

（2）计算过程：

原径路：石家庄—宝鸡（经由太原），1 055 km；新空硬座客快票价，120.00 元。

新径路：石家庄—宝鸡（经由郑州），1 096 km；新空硬座客快票价，123.00 元。

补收票价差：123.00−120.00=3.00（元）。

手续费：2.00 元。

应收合计：3.00+2.00=5.00（元）。

4. 越站

旅客在车票到站前，由于旅行计划的变更，越过原票到站的乘车。

旅客在到站前要求越过到站继续旅行时，在列车有能力的情况下应予以办理。办理时核收越站区间的票价，不足起码里程时，按起码里程计算。旅客同时提出变更座别、铺别和越站时，应先办理越站，后办理变更，使用一张代用票，核收一次手续费。

不能办理越站的情况如下：

① 列车严重超员；

② 乘坐卧铺的旅客买的是给中途站预留的卧铺；

③ 乘坐的是回转车，途中需甩车。

发生两种以上变更的处理方法：

① 变径、变座：先变径后变座；

② 变径、越站：先变径后越站；

③ 越站，变座、卧：先越站，再按越站后的里程办理变座、卧；

④ 分乘、变座（变径、越站）：先分乘，后变座（变径、越站）；

⑤ 减价不符、变更：先办理减价不符，后办理变更；

⑥ 过期，变座、卧：先办理过期，后办理变座、卧；

⑦ 减价不符、过期、变更：先办理减价不符至过期站，再处理过期（全价），最后处理变更。

5. 分乘

两名以上旅客使用一张代用票，要求分开乘车时，应收回原票，换发代用票。办理时，按分票的张数核收手续费，分乘与旅行变更同时发生时，按变更人数核收一次手续费。

【例 2.9】分乘并越站的办理。

案例描述：2016 年 7 月 17 日，K691 次（呼和浩特—昆明）空调快速旅客列车，有 6 名旅客持 1 张本次安康—内江硬座代用票（票号 B123462，票价 630.00 元，人数栏全价为陆人），运行到内江站前，提出其中 4 人内江站下车、另 2 人要求继续乘车至昆明站（列车同意办理）。列车如何办理？

解：（1）办理依据：① 两名以上旅客共持一张代用票要求办理分票手续时，站、车应予以办理，办理时按分票的张数核收手续费；② 两人以上旅客使用一张代用票，要求分开乘车时，应收回原票，换发代用票。分乘与旅行变更同时发生时，按变更人数核收一次手续费。

（2）计算过程：

① 一张代用票。

事由：分乘越站。

区间里程：内江—昆明，914 km。

计算票价：硬座客票票价 73.00×2=146.00（元）。

普快票价：28.00×2=56.00（元）。

空调票价：18.00×2=36.00（元）。

手续费：2.00×2=4.00（元）。

应收合计：242.00 元。

填写代用票，如图 2.15 所示。

② 另一张代用票

事由：分乘。

手续费：2.00 元。

填写代用票，如图 2.16 所示。

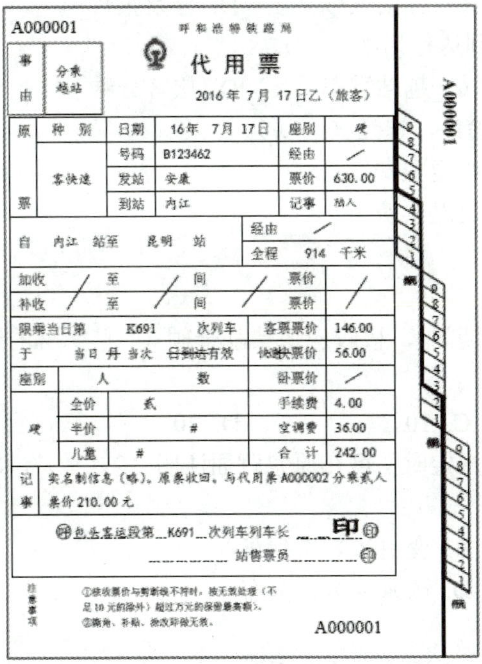

图 2.15　分乘越站代用票

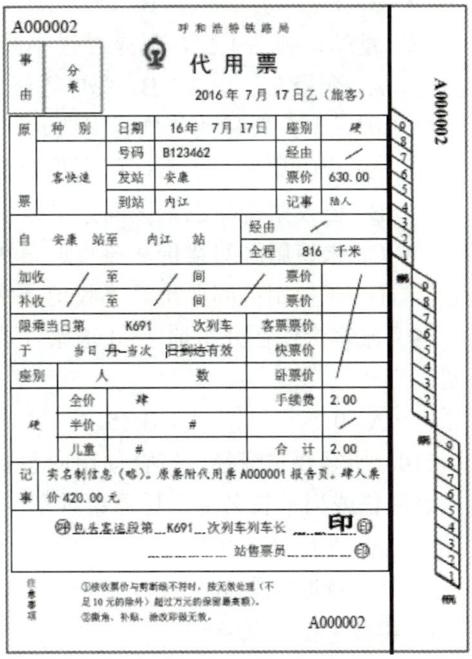

图 2.16　分乘代用票

2.3.5 任务考核

1. 理论考核（40 分）

该部分通过完成以下习题，获得理论考核成绩，每答错 1 题扣 4 分。

选择题（每道题 4 分，共 40 分）

（1）乘坐的回转车，途中需要甩车，不能办理（　　）。

A. 分乘　　B. 越站　　C. 变更　　D. 变径

（2）旅客在车站或列车内可要求变更一次径路。办理时，原票价低于变径后的票价时，应补收（　　）。

A. 新、旧径路里程票价差额

B. 新径路里程票价

C. 新、旧径路里程票价差额，核收手续费

D. 新、旧径路里程差票价，核收手续费

（3）旅客在车票到站前要求越过到站继续乘车，列车在办理时核收（　　）。

A. 越站区间的票价　　B. 越站区间的票价和手续费

C. 新到站与原到站票价差额　　D. 新到站与原到站票价差额和手续费

（4）分乘与旅行变更同时发生时，按（　　）。

A. 所开代用票张数核收手续费　　B. 变更人数核收一次手续费

C. 变更人数核收手续费　　D. 分乘人数核收手续费

（5）遇列车严重超员时，不能办理（　　）。

A. 越站　　B. 分乘　　C. 变更　　D. 变径

（6）旅客要求办理分乘，应按（　　）核收手续费。

A. 1%　　B. 2%　　C. 分票人数　　D. 分票张数

（7）发站、到站不变，只是经过不同径路到达称为（　　）。

A. 变径　　B. 变更等级　　C. 越站乘车　　D. 旅客分乘

（8）因承运人责任致使旅客退票时，在中途站，退还（　　）。

A. 已收票价与已乘区间票价差额，核收退票费

B. 已收票价与已乘区间票价差额，不收退票费

C. 未使用区间票价，核收退票费

D. 未使用区间票价，不收退票费

（9）旅客责任在开车前 15 d 退票（非春运期间），核收应退票款金额（　　）%的退票费。

A. 0　　B. 5　　C. 10　　D. 20

（10）旅客要求变径，符合使用原票乘车的规定时，可在原票背面注明“（　　）”，加盖站名戳记或列车长名章，凭原票乘车。

A. 变更经由××站　　B. 变更××次列车

C. 持原票乘车有效　　D. 改乘××次列车

2. 实践考核（40 分）

2016 年 7 月 11 日，K712 次（包头—青岛）空调快速旅客列车，一旅客持包头—青

岛本次硬座车票（票号 B123456 号；票价 201 元），要求补办软卧。集宁南开车后软卧 7 车 15 号铺位空余可售。按要求办理相关手续。

具体评分标准如下：

（1）办理依据是否正确（漏写、错写）；（10 分）

（2）处理过程是否正确；（10 分）

（3）查表数值是否正确；（10 分）

（4）在实训过程中纪律差或不听指导教师指挥、不服从指导教师教育。（10 分）

3. 出勤考核（20 分）

根据出勤情况及课堂表现，获得出勤考核成绩。

要求： 缺勤 1 次扣 5 分，不按时完成任务扣 5 分，课堂表现差扣 10 分。

任务 2.4　旅客携带品

2.4.1　拟完成工作任务

2016 年 9 月 1 日，K264 次（包头—北京）列车，有两名旅客持包头—沙城本次硬座车票，携带电机一台（重 34 kg），另携带手提包一个（重 17 kg）。列车如何办理？

2.4.2　任务目的

① 熟悉旅客携带品的范围，了解旅客携带品的暂存规定。

② 掌握旅客违章携带物品的处理方法，掌握旅客遗留携带品的处置方法。

2.4.3　所需资料

① 参考资料：《铁路旅客运输管理规则》《铁路客运运价里程表》《行李包裹运价表》《客运规章汇编》以及全国铁路客运运价里程接算站示意图、全国铁路局管辖线路示意图。

② 所需票据、表报：客运运价杂费收据等。

③ 所需工具：模拟电子售票机、计算器、剪刀。

2.4.4　相关配套知识

为了照顾旅客旅行生活的便利，旅客可将旅行中所需的零小物品带入乘坐的客车内，这些物品由旅客自行看管。但为了维护站、车秩序，确保运输安全，铁路对旅客的携带品规定了明确的范围。

知识点 1　旅客携带品的范围

1. 在重量方面

旅客携带品免费重量：成人 20 kg，儿童（包括免费儿童）10 kg，外交人员（持有外交护照者）35 kg。

2. 在体积方面

旅客携带品的外部尺寸，每件长、宽、高相加之和不得超过 160 cm（动车组列车 130 cm），对杆状物品（如扁担、标杆、塔尺等）不得超过 200 cm。

3. 在物品方面

1）不准携带的物品

下列物品不准带进车站和列车内：

① 国家禁止或限制运输的物品；

② 法律、法规、规章中规定的危险品、弹药和承运人不能判明性质的化工产品；

③ 动物及妨碍公共卫生（包括有恶臭等异味）的物品；

④ 能够损坏或污染车辆的物品；

⑤ 超重、超大物品。

2）限量携带的物品

为了方便旅客的旅行，并在保证安全和卫生的条件下，可限量携带下列物品：

① 气体打火机 2 个，安全火柴 2 小盒；

② 不超过加 20 mL 的指甲油、去光剂、染发剂；不超过 120 mL 的冷烫精、摩丝、发胶、卫生杀虫剂、空气清新剂；

③ 军人、武警、公安人员、民兵、射击运动员凭法规规定的持枪证明佩带的枪支子弹；

④ 初生雏 20 只；

⑤ 个人乘坐车、船、飞机等交通工具，跨地（市）携带卷烟的最高限量为每人次 1 万支（50 条），个人在最高限量以内携带卷烟不需办理携带证明；

⑥ 卷烟工商企业的公务人员跨地（市）携带业务用烟，超过个人携带卷烟最高限量的，必须向烟草专卖局申请办理携带证。卷烟工商企业的公务人员跨地（市）携带业务用烟的数量每人次不得超过 5 万支（250 条）。

知识点 2 旅客违章携带物品的处理

① 旅客携带品超过免费重量或超过规定的外部尺寸时，在发站应按规定办理托运手续，不准带上车。如在列车内或下车站发现时，其超重部分补收四类包裹运费。

② 旅客携带不可分拆的整件超重、超大物品以及动物（含猫、狗、猴等宠物）都应按该件全部重量补收四类包裹运费。

③ 对危险品、禁运物品及污损物品，按该件全部重量加倍补收四类包裹运费；危险品交最近的前方停车站处理，必要时移交公安部门处理，对有必要就地销毁的危险品应就地销毁，使之不能危害旅客，同时，承运人不承担任何赔偿责任。

④ 如旅客携带的物品价值较低，应补收运费超过其本身价值时，可按物品本身价值的 50 %核收运费。

⑤ 补收运费时，最远不得超过本次列车的始发站和终点站。

知识点 3 旅客携带品的暂存

为了方便旅客，三等以上客流量较大的车站均需设置旅客携带品暂存处，其他车站可由服务处或行包办理处兼办携带品暂存业务。

① 携带品的暂存范围和暂存处的工作时间、收费标准等，应在暂存处的明显处所公告旅客。

② 携带品存放范围，以允许旅客随身携带的物品的范围为限。贵重物品，重要文件，

骨灰，尖端、精密产品，易腐物品和各种动物等，不予存放。

③ 办理暂存手续时，必须填写暂存票，注明品名、包装日期、件数等。

④ 提取暂存品时还应注明提取日期、寄存日数和核收款额，并在暂存票乙页上加盖戳记后交给旅客，暂存票应按顺号装订，保管一年。

知识点 4 旅客携带品损失的赔偿

在铁路旅客运送期间发生旅客携带品毁损、灭失时，承运人有过错的，应当承担损害赔偿责任。旅客证明其确已携带进站乘车，且能够确定携带品价值的，按下列规定赔偿。

① 旅客出具发票（或者其他有效证明）证明购买价格时，以扣除物品合理折旧，损耗后的净值赔偿。

② 以处理单位所在地物价部门或价格评估机构确定的物品价值赔偿。

旅客在车站发现携带品损失时，应当在离开车站前向发生站声明；在列车上发现时，应当在下车前声明，由列车长开具客运记录交到站处理。旅客请求赔偿时，提交承运人有过错以及证明携带品内容、价格、进站乘车等有关证明。

丢失的旅客携带品、行李、包裹找到后，承运人应迅速通知旅客、托运人或收货人领取，撤销一切赔偿手续，收回全部赔款。如旅客、托运人或收货人不同意领取时，按无法交付物品处理。如发现有欺诈行为不肯退回赔款时，可通过行政或法律手段追索。

知识点 5 旅客遗失物品的处理

1. 遗失物品保管、交付和转送

① 车站对本站发现或列车移交的遗失物品，应在遗失物品登记簿上详细登记，注明日期、地点、移交车次、品名、包装及内含物品、数量、交物人、经办人、处理结果等内容。

② 客运量较大的车站应设遗失物品招领处，遗失物品招领处应有明显的招领揭示。对遗失物品应妥善保管，正确交付。失主来领取时，应查验身份证，核对时间、地点、车次、品名、件数、重量，确认无误后，由失主签收，并记录身份证号码。

③ 拾到现金应开具客运运价杂费收据上交，并在登记簿上注明客运运价杂费收据号码，当失主来领取时，开具退款证明书办理退款。

④ 遗失物品需要通过铁路向失主所在站转送时，内附清单，物品加封，填写客运记录和行李、包裹交接证，交列车行李员签收。遗失物品中的危险品、国家禁止或限制运输的物品、机要文件应立即移交公安机关或有关部门处理，不办理转送。食品及禁止携带的物品不办理转送。遗失物品须通过铁路向失主所在站转送时，物品在 5 kg 以内的免费转送，超过 5 kg 时，到站按品类补收运费。

注意：旅客遗失的鲜活易腐品和食品，车站不负责保管和转送。

2. 遗失物品交接

对旅客的遗失物品应设法归还原主。如旅客已经下车，应编制客运记录，注明品名、件数等移交下车站。不能判明时，移交列车终点站。

知识点 6 旅客携带导盲犬进站乘车规定

导盲犬是指经过特殊训练并取得导盲犬工作证（载有导盲犬使用者信息，盖有公安部门或残疾人联合会公章，或带有国际导盲犬联盟标识），用于辅助视力残疾人工作、生活的服务犬。为便于铁路部门及时了解旅客需求，为旅客提供良好的乘车环境，请旅客提前向铁路部门告知有关需求：

① 在车站售票窗口购票时，说明携带导盲犬乘车的需求，以便铁路部门安排较为合适的席位；

② 在购票时未予说明或者通过其他渠道购票的，可以在开车时间 12 h 前通过 12306 电话联系铁路客服中心，提出携带导盲犬进站乘车的需求，并告知所购车票的乘车日期、车次、席位号等信息；

③ 没有提前联系铁路客服中心的，也可以在进站、乘车时向站、车工作人员告知并寻求帮助。

为保障旅客出行安全，有下列情形之一的，需与具备照看导盲犬能力的成年人同行：

① 乘坐同一趟列车时间超 12 h 的；

② 购买联程票时，每段接续时间在 2 h 以内，且全程时间超过 12 h 的。

在车站及乘车期间，旅客或同行成年人负责照看导盲犬及照顾导盲犬吃、喝、排泄，请勿影响站、车环境卫生。在不阻塞通道、车门等前提下，导盲犬宜在旅客座席附近或铺位下陪伴，请勿让其占用席位或任意跑动。

为维护良好的站、车秩序，请旅客主动配合铁路工作人员做好以下工作：

① 在进站、乘车时，请主动出示以下证件：购票时所使用的有效身份证件、残疾人证、导盲犬工作证、动物健康免疫证明；

② 进站时，请与其他旅客一样，携带导盲犬接受安全检查；

③ 进入车站、列车前，请为导盲犬系上牵引链，佩戴导盲鞍。

乘车期间，在条件允许的情况下，列车工作人员应尽可能协调，将旅客安排至较为宽敞的席位，以方便其乘车生活和照看导盲犬。有同行人时，还应尽可能协调将同行人安排至就近席位。协调更换座位时，原则上应为同等级席别的席位，如因更换席位，出现票价差额，应提前征得旅客本人同意，并按规定处理票价差额。

在发生危及旅客人身安全和铁路运营秩序的特殊情况下，携带导盲犬的旅客与其他旅客一样，需共同遵守铁路和公安部门的有关规定，接受铁路工作人员的组织和引导。

【例 2.10】旅客携带品违章的处理。

案例描述：2016 年 9 月 5 日，1134 次（乌海西—天津）旅客列车，一旅客持乌拉特前旗—承德（经由北京西站换乘）硬座通票，随身携带编织袋一个，内装马铃薯 50 kg，马铃薯在当地牌价每千克 1.5 元。列车如何处理？

解：（1）办理依据：成人旅客可免费携带 20 kg 物品，对超过免费重量的物品，其超重部分应补收四类包裹运费。对不可分拆的整件超重、超大物品及动物，按该件全部重量补收上车站至下车站四类包裹运费。如旅客超重、超大的物品价值低于运费时，可按物品价值的 50%核收运费。

（2）计算过程：

计算超过免费携带的重量：50−20=30（kg）；按规定应补收 30 kg 四类包裹运费。

区间里程：乌拉特前旗—北京西，922 km。

计算运价：1.622×30=48.66≈48.70（元）。

超重马铃薯价值：30×1.5=45（元）。

运费超过物品价值，按物品价值 50%补收运费：45/2=22.50（元）。

填写客运运价杂费收据，如图 2.17 所示。

呼和浩特铁路局

客运运价杂费收据

2016　年9月　5日

<table>
<tr><td rowspan="4">原票据</td><td>种别</td><td>日期</td><td></td><td colspan="4">月　日　时　到达、通知、变更</td></tr>
<tr><td rowspan="3"></td><td>号码</td><td></td><td colspan="4">月　日　时　交　付</td></tr>
<tr><td>发站</td><td></td><td colspan="4" rowspan="2">核收保管费　日</td></tr>
<tr><td>到站</td><td></td></tr>
<tr><td colspan="4" rowspan="2">核收区间</td><td colspan="3">核收费用</td><td rowspan="2">款额</td></tr>
<tr><td>种别</td><td>件数</td><td>重量</td></tr>
<tr><td colspan="4" rowspan="5">自 乌拉特前旗 站
至 北京西 站
经由（　　）
座别 硬 人数 壹人</td><td>四类包裹</td><td>1</td><td>30</td><td>22.50</td></tr>
<tr><td></td><td></td><td></td><td></td></tr>
<tr><td></td><td></td><td></td><td></td></tr>
<tr><td></td><td></td><td></td><td></td></tr>
<tr><td colspan="3">合计</td><td>22.50</td></tr>
<tr><td>记事</td><td colspan="7">携带马铃薯一袋 50 kg，超重 30 千克，应收运费 48.70 元，超过物品价值 45 元，按物品价值 50%核收运费。</td></tr>
<tr><td colspan="8">1134次列车 站经办人 印 印
A000001</td></tr>
</table>

图 2.17　客运运价杂费收据

2.4.5　任务考核

1. 理论考核（40 分）

该部分通过完成以下习题，获得理论考试成绩，每答错 1 题扣 2 分。

（1）一名旅客带 2 名小孩（0.9 m、1.3 m），随身携带品的重量应为（　　）。

A. 30 kg　　B. 40 kg　　C. 50 kg　　D. 60 kg

（2）（　　）属于限量携带的物品。

A. 安全火柴　　B. 菜刀　　C. 礼花弹　　D. 道具枪

（3）（　　）属于限量携带的物品。

A. 杀虫剂　　B. 解冻刀　　C. 砸炮　　D. 道具枪

（4）对已带入车内的猫、狗、猴等宠物，应安排在列车（　　）由旅客自己照看。

A. 座位下　　B. 洗脸间　　C. 通过台　　D. 行李架上

（5）对旅客遗失物品中的鲜活易腐品和食品，（　　）保管和转送。

A. 不负责　　B. 不办理　　C. 应负责　　D. 要妥善

（6）在车内或下车站，对超过免费重量的物品，其超重部分应补收（　　）类包裹运费。

A. 四　　B. 三　　C. 二　　D. 一

（7）旅客携带品超重时，超重的物品价值低于运费时，可按物品价值的（　　）核收运费。

A. 20%　　B. 30%　　C. 40%　　D. 50%

（8）外交人员免费携带品的重量是（　　）kg。

A. 30　B. 35　C. 40　D. 50

（9）除儿童、外交人员外，旅客每人免费携带品的重量是（　　）kg。

A. 20　B. 25　C. 30　D. 35

（10）儿童（含免费儿童）免费携带品的重量是（　　）kg。

A. 20　B. 15　C. 10　D. 35

（11）为方便旅行生活，旅客可携带（　　）乘车。

A. 气体打火机 10 个，火柴 20 盒

B. 刚出生的小蛇 230 条

C. 初生雏 30 只

D. 不超过 120 mL 的空气清新剂

（12）列车发现旅客携带能够污染车辆的物品，应按（　　）。

A. 该件全部重量加倍补收乘车站至下车站四类包裹运费

B. 该件全部重量补收乘车站至下车站四类包裹运费

C. 该件全部重量加倍补收乘车站至下车站三类包裹运费

D. 该件全部重量补收乘车站至下车站四类包裹运费

（13）如旅客超重、超大物品的价值低于运费时，可按（　　）核收运费。

A. 运费的 50%　B. 物品价值的 50%

C. 物品价格的 40%　D. 物品实际价格

（14）旅客遗失物品在（　　）kg 以内的免费转送。

A. 5　B. 10　C. 15　D. 20

（15）遗失物品需通过铁路向失主所在站转送，物品超过规定重量时，到站按（　　）补收运费。

A. 三类包裹　B. 四类包裹　C. 行李　D. 品类

（16）旅客乘动车组携带品的外部尺寸，每件长、宽、高相加之和不得超过（　　）cm。

A. 160　B. 130　C. 200　D. 100

（17）在不阻塞通道、车门等前提下，导盲犬宜在旅客（　　）陪伴。

A. 座席附近　B. 铺位下

C. 座席附近或铺位下　D. 可占用席位

（18）车站组织旅客出站时，发现有旅客携带一个重 18 kg 的旅行包（内有汽油 1 瓶，重 2 kg），到站应（　　）。

A. 补收乘车站至下车站 20 kg 四类包裹运费

B. 补收乘车站至下车站 5 kg 四类包裹运费

C. 加倍补收乘车站至下车站 18 kg 四类包裹运费

D. 加倍补收乘车站至下车站 2 kg 四类包裹运费

（19）为方便旅行生活，旅客可携带不超过（　　）mL 的摩丝发胶乘车。

A. 20　B. 120　C. 500　D. 600

（20）旅客在车站发现携带品损失时，应该在离开车站前向（　　）声明。

A. 发生站　B. 中转站　C. 终到站　D. 始发站

2. 实践考核（40 分）

2016 年 9 月 8 日，6056 次（包头—大同）列车，一名旅客持民族—姑家堡本次硬座车票，携带生理酸性肥料一桶 32.5 kg，上车时密封完好，上车后包装破损，洒落在车厢地板上，使车厢地板被腐蚀、变色。列车如何办理？

具体评分标准如下：

（1）办理依据是否正确（漏写、错写）；（10 分）

（2）处理过程是否正确；（10 分）

（3）查表数值是否正确；（10 分）

（4）在实训过程中纪律差或不听指导教师指挥、不服从指导教师教育。（10 分）

3. 出勤考核（20 分）

根据出勤情况及课堂表现，获得出勤考核成绩。

要求：缺勤 1 次扣 5 分，不按时完成任务扣 5 分，课堂表现差扣 10 分。

任务 2.5　铁路乘车证

2.5.1　拟完成工作任务

2016 年 11 月 15 日 K372/373 次（上海—太原，新型空调列车）到达阳泉站前发现一旅客持 10 月 1 日—10 月 31 日硬座临时定期乘车证（公 YLb312015），票面记载区间德州至太原，旅客要求阳泉下车。如何处理？

2.5.2　任务目的

① 掌握铁路乘车证的使用规定。

② 掌握违章使用铁路乘车证的处理方法。

2.5.3　所需资料

① 参考资料：《铁路旅客运输管理规则》《铁路客运运价里程表》《铁路乘车证管理办法》《客运规章汇编》《铁路旅客票价表》，以及全国铁路客运运价里程接算站示意图、全国铁路局管辖线路示意图。

② 所需票据、表报：代用票、客运运价杂费收据等。

③ 所需工具：模拟电子售票机、计算器、剪刀。

2.5.4　相关配套知识

知识点 1　铁路乘车证的种类

铁路乘车证（简称乘车证）共有九个票种、三种颜色：

① 软席全年定期乘车证，浅红色；

② 软席乘车证（含单程、往返、临时定期），浅红色；

③ 硬席全年定期乘车证，浅蓝色；

④ 硬席临时定期乘车证，浅绿色；
⑤ 硬席乘车证（含单程、往返），浅蓝色；
⑥ 便乘证，浅黄色；
⑦ 通勤乘车证（含通学、定期），浅绿色；
⑧ 就医乘车证（含往返、临时定期、全年定期），浅黄色；
⑨ 探亲乘车证（含单程、往返），浅黄色。

知识点2 乘车证使用范围

① 软席、硬席全年定期乘车证：凡是工作需要必须在所管辖区段铁路沿线往返乘车的铁路职工，可使用所管辖区段全年定期乘车证。

② 软席、硬席临时定期乘车证：因工作需要短期内须在一定区段内连续往返乘车或一次出差到几个地点又不顺路，可使用一定区段内的临时定期乘车证。

③ 软席、硬席乘车证：因工作需要一次性的外出乘车、铁路职工及其供养的家属患病转院、职工疗养可以使用软席、硬席乘车证。

④ 定期通勤乘车证：符合享受一年一次探亲待遇条件的职工，其工作地至家属居住地在 600 km 以内（铁路局集团公司工程、大修部门流动施工的职工，在局管范围内可不受 600 km 限制）能利用节假日或休班时间回家的，在不享受国家规定的探亲假的前提下，可填发定期通勤乘车证。

⑤ 通勤（通学）乘车证：职工工作地至家属居住地在 300 km 以内，需要通勤时可使用通勤乘车证；沿线职工的子、女、弟、妹与居住地至中、小学校在 50 km 以内，可使用通学乘车证。

⑥ 便乘证：机车乘务员在规定担当乘务的区段内便乘时，可使用便乘证，按指定日期、车次一次乘车有效。

⑦ 集体硬席乘车证：计划内临时工、随同职工流动的施工者，在工地转移时，可凭铁路局集团公司劳动力调剂中心出具的临时工工作证与正式职工一起使用集体硬席乘车证（每张乘车证使用人数不能超过 10 人）。填写到站不能出局，只限乘坐本局列车，职工集中培训，每张乘车证也不能超过 10 人，并限本局范围内乘坐本局列车。

⑧ 事故救援与抢险救灾等特殊情况：来不及填发乘车证，可凭调度命令乘车，一次乘车有效。

注意：乘车证实行一人一票制，除探亲、就医乘车证外，其他各类乘车证每张限填发一人使用。

知识点3 乘车证席别的规定

1. 准乘软席人员的范围

① 国铁集团正、副部长和相当职级的人员。
② 正副司、局长和相当职级的人员。
③ 教授和相当专业技术职务的人员。
④ 经国家和部批准的“有突出贡献的专家”。
⑤ 年满五十周岁的正、副处长和相当职级的人员。
⑥ 年满五十周岁的副教授和相当专业技术职务的人员。

⑦ 1937 年 7 月 6 日前参加革命工作的干部。

⑧ 国铁集团副部长和相当职级及以上人员，因工作需要准许随行人员一人填发软席乘车证。

⑨ 年满五十周岁的高级技师。

注意：受处分降低职务、工资级别的人员，应按降低后的职务、工资级别确定其能否享受乘坐软席。

2. 准乘硬席人员的范围

除上述规定以外的其他铁路职工和符合《铁路乘车证管理办法》规定的其他人员准乘硬席。

知识点 4 乘车证使用的有关规定

1. 准乘列车的规定

① 持全年定期、临时定期、软席、硬席乘车证和便乘证，在正式或临时营业铁路上准乘各种旅客列车（国际列车除外）。

② 持用探亲乘车证，准乘除国际、旅游列车以外的各种旅客列车。

③ 持用通勤乘车证，准乘各种旅客列车（国际列车除外）。

④ 持用就医乘车证，准乘快车和普通旅客列车。

⑤ 持用铁路全年定期、临时定期、软席、硬席乘车证，均可乘坐空调可躺式客车。

⑥ 铁路职工（含国铁控股合资铁路公司职工）可以持铁路乘车证乘坐动车组列车（但须办理实名签证）。其中，持软席全年定期乘车证、软席乘车证的人员可以乘坐动车组列车卧铺和一等座席，持硬席乘车证（含全年定期、临时定期乘车证）的人员可以乘坐动车组列车卧铺和二等座席。

2. 乘车证明的规定

① 持用铁路各种乘车证的职工，出入车站及在列车内须与旅客同样经过检验手续，同时交验工作证、学生证、离休证、退休证、家属医疗证或家属证。任何证明均不能代替上述证件。职工持用探亲乘车证，需同时持贴有本人照片的工作证和探亲证明，职工配偶或子女、父母持贴有本人照片的家属证（医疗证）和探亲证明，任何代替工作证或家属证的证件均无效。三证俱全方为有效。

② 出差、探亲、驻勤、开会、入学、出校、调转赴任、搬家，还必须交验相应的证明，如职工出差证明书、人事调转命令、户口迁移证明等；医疗转院或疗养必须交验医疗机构的转院、疗养证明；机车乘务员便乘时，必须携带机务段填发的司机报单；机械冷藏车乘务员去外地换班乘坐旅客列车时，应交验保温段填发的交、接班证明。

3. 其他规定

① 持通勤、探亲、就医、软、硬席乘车证，除换乘外，中途下车无效。

② 定期通勤乘车证，一个月只限用一次，不能提前或移作下月使用。

③ 持用铁路乘车证，均不能免费托运行李、搬家物品等。

④ 全年定期、定期通勤、通勤和定期就医乘车证，延期使用至次年 1 月 15 日。

4. 免费使用卧铺的规定

职工出差、驻勤、开会、调转、赴任、护送等，以本人开始乘坐本次列车开车时起算，从 20:00 至次日凌晨 7:00 之间，在列车上过夜 6 h（含 6 h）或连续乘车超过 12 h（含 12 h）以上的，准予免费使用卧铺。

5. 乘车证回收的规定

① 按年度（学年）办理填发的乘车证，必须在规定的办理日期前交回。

② 其他乘车证必须在其有效期到期后七日内交回，否则按丢失处理。

③ 虽有效期已过，因工作需要，继续在外出差或生产（工作）的，应在回到本单位七天之内交回，否则按丢失处理。

知识点5 丢失乘车证的处理

对丢失乘车证者，除本人做出检查外，要按下列标准进行罚款：

① 全年定期乘车证每张罚款 200 元；

② 临时定期乘车证每张罚款 150 元；

③ 其他乘车证每张罚款 100 元。

丢失定期通勤、通勤、通学、全年定期就医（购粮）乘车证的，罚款后方可予以补发。

知识点6 违章使用乘车证的处理

违章使用乘车证，如在票面上加添、涂改，转借，超过有效期限或有效区间乘车，未持规定的有关证明、证件或持伪造证明、证件的均按无票处理，要查扣其乘车证及有关证件。此外，单位还应追究其行政责任。对持用伪造乘车证者，一经发现，应立刻查扣，并移交公安机关依法处理。超出规定条件使用乘车证者，也按违章使用乘车证处理。除了按照《铁路旅客运输规程》的规定补收和加收票款，下列乘车证还应按票面记载的席别、区间，按照下列计算方法加收罚款。

① 定期通勤乘车证：按票面填写乘车区间，自有效月份起至发现违章月份止，按每月一次往返的里程计算。

② 全年定期乘车证、临时定期乘车证、通勤（学）乘车证：从有效日期（过期的从有效期终了的次日）至发现违章日期止，票面填写的乘车区间在一个铁路局集团公司以内的，按每日乘车 50 km 计算票价；乘车间区跨铁路局集团公司的，按每日乘车 100 km 计算票价，计算后低于 50 元的按 50 元核收。

发现其他违章行为的，均按《铁路旅客运输规程》的规定相应处理。

注意：乘车证使用过程中发现的违章事项，当时处理不了的，由站、车编制客运记录，连同查扣的乘车证及有关证件报本上级收入管理部门。

【例 2.11】持借用的全年定期乘车证乘车的处理。

案例描述：2016 年 2 月 4 日，Z320 次（包头—大同）空调直达特快旅客列车，集宁南站前查验车票，发现 1 名旅客持本年度（呼和浩特—大同）硬席全年定期乘车证（YNe123471），经查证属借用。Z230 次列车如何处理？

解：（1）办理依据：

① 对违章使用乘车证的处理，主要依据现行《铁路乘车证管理办法》《铁路旅客运输管理规则》《铁路客运运价规则》《铁路运输收入管理规则》等规章规定。

② 全年定期、通勤乘车证按可延期使用至次年 1 月 15 日有效处理，属铁路内部掌握，按特殊情况处理。

③ 处理时主要步骤如下。

a）均按无票处理。按所乘列车等级、席别、铺别、区间（单程或往返）及票面填写的人数补收票价，并核收已乘区间应补票价 50%的加收票款及手续费。

b）按照违章使用乘车证类别分别进行处理。

c）同时查扣其乘车证及有关证件，上交铁路局集团公司收入部门。上交时应编制客运记录，注明违章情况。此外，单位还应追究其行政责任。对持用伪造乘车证者，一经发现，应立即查扣，并移交公安机关依法处理。

d）涉及有效期内不限次数使用的乘车证过期罚款，本人使用的，自有效期终了的次日起算；他人使用的，自有效日期起算。

e）涉及定期乘车证和通勤乘车证违章计算罚款时，席别按乘车证记载席别确定。

f）处理违章使用全年定期乘车证、临时定期乘车证、通勤（学）乘车证时，除按无票补收票款外，还应按票面记载的席别、区间加收罚款：自有效日期（过期的从有效期终了的次日）至发现违章日期止，票面填写的乘车区间在一个铁路局集团公司以内的，按每日乘车 50 km 计算票价（指客票票价）；乘车区间跨铁路局集团公司的，按每日乘车 100 km 计算票价（含义同前）；计算后低于 50 元的按 50 元核收。借用全年定期乘车证，先按本次列车处理无票，再自有效期开始之日起按规定加收罚款，并没收乘车证及相关证件，编制客运记录上报铁路局集团公司收入稽查处。

（2）计算过程：

事由：借用。

① 无票。

区间里程：呼和浩特—集宁南，158 km；集宁南—大同，127 km。

计算票价：

新空调硬座客快票价：27.50+10.00+6.00=43.50（元）；

加收已乘区间呼和浩特至集宁南应补票价 50%票款：（14.50+6.00+3.00）×50%=11.75≈12.00（元）（现列车补票机尾数保留至 0.5 元）。

手续费：2.00 元。

② 罚款。

自 2016 年 1 月 1 日至 2 月 4 日共计 35 天，呼和浩特、大同分属呼和浩特和太原两个铁路局集团公司，按每天 100 km 计算非空客快（全路按非空客快计算）票价：7.50×35=262.50（元）。

应收合计：43.50+12.00+2.00+262.50=320.00（元）。

乘车证收回，编制客运记录上报铁路局集团公司收入稽查处。

填写代用票，如图 2.18 所示。

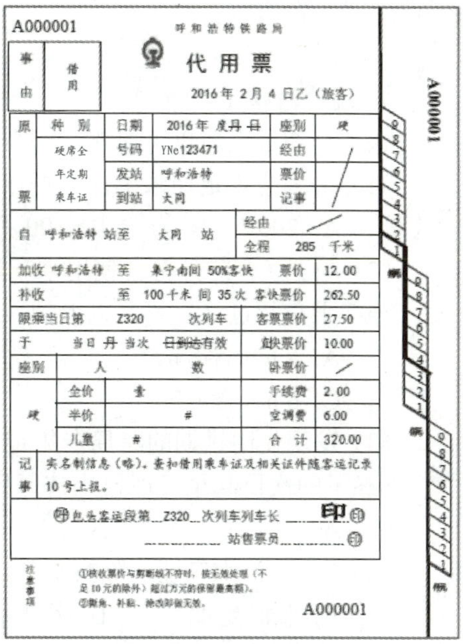
A000001　呼和浩特铁路局
代用票
事由：借用
2016 年 2 月 4 日乙（旅客）

原票	种别	日期	2016 年 底月 日	座别	硬
	硬席全年定期乘车证	号码	YNc123471	经由	/
		发站	呼和浩特	票价	
		到站	大同	记事	

自 呼和浩特 站至 大同 站	经由 ／
	全程 285 千米

加收 呼和浩特 至 集宁南间 50%客快	票价	12.00
补收 至 100 千米 间 35 次 客快票价		262.50
限乘当日第 Z320 次列车	客票票价	27.50
于 当日 当次 有效	加快票价	10.00
座别 人数	卧票价	／
硬 全价 壹	手续费	2.00
半价 #	空调费	6.00
儿童 #	合计	320.00

记事：实名制信息（略）。表和借用乘车证及相关证件随客运记录 10 号上报。

包头客运段第 Z320 次列车列车长 印

站售票员

A000001

图 2.18　违章使用乘车证的代用票

【例 2.12】持过期全年定期乘车证乘车的处理。

案例描述：2016 年 2 月 15 日，2635 次（呼和浩特—兰州西）空调普快旅客列车，包头站前验票，发现一旅客持 2015 年度呼和浩特—乌海硬席全年定期乘车证（YNa123472）。列车如何办理？

解：（1）办理依据：

持用过期全年定期乘车证乘车，先按本次列车处理无票，自有效期终了的次日起，按规定加收罚款，并没收乘车证及相关证件，编制客运记录上报铁路局集团公司收入稽查处。

（2）办理过程：

事由：过期。

① 无票。

区间里程：呼和浩特—包头，165 km；包头—乌海，361 km。

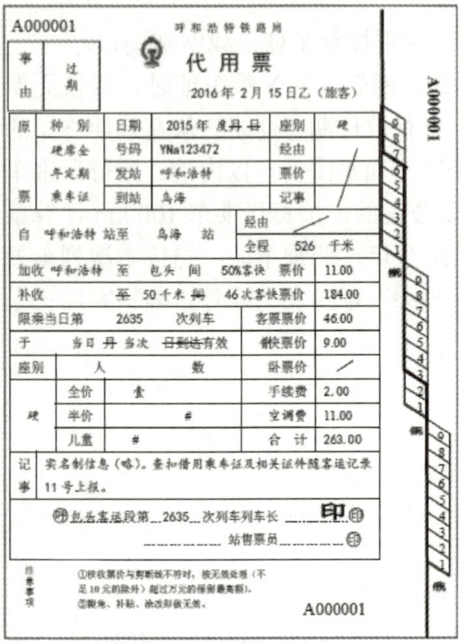

A000001　呼和浩特铁路局

代用票

2016年2月15日乙（旅客）

事由	过期

原票	种别	日期	2015年	座别	硬
	硬席全年定期乘车证	号码	YNa123472	经由	
		发站	呼和浩特	票价	
		到站	乌海	记事	

自 呼和浩特 站至 乌海 站	经由	
	全程	526 千米
加收 呼和浩特 至 包头 间 50%客快	票价	11.00
补收 50千米 46次客快票价		184.00
限乘当日第 2635 次列车	客票票价	46.00
于 当日 当次 有效	快票价	9.00
座别 人数	卧票价	／
硬 全价 壹	手续费	2.00
半价 #	空调费	11.00
儿童 #	合计	263.00

记事	实名制信息（略）。查扣借用乘车证及相关证件随客运记录11号上报。

包头客运段第 2635 次列车列车长 印

站售票员

注意事项

A000001

图 2.19　使用过期乘车证的代用票

计算票价：

呼和浩特至乌海新空调硬座客票票价：46.00 元；

呼和浩特至乌海新空调普快票价：9.00 元；

呼和浩特至乌海空调票价：11.00 元；

加收呼和浩特至包头新空调硬座快速票价 50%票款：（15.50+3.00+3.00）×50%=10.75≈11.00（元）（现列车补票机尾数保留至 0.5 元）。

手续费：2.00 元。

② 罚款。

自有效期终了的次日起，自 2016 年 1 月 1 日—2 月 15 日，共计 46 天，呼和浩特、乌海站同属呼和浩特铁路局集团公司，按每天 50 km。50 km 46 天非空客快（全路按非空客快计算）票价：4×46=184.00（元）。

应收合计：263.00 元。

乘车证收回，编制客运记录，上报铁路局集团公司收入稽查处。

填写代用票，如图 2.19 所示。

2.5.5 任务考核

1. 理论考核（40 分）

该部分通过完成以下习题，获得理论考核成绩，每答错 1 题扣 4 分。

（1）丢失全年定期乘车证，每张罚款（　　）元。

A. 200　　B. 100　　C. 150　　D. 120

（2）职工（含路外符合使用乘车证的人员）出差以本人开始乘坐本次列车开车时刻计算，连续乘车超过（　　）以上的，准予免费使用卧铺。

A. 8 h（含 8 h）　　B. 12 h（含 12 h）

C. 6 h（含 6 h）　　D. 10 h（含 10 h）

（3）发现使用过期的跨局全年定期乘车证时，除按章补收票款外，还要自该乘车证有效 期终了的次日起至发现日止按每日乘车（　　）km 计算票价。

A. 300　　B. 50　　C. 100　　D. 200

（4）（　　）乘车证，除换乘外，中途下车无效。

A. 临时定期　　B. 软席全年定期　　C. 硬席全年定期　　D. 定期通勤

（5）本年度的全年定期、通勤、定期就医、定期购粮乘车证，可延期使用到（　　）止。

A. 次年的 1 月 31 日　　B. 次年的 2 月底
C. 次年的 1 月 15 日　　D. 次年的 1 月 10 日

（6）持用软席、硬席乘车证乘车除（　　）外，中途下车无效。
A. 办理公事　B. 调研　C. 换乘　D. 工作

（7）（　　）准乘快车和普通旅客列车。
A. 探亲乘车证　B. 就医乘车证　C. 通勤乘车证　D. 调度命令

（8）定期通勤乘车证，一个月只限用（　　）。
A. 一次　B. 两次　C. 多次　D. 四次

（9）定期通勤乘车证，有效期间为（　　）。
A. 9 个月　B. 3 个月　C. 一个历年　D. 6 个月

（10）（　　）准乘除国际、旅游列车以外的各种旅客列车。
A. 探亲乘车证　B. 就医乘车证　C. 通勤乘车证　D. 调度命令

2. 实践考核（40 分）

2016 年 7 月 15 日，Z282/3 次（杭州—包头）新型空调直达特快旅客列车，张家口南开车后验票，发现一旅客持本人天津—呼和浩特硬席乘车证（单程；票号：YXa123473）（有效期为 6 月 5 日—7 月 5 日），该旅客将日期 7 月 5 日涂改为 7 月 15 日。Z283 次列车如何办理？

具体评分标准如下：

（1）办理依据是否正确（漏写、错写）；（10 分）

（2）处理过程是否正确；（10 分）

（3）票据填写是否正确（漏填、错填、多填）；（10 分）

（4）在实训过程中纪律差或不听指导教师指挥、不服从指导教师教育。（10 分）

3. 出勤考核（20 分）

根据出勤情况及课堂表现，获得出勤考核成绩。

要求：缺勤 1 次扣 5 分，不按时完成任务扣 5 分，课堂表现差扣 10 分。

任务 2.6　旅客运输事故处理

2.6.1　拟完成工作任务

2016 年 8 月 11 日，K274/5 次（呼和浩特—满洲里）列车，14 车 5 号下铺旅客张平（身份证号码××××××××××××××××××，男，45 岁、家住海拉尔新区 5 栋 16 号、电话：×××××××××××，旅客自诉），持呼和浩特—海拉尔站硬座客快速卧车票（票号 B123509），在通辽站前因心脏病突发，列车通过广播寻医找药，在还没有找到医药的情况下，列车已进站。旅客不能继续乘车，需下车治疗。如何处理？

2.6.2　任务目的

① 了解旅客运输事故的范围、种类、等级。

② 掌握旅客发生疾病、死亡和人身伤害的处理原则、有关规定和处理方法。

2.6.3 所需资料

① 参考资料：《关于公布处理铁路旅客人身伤害及携带品损失处理暂行办法》《铁路旅客运输规程》。

② 所需票据、表报：客运记录等。

2.6.4 相关配套知识

知识点1 旅客生急病、死亡的处理

1. 旅客生急病的处理

① 持有车票的旅客在车站候车期间生急病时，车站应立即送至医院急救，如系传染病应送传染病医院。

② 旅客在列车上生急病时，列车长应填写客运记录，送交市、县所在地的车站或较大车站，转送医院或传染病医院治疗。

③ 旅客在治疗期间所需的一切费用，应由旅客自负。如本人确实无力负担，铁路局集团公司可在“旅客保险”支出项下列支，由车站按时请领偿还医院。

2. 旅客死亡的处理

① 持有车票的旅客在车站候车期间死亡时，车站站长应会同公安部门、卫生部门共同检验，并按规定处理。如因传染病死亡的，应根据卫生部门的指示办理。车站应通知其家属或工作单位前来认领。

② 旅客在列车上死亡时，列车长应填写客运记录，会同铁路公安人员将尸体和死者遗物交给市、县所在地的车站或较大的车站，接收站按照在车站死亡时的处理规定办理。

③ 对死者的遗物妥善保管，待死者家属或工作单位前来认领时一并交还。旅客死后所需费用，先由铁路部门垫付，事后向其家属或工作单位索还。如死者家属无力负担或无人认领，铁路可在“旅客保险”支出项下列支。

3. 无票人员生急病或死亡的处理

没有车票的人员，在站台或列车上生急病或死亡时，由铁路部门负责处理。在候车室、广场等地生急病或死亡时，由车站通知地方有关部门处理。

知识点2 旅客人身伤害事故的处理

1. 旅客人身伤害事故的定义

凡持有效车票的旅客，经检票口进站验票加剪开始，至到达目的地出站缴销车票时止（中转和中途下车的旅客自出站至进站期间除外），在旅行中遭受到外来、剧烈、明显的意外伤害事故（包括战争所致者在内）以及承运人的过错，致使旅客人身受到伤害以至死亡、残废或丧失身体机能者，均属旅客人身伤害事故。对运送期间发生的旅客人身伤害，铁路运输企业承担保险或运输、保险双重责任。

2. 旅客人身伤害事故的种类及等级

1）种类

旅客人身伤害按其程度分为 3 种，具体如下。

① 轻伤：伤害程度不及重伤者。

② 重伤：肢体残废、容貌毁损，视觉、听觉丧失及器官功能丧失。具体参照铁路部门颁发的《人体重伤鉴定标准》。

③ 死亡。

2）等级

旅客人身伤害事故分为6级，具体如下。

① 轻伤事故：是指只有轻伤没有重伤和死亡的事故；

② 重伤事故：是指有重伤没有死亡的事故；

③ 一般伤亡事故：是指一次造成死亡1人至2人的事故；

④ 重大伤亡事故：是指一次死亡3人至9人的事故；

⑤ 特大伤亡事故：是指一次死亡10人至29人的事故；

⑥ 特别重大伤亡事故：是指一次死亡30人以上的事故。

3. 旅客人身伤害事故的现场处理

1）处理办法

① 在站内或旅客列车上发生旅客人身伤害事故时，列车长或车站客运主任（三等以下车站为站长，以下同）、客运值班员应当会同铁路公安人员查看旅客受伤程度，及时采取抢救措施，并通过列车广播寻找旅客中的医务工作者协助救助，旅客医生实施救助前，列车长应先确认其身份、姓名、单位，并做好记录；实施紧急救护时，医护工作者应将患者病情、医疗措施风险告知患者或同行旅客。抢救无效死亡时，由医护人员确认并在客运记录上注明。列车上的受伤旅客需交车站处理时，应提前通知车站做好救护准备工作。

② 旅客列车或车站发生三人以上食物中毒时，列车长或车站客运主任（站长）应当及时通知前方停车站或所在站卫生防疫部门（疾控所）和公安部门，并做好现场保护工作。

③ 发生旅客人身伤害人数较多时，应当封锁事故现场，禁止与救援、调查无关的人员进入。

④ 发生旅客伤亡人数较多的车站或列车，认为必要时，应请求地方政府协助组织抢救。

⑤ 发现旅客在区间坠车时，应当立即使用紧急制动阀停车（特快、直达特快、动车组列车危及本列车运行安全时不得使用紧急制动阀）。列车长、公安及运转车长应立即下车查看旅客情况。对造成重伤的应迅速抬上列车送至前方有救治条件的停车站紧急救治；当场死亡时，应将尸体移至道旁，用适当物品予以覆盖，同时通知就近车站并派人与车站办理处理事宜。在不具备停车条件或迟延发现时，列车长应当通过运转车长通知就近车站派人寻找。同时，列车长应在前方停车站拍发电报，向事故发生地所属铁路局集团公司和列车担当铁路局集团公司主管部门报告。

⑥ 直达特快列车发生旅客人身伤害事故需要紧急救护时，列车长要通过检车乘务员与机车乘务员联系，请求在县级以上车站停车。机车乘务员应及时向调度员汇报列车长的请求，并向列车长反馈调度员的命令。调度员接到列车长的请求后，应立即确定停车站，并下达停车命令，同时通知受理站。受理站应组织有关人员接车，并做好列车下交旅客的救治准备工作，尽早组织开车。受理站不得要求列车工作人员下车处理。

⑦ 发生旅客人身伤害事故时，列车长、车站客运主任应当会同铁路公安部门及时勘验事故现场，检查旅客所持车票的票种、票号、发到站、车次、有效期及加剪情况等。

⑧ 站、车发生旅客人身伤害事故（包括因病），均应收集不少于两份同行人或见证人的证言和有关证据，并保护好证据材料。收集证人证言时，应当记录证人姓名、性别、年龄、

地址、联系方式、身份证号码等内容。证言、证据应当准确、真实，能够证明事故发生的过程和原因，并保护好证据材料。铁路工作人员不能作为证人提供证据。

⑨ 列车上发生旅客人身伤害事故时，应当将受伤旅客移交三等以上车站（在区间停车处理时为就近车站）处理，并提前通知车站做好救护准备工作，接收车站不得以任何理由拒绝受理。列车向车站办理移交手续时，编制客运记录一式两份（一份存查，一份办理站车交接），简要记录事故原因、旅客姓名、性别、车票票号、发到站等内容，连同车票、旅客随身携带品清单、证据材料一起移交。旅客人身伤害事故系斗殴等治安或刑事案件所致时，列车乘警应在客运记录上签字。需要送往医院救治时，由车站客运部门负责办理就医程序。

⑩ 因特殊情况来不及编写记录的，列车长必须指派专人下车与车站办理交接，并必须在 3 d 以内向事故处理站补交有关材料。

⑪ 当次列车因故未能将受伤旅客及有关材料及时移交，旅客在法定时限内向铁路运输企业索赔且能够证明伤害是在运输过程中发生的，事故发生列车应本着方便旅客的原则，移交旅客就医所在地车站或旅客发、到站处理，被移交站应当受理。

⑫ 车站对本站发生、发现或列车移交的受伤旅客应当及时送附近有救治条件的医院抢救；送医院须先缴纳押金时，可用站进款垫付；动用站进款时，须填写或补填“运输进款动支凭证”，5 d 内由核算站或车务段财务拨款归还。

⑬ 受伤旅客住院期间的生活费由旅客垫付，如旅客或其家属确有困难，经事故处理站站长（车务段长）批准，用站进款垫付；待事故责任明确后，由责任人或责任单位承担。

⑭ 受伤旅客在现场抢救无效死亡或在站内、区间发现的旅客尸体，经公安机关或医疗部门确认死亡后，车站应当暂时派人看守并尽快转送殡仪馆存放。对死者的车票、衣物等应当妥善保管并通知其家属来站处理。如死者身份、地址不清或家属不来时，或死亡原因系伤害致死需立案侦查时，可根据公安机关意见处理死者尸体，必要时应对尸体做法医鉴定。尸体存放原则上不超过 7 d。

2）事故速报

车站、列车发生旅客人身伤害事故时，应当立即向上级主管部门及有关铁路局集团公司主管部门拍发事故速报，条件允许时应当先用电话报告事故概况。发生重大及以上伤亡事故时，应当逐级向铁路局集团公司客运处、列车担当主管部门及发生地所属铁路局集团公司客运处拍发事故速报。事故速报内容包括：

① 事故种类；

② 事故发生日期、时间、车次；

③ 事故发生地点、车站、区间里程；

④ 伤亡旅客姓名、性别、国籍、民族、年龄、职业、单位、住址、车票种类、发到站、票号、身份证号码。

⑤ 事故及伤亡简况。

在站内或区间线路上发现有坠车旅客时，发现或接到通知的车站应当迅速通报有关列车。有关列车接到通报时，应当立即调查情况，收集包括证人、证言在内的证据材料和旅客携带品，并在 3 d 内向事故处理站移交。

4. 旅客人身伤害事故的调查结案

1）事故处理工作组的组成

发生旅客人身伤害事故时，应当成立事故处理工作组。事故处理工作组由以下单位和人员组成：

① 事故处理站（车务段）或其上级主管部门；

② 事故责任单位或发生单位及其上级主管部门；

③ 事故处理站公安派出所；

④ 与事故处理有关的单位或人员。

事故处理工作组组长一般情况下由事故处理站（车务段）的站长（段长）担任；发生重大及以上伤亡事故时，事故发生地所在铁路局集团公司总经理为组长。

2）事故处理工作组的主要工作

① 办理受伤旅客就医事宜。

② 收集事故有关资料，建立案卷。事故案卷中应有：客运记录、证人证言、车票、医院证明、现场照片或图示、寻人启事、公安部门现场勘验笔录、鉴定结论和处理尸体意见等。

③ 查实伤亡旅客身份，通知伤亡旅客家属或发寻人启事。

④ 召开事故分析会，分析事故原因，确定责任单位。

⑤ 处理死亡旅客尸体。

⑥ 与旅客或其继承人、代理人协商办理赔付。

⑦ 其他与事故处理有关的事宜。

3）召开事故调查分析会

事故发生后，应当及时召开事故调查分析会。铁路局集团公司应派员参加重大及以上伤亡事故调查分析会。应由政府安全监督管理部门调查处理的旅客人身伤害事故，按照国家有关规定办理。

4）明确处理费用

旅客受伤需治疗时，医疗费用按实际需要，凭治疗医院单据，由铁路运输企业承担，但其标准一般最高不超过赔偿金限额。如旅客人身伤害系法律、法规规定铁路运输企业免责的，其医疗费用由旅客承担。

旅客自身责任或第三人责任造成的人身伤害，医疗费用由责任人承担。第三人不明确或无力承担时，由铁路运输企业先行赔付后，再向第三人追偿。

旅客受伤治疗后身体部分机能丧失，应当按照机能丧失程度给付部分赔偿金和保险金。旅客身体两处以上受伤并部分机能丧失的，应当累加给付，但不能超过赔偿金、保险金最高限额。旅客受伤治愈后无机能影响，在赔偿金、保险金最高限额的 5%以内酌情给付。旅客死亡按最高限额给付。

如铁路运输企业能够证明旅客人身伤害是由铁路运输企业和旅客的共同过错造成的，应当相应减轻铁路运输企业的赔偿责任。

因处理事故需要发生的其他费用（如看尸、验尸、现场勘验、寻人启事等与事故处理直接有关的支出）一并在事故处理费中列支，并在事故处理报告上列明。

因事故产生的保险金、赔偿金、医疗费用、其他费用，有责任单位（铁路运输企业其他部门责任时，转责任单位所属铁路局集团公司）的，由处理事故局将以上费用转账给责任单位；无责任单位的，转事故发生单位。

事故责任涉及两个以上单位时，其事故处理费用由责任单位共同分担，分担比例按责任轻重由事故处理工作组确定。

5）事故赔付程序

对伤亡旅客的赔偿一般应当于治疗结束或尸体处理完毕后进行。由旅客或其继承人、代理人（代理人应当出具被代理人的书面授权书）提出“铁路旅客人身伤害事故赔偿要求书”，并出具治疗医院的证明，作为事故处理站办理赔偿、确定给付赔偿金数额的依据。

事故处理工作组接到后，连同“铁路旅客人身伤害事故最终处理协议书”转送事故责任或发生单位。事故责任或发生单位接到转账“通知书”等资料后，应当于 10 d 内将费用转拨事故处理铁路局集团公司；超过 10 d 时，每超过 1 d，按应付费用的 0.5%支付滞纳金。事故案卷一案一卷，由事故处理站、段保管，案卷保存期为 5 年。

5. 旅客人身伤害事故的责任划分

铁路旅客人身伤害事故责任分为旅客自身责任、铁路运输企业责任、第三人责任及其他责任。

1）旅客自身责任

旅客违反铁路安全规定，不听从铁路工作人员引导、劝阻等违法违章行为或其他自身原因造成的伤害，属于旅客自身责任。

2）铁路运输企业责任

由于铁路运输企业人员的职务行为或设施设备的原因给旅客造成的伤害，属于铁路运输企业责任。

铁路运输企业责任分为客运部门责任和行车等其他部门责任。客运部门责任分为车站责任和列车责任。

（1）车站责任

有下列情形之一的，属于车站责任：

① 旅客持票进站或下车后在检票口以内因组织不当造成伤害的；

② 缺乏引导标志或有关引导标志不准确而误导旅客发生伤害的；

③ 车站设备、设施不良造成旅客伤害的；

④ 车站销售的食物造成旅客食物中毒的；

⑤ 因误售、误剪不停车站车票造成旅客跳车的；

⑥ 在规定停止检票后继续检票放行或检票放行时间不足，致使旅客抢上列车造成伤害的；

⑦ 因违章操作、管理不善造成火灾、爆炸，发生旅客伤害的；

⑧ 事故处理工作组有理由认为属于车站责任的其他情况。

（2）列车责任

有下列情形之一的，属于列车责任：

① 由于车门未锁造成旅客跳车、坠车或站内背门下车造成旅客伤害的；

② 因列车工作人员的过失，致使旅客在不办理乘降的车站（包括区间停车）下车造成人伤害的；

③ 由于组织不力，旅客下车挤、摔造成伤害的；

④ 车站误售、误剪车票，列车未能妥善处理造成旅客跳车伤害的；

⑤ 因列车报错站名致使旅客误下车造成伤害的；

⑥ 因列车工作人员的过失造成旅客挤伤、烫伤的；

⑦ 因餐车、售货销售的食物造成旅客食物中毒的；

⑧ 因违章操作、管理不善造成火灾、爆炸，发生旅客伤害的；

⑨ 因列车设备不良造成旅客人身伤害的；

⑩ 事故处理工作组有理由认为属于列车责任的，当事故处理工作组认为两个以上单位

都负有责任时，可列两个以上的责任单位。

（3）其他部门责任

铁路运输企业的其他部门责任造成旅客伤害的列相关部门责任，属于其他部门责任。

3）第三人责任

由于旅客和铁路运输企业合同双方以外的人给旅客造成的伤害，属第三人责任。因第三者责任造成旅客人身伤害时，受害者可直接向施害的第三者索赔；第三者不明或无力承担时，铁路运输企业可先行赔付，而后向施害的第三者追偿。

4）其他责任

非上述三种责任造成的伤害，属于其他责任。

对事故责任划分有争议时，事故处理工作组应将调查报告、事故案卷、处理意见等有关资料报事故发生和事故处理单位共同的上级客运主管部门或其授权的客运主管部门裁决。发现事故定性不准确、处理不符合规定时，上级客运主管部门可以责令重新审查或纠正。事故处理完毕后，事故处理工作组应当出具“铁路旅客人身伤害事故定责通知书”，寄送事故责任单位并抄知其上级客运主管部门。

有下列情形之一造成的人身伤害，铁路运输企业不承担保险责任：

① 因疾病、自杀、斗殴或犯罪行为；

② 失踪者（但因车辆失事或意外事故而致失踪者不在此限）；

③ 因无票扒、跳车；

④ 有欺诈、骗保意图。

有下列情形之一造成的人身伤害，铁路运输企业不承担运输责任：

① 不可抗力；

② 旅客自身健康原因造成的或者铁路证明伤亡是旅客故意、重大过失造成的。

知识点 3 旅客携带品损失的处理

由于铁路运输企业过错造成旅客自带行李损失时，铁路运输企业承担赔偿责任，但赔偿最高不超过国务院规定的赔偿限额。

① 铁路运输企业对旅客的货币、金银、珠宝、有价证券或者其他贵重物品所发生灭失、损坏不负赔偿责任。

② 办理旅客自带行李损失赔偿时，由旅客或其继承人、代理人向铁路运输企业提出确认的证据。处理时使用“铁路旅客人身伤害事故最终处理协议书”，由事故处理协商各方签字结案。

知识点 4 事故处理报告与统计

事故处理站（车务段）在事故处理完毕后 3 d 内向局客运主管部门报告。一般伤亡事故及以上事故处理完毕后，事故处理和发生单位应逐级向上级客运主管部门报送“事故调查处理报告”。重大及以上伤亡事故由铁路局集团公司签署意见后报国铁集团客运主管部门。

各铁路局集团公司于每月 10 日以前将上月、每年 1 月 10 日以前将上年度本局处理的旅客人身伤害事故填写“铁路旅客人身伤害事故统计表”报国铁集团。

2.6.5 任务考核

1. 理论考核（32 分）

该部分通过完成以下习题，获得理论考核成绩，每答错 1 题扣 4 分。

（1）收集证人证言时，应当记录证人姓名、（　　）、身份证号码等内容。

A. 地址、联系方式　　B. 性别、年龄、联系方式

C. 性别、年龄、地址　　D. 性别、年龄、地址、联系方式

（2）没有车票的旅客在候车室发生死亡，由（　　）负责处理。

A. 公安部门　　B. 铁路部门　　C. 地方有关部门　　D. 旅客自己

（3）一般伤亡事故是指一次造成死亡（　　）的事故。

A. 1 人至 2 人　　B. 30 人以上　　C. 3 人至 9 人　　D. 10 人至 29 人

（4）旅客或无票人员在站内或列车上受到伤害，送医院抢救时，由车站凭加盖车站或客运公章的（　　）送当地铁路医院。

A. 客运记录　　B. 介绍信

C. 旅客伤亡事故记录　　D. 证明

（5）发生旅客人身伤害或急病时，车站或列车应会同公安人员勘查现场，收集旁证、物证，调查事故发生原因，编制（　　）并积极采取抢救措施，按照旅客人身伤害或疾病处理的有关规定办理。

A. 旅客伤亡事故记录　　B. 客运记录或旅客伤亡事故记录

C. 客运记录　　D. 事故速报

（6）列车上发生旅客人身伤害事故，列车与车站交接时，编制"客运记录"应（　　）。

A. 一式四份　　B. 一式二份　　C. 一式三份　　D. 一式五份

（7）特大伤亡事故，是指一次死亡（　　）的事故。

A. 3 人至 9 人　　B. 30 人以上

C. 10 人至 29 人　　D. 8 人至 10 人

（8）事故处理站（车务段）在事故处理完毕后（　　）d 内向局客运主管部门报告。

A. 3　　B. 4　　C. 5　　D. 6

2. 实践考核（48 分）

2016 年 8 月 12 日，2635 次（呼和浩特—兰州西）列车临河站前约 5 min 时，列车运行方向机后 4 位 4 号硬座车厢右侧 38 号座位处遭石击，将车窗玻璃击碎，并将包头市包钢无缝钢管厂马××（身份证号码××××××××××××××××××，男，30 岁）头部打伤，额头破口 2 cm，该旅客持包头—乌海客快车票（票号 B123510）。列车如何办理？

具体评分标准如下：

（1）办理依据是否正确（漏写、错写）；（10 分）

（2）处理过程是否正确；（14 分）

（3）票据填写是否正确（漏填、错填、多填）；（14 分）

（4）在实训过程中纪律差或不听指导教师指挥、不服从指导教师教育。（10 分）

3. 出勤考核（20 分）

根据出勤情况及课堂表现，获得出勤考核成绩。

要求：缺勤 1 次扣 5 分，不按时完成任务扣 5 分，课堂表现差扣 10 分。

项目3　行李、包裹运输

【项目描述】

本项目从行李、包裹运输合同订立、内容、双方权利义务入手，按岗位作业过程学习行李、包裹的判定、托运、承运、运送、交付，同时把快运包裹的运输、运输变更、违章运输处理融入作业过程进行学习。

【知识目标】

① 熟悉行李、包裹运输合同内容，行李、包裹的范围。
② 掌握托运、承运规定，行李、包裹的运输规则、运到期限、逾期的处理、交付规定等。
③ 理解运输变更、违章运输相关的处理要求，了解无法交付物品的处理规定。

【能力目标】

① 能够熟练判定行李、包裹类别，会办理行李、包裹托运手续。
② 能填写行李、包裹票，办理行包逾期处理及交付手续。
③ 通过实践提高后，会办理行李、包裹运输变更和违章运输的手续。

任务3.1　行李、包裹运价计算

3.1.1　拟完成工作任务

2015 年 6 月 16 日旅客王某持 K1624 次列车集宁南—郑州当日有效车票 1 张，票号 A000006，在集宁南站托运：行李 1 箱（内装衣服）重 10 kg，声明价格 1 000 元；被褥 1 件，重 8 kg，声明价格 800 元。需要托运到广州。要求：① 了解行李、包裹运输合同的含义和凭证、托运人的基本权利和义务；② 掌握行李票、包裹票、快运单及其应载明的内容；③ 要求能够熟练掌握行李、包裹范围，以及行李、包裹运费的计算核收。

3.1.2　任务目的

① 掌握行李票、包裹票、快运单及其应载明的内容和填写。
② 能准确判定托运的物品属于行李或包裹，以及包裹类别。
③ 能准确计算行李、包裹运价。

3.1.3 所需资料

① 参考资料：《铁路旅客运输管理规程》《铁路旅客运输办理细则》《铁路客运运价规则》。

② 所需票据、表报：托运单、行李票、包裹票。

3.1.4 相关配套知识

货物在发站所进行的各项货运作业，统称货物的发送作业。它是铁路货物运输技术作业过程的开始阶段，包括承运和装车两大环节。

知识点1 行李、包裹运输合同

1. 行李、包裹运输合同的含义及凭证

办理行李及包裹运输，托运人与承运人之间必须签署运输合同。铁路行李、包裹运输合同，是指承运人与托运人、收货人之间明确行李、包裹运输权利、义务关系的协议。

行李、包裹运输合同自承运人接收行李、包裹并填发行李票、包裹票时起成立，至行李、包裹运至到站、到达地或托运人指定地点交付收货人止为履行完毕。

行李、包裹运输合同的基本凭证是行李票、包裹票；快运包裹运输合同的基本凭证是中国铁路小件货物快运运单和中铁快运托运单（以下简称快递单）。

行李票、包裹票、快运单主要应当载明下列内容：

① 发站和到站，发送地和到达地；

② 托运人、收货人的姓名、地址、联系电话、邮政编码；

③ 行李和包裹的品名、包装、件数、重量；

④ 运费、快运包干费；

⑤ 声明价格；

⑥ 承运日期、运到期限、承运站站名戳、承运快运机构名戳及经办人员名章。

2. 托运人的基本权利和义务

托运人是指委托承运人运输行李或小件货物并与其签有行李、包裹运输合同的人。

1）权利

① 要求承运人将行李、包裹按期、完好地运至目的地。

② 行李、包裹灭失、损坏、变质、污染时要求赔偿。

2）义务

① 缴纳运输费用，完整、准确填写托运单，遵守国家有关法令及铁路规章制度，维护铁路运输安全。

② 因自身过错给承运人或其他托运人、收货人造成损失时应负赔偿责任。

3. 承运人的基本权利和义务

1）权利

① 按规定收取运输费用，要求托运的物品符合国家政策法令和铁路规章制度。对托运的物品进行安全检查，对不符合运输条件的物品拒绝承运。

② 因托运人、收货人的责任给他人或承运人造成损失时向责任人要求赔偿。

2）义务

① 为托运人提供方便、快捷的运输条件，将行李、包裹安全、及时、准确地运送到目

的地。

② 行李、包裹从承运后至交付前，发生灭失、损失、变质、污染时，负赔偿责任。

知识点 2　行李、包裹的范围

1. 行李的范围

行李是指旅客由于旅行而导致的生活上一定限度的必需品，并且凭客票办理托运。

行李运输随同旅客运输而产生，与旅客运输是不可分割的，旅客不购票乘车，就不可能产生行李运输。

行李包括以下物品：

① 旅客自用被褥、衣服、个人阅读的书籍；

② 残疾人用车（每张客票限 1 辆并不带汽油）；

③ 其他旅行必需品；

④ 凭地、市级以上文化行政部门证明和“营业演出许可证”办理托运的文艺团体演出器材。

行李中不得夹带货币、证券、珍贵文物、金银珠宝、档案材料等贵重物品和国家禁止、限制运输的物品、危险品。

其中，货币含各种纸币和金属辅币；证券含股票、彩券、国库券及具有支付、清偿功能的票据等；珍贵文物是指具有一定年代的有收藏、研究或观赏价值的物品；档案材料是指人事、技术档案、组织关系、户口簿或户籍关系、各种证件、证书、合同、契约等；危险品是指国务院铁路主管部门公布的《危险货物品名表》内的品名，对其性质有怀疑的物品也按危险品处理。

2. 包裹的范围

包裹是指适合在旅客列车的行李车内运输的工农业生产和人民生活有关的小件急运货物。由于运输速度较快，故俗称“快件”。

作为包裹运输的物品，其性质、形状、体积和重量，必须适合旅客列车运输，并在优先保证行李运输的条件下，才可办理包裹运输。

根据党的方针政策和国家的政治经济任务、物品本身的价值、物品的性质和使用目的，以及运输条件和能力，包裹共分为 4 类，如表 3.1 所示。

表 3.1　包裹分类表

类别	具体内容
一类	① 报纸类——自发刊日起 5 d 以内的报纸； ② 政宣品——中央、省级政府（含国务院各部委和解放军大军区）宣传用非卖品以及新闻图片； ③ 课本类——中、小学生的教学课本，不含各种教学参考书及辅导读物等（但全国政协工作用书可按一类包裹）
二类	① 抢险救灾物资——凭政府机关证明办理托运； ② 书刊——应有国家规定的统一书刊号的各种刊物、著作、工具书册以及内部发行的规章等； ③ 鲜冻的食用品——鲜或冻的鱼介类、肉、蛋、奶类、果蔬类
三类	不属于一、二、四类包裹的物品
四类	① 特殊运输物品——运输等级一级的放射性同位素、油样箱、摩托车以及国务院铁路主管部门指定的需要特殊运输的物品； ② 轻泡物品——泡沫塑料及其制品

对于鲜冻的食用品，因品名繁多，有的应按二类包裹办理，有的则按三类包裹办理，为

了正确判明包裹类别，在表 3.2 中给出的是不易判明的二类包裹品名表。

表 3.2 不易判明的二类包裹品名表

品 名	可按二类包裹办理	不按二类包裹办理
鲜和冻的鱼介类	螺蛳、蛤蜊、海参，包括为防腐而煮过的和加少量盐的虾蟹	咸的、卤的、干的鱼、虾、海蜇、海参
鲜和冻的肉类	包括食用动物的五脏、头、蹄和未经炼制的脂油	咸的、腌制、熏的、熟的肉类
肠衣	包括为防腐加少量盐的牛、羊、猪的小肠、肠衣、胎盘	
蔬菜类	藕、荸荠、芋头、土豆、豆芽、红薯、豆腐干、豆腐、姜、葱、蒜、洋葱、鲜笋	干辣椒、花椒、粉条、粉皮、海带或腌、干菜
瓜果类	鲜的枣、荔枝、木瓜、桂圆（龙眼）、橄榄、佛手、百合、鲜菱、甘蔗	干果、蜜饯，如松子、核桃、椰子、白果、瓜子、花生、栗子、果脯等
乳类	鲜、冻的牛、马、羊乳，酸牛乳、奶酪	炼乳、奶粉、奶油、黄油
蛋类	家禽、野禽的鲜蛋	咸、熟蛋、松花蛋（变蛋），糟蛋

3. 快运包裹的范围

快运包裹是铁路运输的一种方式，业务全称为“小件货物特快专递运输服务”，简称中铁快运，注册商标为“CRE 中铁快运”，业务性质为运输服务业。

快运包裹以铁路为主要运输工具，配合航空、公路、海运开展综合运输，辅以汽车运输实行门到门服务，同时根据国家主管部门批准的国际货物运输代理经营权，开展国际运输，以满足顾客不同的需求。

快运包裹外部尺寸长、宽、高之和不得小于 0.6 m，货物外部的最大尺寸应不超过长 3 m、宽 1.5 m、高 1.8 m，超过时应先与中转机构或到达机构协商，同意后方能办理，并根据快运包裹的外部尺寸及重量选择合适的运输工具。每件最大重量一般不得超过 50 kg，超过时按超重快运包裹办理。

4. 不能按包裹托运的物品

① 尸体、尸骨、骨灰、灵柩及易于污染、损坏车辆的物品。

② 蛇、猛兽、猛禽、蝎子、蜈蚣、蜂和每头超过 20 kg 的活动物（警犬和运输命令指定运输的动物除外）。

③ 国务院及国务院铁路主管部门颁发的有关危险品管理规定中规定的危险品、弹药以及承运人不能判明性质的化工产品。

④ 国家禁止运输的物品和不适于装入行李车的物品。

从上可知，妨碍公共卫生和安全的、污损车辆的、国家禁止运输的物品不能托运，具体的品名是会发展变化的，以后可能会出现更多的物品。国家禁止和限制运输的物品以国务院及各部委颁发的文件为准。

知识点 3 行李、包裹运价

1. 行李、包裹运价的制定原理

行李运价率，根据惯例及各交通部门通用的计价办法为：每 100 kg · km 行李运价等于 1 人 · km 的硬座基本票价，即行李运价率按硬座票价率的 1%计算。

行李运价率=硬座票价率×1%=0.058 61×1%=0.000 586 1［元/［kg · km)］

包裹运价率，以三类包裹运价率为基数，其他各类包裹运价率则按其加成或减成比例计算，现行各类包裹运价率及运价比例关系如表 3.3 所示。

表 3.3　现行各类包裹运价率及运价比例关系

包裹类别	运价比例/%	运价率/[元/(kg·km)]	包裹类别	运价比例/%	运价率/[元/(kg·km)]
三类	100	0.001 518	二类	70	0.001 062 6
一类	20	0.000 303 6	四类	130	0.001 973 4

行李、包裹运价的制定与旅客票价制定方法相同，采用运价区段和递远递减的办法，以减轻长途旅客和托运人的经济负担。

行李运输属于旅客运输的组成部分，所以行李的运价里程区段、递远递减率与旅客票价区段、递远递减率相同，如表 3.4 所示。

表 3.4　行李递远递减率和运价率

区段/km	递减率/%	运价率/[元/(kg·km)]	各区段全程运价/元	区段累计运价/元
1～200	0	0.000 586 1	0.117 22	
201～500	10	0.000 527 49	0.158 247	0.275 467
501～1 000	20	0.000 468 88	0.234 44	0.509 907
1 001～1 500	30	0.000 410 27	0.205 135	0.715 042
1 501～2 500	40	0.000 351 66	0.351 66	1.066 702
2 501 以上	50	0.000 293 05		

包裹运输属于物资运输的范畴，所以包裹运价里程区段与递远递减率另有规定，如表 3.5、表 3.6 所示。

表 3.5　包裹运价里程区段

里程区段/km	每区段里程/km	区段数	里程区段/km	每区段里程/km	区段数
1～100	100	1	601～1 000	40	10
101～300	20	10	1 001～1 500	50	10
301～600	30	10	1 500 以上	100	

表 3.6　包裹递远递减率和运价率（以三类包裹运价为例）

区段/km	递减率/%	运价率/[元/(kg·km)]	各区段全程运价/元	区段累计运价/元
1～200	0	0.001 518	0.303 6	
201～500	10	0.001 366 2	0.409 86	0.713 46
501～1 000	20	0.001 214 4	0.607 2	1.320 66
1 001～1 500	30	0.001 062 6	0.531 3	1.851 96
1 501～2 000	40	0.000 910 8	0.455 4	2.307 36
2 001 以上	30	0.001 062 6		

行李、包裹运价，是以基本运价率乘以不递减的区段里程（初始区段不足起码里程按起码里程计算，行李起码里程为 20 km，包裹起码里程为 100 km），加上递减运价率乘以相适应的区段里程（最后一个区段里程采用中间里程）得出基本运价，即得 1 kg 的行李、包裹运价基数，在运算过程中，保留小数 3 位，第 4 位四舍五入；其他重量的运价，则以 1 kg 的运价基数进行推算，尾数保留至角，角以下四舍五入。最后汇总编制 1 kg 的行李、包裹运价表，由国铁集团公布实行，其计算公式如下。

（1）先求算以 1 kg 为单位的运价基数：

$$E = C_0L_0 + C_1L_1 + C_2L_2 + \cdots + C_nL_n$$

或

$$E = C_0L_{计价} = C_0[L_0 + L_1(1 - D_1) + L_2(1 - D_2) + \cdots + L_n(1 - D_n)]$$

式中：E——以 1 kg 为单位的运价基数；

C_0——基本运价率；

L_0——不递减区段的里程数；

C_1，C_2，…，C_n——各区段的递减运价率；

L_1，L_2，…，L_n——递减运价率相应区段的里程数；

$L_{计价}$——计价里程；

D_1，D_2，…，D_n——各区段的递减率。

（2）按 1 kg 的运价基数求算其他重量的运价：

$$F=G_{计费}E$$

式中：F——运价；

$G_{计费}$——计费重量。

【例 3.1】 计算包头—兰州 23 kg 行李及 25 kg 三类包裹运价。

解：

（1）确定区段中间里程：

包头—兰州客运运价里程为 979 km。

① 行李区段中间里程：

$$n=（979-700）/40=6.975\approx7$$

$$L_{中间}=700+（7-0.5）\times40=960（km）$$

② 包裹区段中间里程：

$$n=（979-600）/40=9.475\approx9$$

$$L_{中间}=600+（9+0.5）\times40=980（km）$$

（2）计算行李、包裹运价

① 1 kg 行李运价：

$$E=0.000\ 586\ 1\times200+0.000\ 527\ 49\times300+0.000\ 468\ 88\times460$$
$$=0.491\ 151\ 8\approx0.491（元）$$

或

$$E=0.000\ 586\ 1\times［200+300\times（1-10\%）+460\times（1-20\%）］$$
$$=0.491\ 151\ 8\approx0.491（元）$$

② 23 kg 行李运价：

$$F=23\times0.491=11.293\approx11.30（元）$$

③ 1 kg 三类包裹运价：

$$E=0.001\ 518\times200+0.001\ 366\ 2\times300+0.001\ 214\ 4\times480$$
$$=1.296\ 372\approx1.296\text{（元）}$$

或

$$E=0.001\ 518\times[200+300\times(1-10\%)+480\times(1-20\%)]$$
$$=1.296\ 372\approx1.296\text{（元）}$$

④ 25 kg 三类包裹运价：

$$F=25\times1.296=32.40\text{（元）}$$

2. 行李、包裹运费的核收规定

1）计费重量

行李、包裹均按重量计算运价，但有规定计价重量的物品（见表 3.7），按规定重量计价，并规定了起码计费重量为 5 kg；超过 5 kg 时，不足 1 kg 的尾数进为 1 kg。

在运能不能满足运量要求的情况下，为了保证旅客的行李运输，对按行李、包裹托运的物品，除在品名上做了规定以外，在重量上也作了一定的限制。旅客托运的行李重量在 50 kg 以内，按行李运价计算，超过 50 kg 时（行李中有残疾人用车时为 75 kg），对超过部分按行李运价加倍计算。

表 3.7 有规定计价重量的物品

物品名称	计价单位	规定计价重量/kg	备 注
残疾人用车	辆	25	以包裹托运时，按实际重量计算
自行车	辆	25	
助力自行车	辆	40	含机动自行车
两轮轻便摩托车	辆	50	① 含轻骑； ② 气缸容量 50 cm³ 以下时
两轮重型摩托车	辆	按气缸容量 1 cm³ 折合 1 kg 计算	气缸容量超过 50 cm³ 时
警犬、猎犬	头	20	超重时，按实际重量计算

2）运费计算

行李、包裹的运费按铁路《行李包裹运价表》计算。如旅客凭一张客票第二次托运行李时，不论第一次托运行李重量多少，都按包裹运价计算。但因残疾人用车系残疾人以车代步的工具，是残疾人行动中必不可少的，为照顾残疾人的旅行，不限托运次数，也不受第二次托运按包裹运价计算的限制，都按行李运价计费。

旅客托运行李至客票到站以远的车站时，应分别按行李和包裹运价计算，加总核收。不足起码里程时，分别按起码里程计算，不足起码运费时，还应核收起码运费。

类别不同的包裹混装为一件时，按其中运价高的计算。

行李、包裹运费按每张票据计算，起码运费为 1 元，运费除另有规定外，都按现付办理。

【例 3.2】一旅客凭包头—呼和浩特客票，在包头站托运行李 2 件，重 62 kg，要求托运至大同站，试查表计算运费。

解：

（1）计算包头—呼和浩特的行李运费：

包头—呼和浩特客运运价里程：165 km；

50 kg 行李运费：0.101×50=5.05≈5.10（元）；

行李超重部分（12 kg）加搬运费：0.101×12×2=2.424≈2.40（元）；

行李运费小计：5.10+2.40=7.50（元）。

（2）计算呼和浩特—大同的三类包裹运费：

呼和浩特—大同客运运价里程：285 km；

62 kg 三类包裹运费：0.423×62=26.226≈26.23（元）；

运费合计：7.50+26.23=33.73（元）。

注：办理行李托运，如提不出相应的客票时，则该货件应按三类包裹计费。

【例 3.3】一旅客凭包头—包头东的客票，在包头站托运行李 1 件，重 5 kg，要求托运至察素齐站。试查表计算运费。

解：

（1）计算包头—包头东的行李运费：

包头—包头东客运运价里程：16 km；

5 kg 行李托运费：0.026×5=0.13≈0.10（元），不足起码运费，按起码运费 1 元核收。

（2）计算包头东—察素齐的三类包裹运费：

5 kg 三类包裹运费：0.152×5=0.76≈0.80（元），不足起码运费，按起码运费 1 元核收。

为此，核收运费合计：1.00+1.00=2.00（元）。

注：如遇此类情况，车站行包房应主动告知旅客，全程按三类包裹办理为宜。因包头—察素齐客运运价里程为 114 km，则 5 kg 三类包裹运费：0.187×5=0.935≈1.00（元）。

3.1.5 任务考核

1. 理论考核（34 分）

该部分通过完成以下习题，获得理论考核成绩，每错答 1 题扣 2 分。

（1）行李运价率为硬座客票票价率的（　　）。

A. 1%　　B. 2%　　C. 3%　　D. 0. 5%

（2）包裹运价率是以（　　）类包裹运价率为基础，其他各类包裹按该类包裹的运价率加成或减成的比例确定。

A. 一　　B. 二　　C. 三　　D. 四

（3）（　　）属不能按照一类包裹运输的物品。

A. 中小学课本　　B. 政宣品

C. 发行 5 d 内的报纸　　D. 杂志

（4）铁路对自行车的规定计价重量为（　　）kg。

A. 20　　B. 25　　C. 30　　D. 40

（5）行李、包裹运输合同的（　　）是行李票、包裹票。

A. 合同凭证　　B. 基本凭证

C. 运输凭证　　D. 协议凭证

（6）已发刊 10 d 后的足球报属（　　）类包裹。

A. 一　　B. 二　　C. 三　　D. 四

(7) 中、小学教学课本属（　　）类包裹。

A. 一　　B. 二　　C. 三　　D. 四

(8) 抢险救灾物资属（　　）类包裹。

A. 一　　B. 二　　C. 三　　D. 四

(9) 蔬菜属于（　　）类包裹。

A. 四　　B. 二　　C. 三　　D. 一

(10) 行李中不得夹带货币、（　　）、珍贵文物等贵重物品。

A. 装饰品　　B. 化妆品　　C. 档案材料　　D. 照相机

(11) 行李中不得夹带国家（　　）运输的物品、危险品。

A. 有条件控制　　B. 无条件控制　　C. 有条件允许　　D. 禁止、限制

(12)（　　）不属于行李的范围。

A. 旅客自用的被褥　　B. 旅客自用的衣服

C. 旅客个人阅读的书籍　　D. 旅客代步的自行车

(13) 旅客可凭客票办理（　　）次行李托运。

A. 一　　B. 三　　C. 二　　D. 四

(14) 类别不同的包裹混装为一件时，按其中运价（　　）的计算。

A. 高　　B. 物品少　　C. 低　　D. 物品多

(15) 行李、包裹运输合同自（　　）时起成立。

A. 站广场停车地点搬至行包办理处

B. 从行李、包裹过磅检斤

C. 从填写完整的行李、包裹托运单

D. 承运人接收行李、包裹并填发行李票、包裹票

(16) 行李、包裹运输合同到（　　）止履行完毕。

A. 行李、包裹运至到站

B. 行李、包裹运至到站并交付给收货人

C. 行李、包裹运至到站三日

D. 行李、包裹运至到站通知收货人领取

(17) 行李、包裹的起码计费重量为（　　）。

A. 1 kg　　B. 5 kg　　C. 3 kg　　D. 10 kg

2. 实践考核（46分）

每5位同学分为一组，按照托运人及承运人的权利、义务编一个案例，模拟托运人、承运人托运行李过程并录制视频。

具体评分标准如下：

(1) 权利、义务理解有误或经提示答出；(16分)

(2) 案例是否完整（包含权利、义务关系）；(20分)

(3) 在实训室实训过程中纪律差或不听指导教师指挥、不服从指导教师教育。(10分)

3. 出勤考核（20分）

根据出勤情况及课堂表现，获得出勤考核成绩。

要求：缺勤1次扣5分，不按时完成任务扣5分，课堂表现差扣10分。

任务 3.2　行李、包裹托运和承运

3.2.1　拟完成工作任务

旅客张小伟持车票，托运行李 2 件（内装衣服及书籍），总重 68 kg，声明价格 1 800 元。要求学生熟练掌握托运、验货、承运办理方法，正确填写行李票、包裹票，熟练掌握行李制票的操作。

3.2.2　任务目的

① 掌握行李、包裹的托运、验货、承运的办理。

② 熟练行李票、包裹票的填写。

③ 熟练进行行李、包裹制票。

3.2.3　所需资料

① 参考资料：《铁路旅客运输规程》《铁路旅客运输办理细则》《铁路客运运价规则》。

② 所需票据、表报：托运单、行李票、包裹票、货签、安全标志、快运单。

中铁快运股份有限公司

托　运　单　　（甲联）

（黑框内由托运人填写）　　20____年____月____日

到站：				经由：		承运人确认事项			
持票旅客请填写	客票票号：			人数：		票号：			
	车次			客票到站：					
货物名称	包装种类	件数	重量（kg）	体积（长×宽×高）	声明价格（保价）	件数	重量（kg）	行李	包裹
								□	□
								□	□
								□	□
合　计								□	□
选择填写 付款方式	现金□　支票□　协议□　到付□					包　装　费	元		
选择填写 取货方式	凭原件提取□　凭传真件提取□					取　货　费	元		
选择填写 服务要求	送货上门□货需包装□仓储保管□代发传真□					代收送货费	元		
发送地									
到达地									
托运人	名称：								
	地址：								
	邮编：				电话：				
	传真电话：				电子邮件：				
收货人	名称：								
	地址：								
	邮编：				电话：				
	电子邮件：				传真电话：				
托运人记事：					承运人记事：				
取货员（章）：					安检员（章）：				

托运人注意：在填写托运单前，请详细阅读乙联背面“客户须知”，并在下面签字。

托运人：________　　　　营业部（章）

图 3.1　托运单

3.2.4　相关配套知识

知识点 1　托运

1. 托运基本条件

旅客或托运人向车站要求运输行李或包裹称为托运。

旅客托运行李时，必须提出有效的客票和托运单（见图 3.1）。旅客凭客票，在乘车区间内，可从任何营业站托运至另一营业站，每张客票只能托运一次（残疾人用车不限次数）。

托运人托运包裹时，应提出托运单。为加强运输和物资管理，保障社会治安，保护人民健康，贯彻运输政策，对某些物品的运输需实行必要的限制。

托运下列包裹时，托运人必须提出有关单位的运输证明：

① 托运宣传非卖品，应提出省级以上政府机关（含国务院各部委和解放军大军区）的书面证明；

② 托运金银珠宝、货币、证券，应提供中国人民银行的正式文件或当地铁路公安局或公安处的免检证明；

③ 托运枪支，应提出运往地市（县）公安局的运输证明；

④ 托运警犬，应提出公安部门或武警部队的书面证明；

⑤ 托运国家法律保护的野生动物，应提出国家林业主管部门的运输证明；

⑥ 托运免检物品，应提出当地铁路公安局、公安处的免检证明；

⑦ 托运国家限制运输的物品，应提供主管部门的运输证明，如托运麻醉药品和第一类精神药品，应提出所在地省、自治区、直辖市药品监督管理部门的运输证明，并且运输证明副本随货件同行，以备查验，至到站交收货单位；

⑧ 托运动、植物时，应提出动、植物检疫证明，办理时将检疫证明的二联附在运输报单上以便运输过程中查验；

⑨ 托运运输等级Ⅰ级的放射性同位素时，应提出经铁路卫生防疫部门核查签发的“铁路运输放射性物质包装件表面污染及辐射水平检查证明书”，一式两份，一份随运输报单至到站交收货人，一份发站留存；

⑩ 托运油样箱时，必须使用铁路规定的专用油样箱，并提出国务院铁路主管部门签发的油样箱使用证，到站后由收货人直接到行李车提取；

⑪ 其他承运人认为应提供证明的物品。

2. 保价运输

1）保价运输基础知识

旅客或托运人托运的行李、包裹，分为保价和不保价运输两种形式。按哪种运输方式运输由旅客或托运人自行选择，并在托运单上注明。保价运输必须声明价格，可分件声明价格，也可按一批全部件数声明总价格。但按一批办理的不能只声明其中一部分。分件声明价格时，应将每件的声明价格和重量分别写明，在每件货签和包装上必须写明总件数之几的字样。车站承运保价运输的行包时，应检查声明价格，并核实是否与实际价格相符。如果拒绝检查，承运人可以拒绝按保价运输承运。

对于保价运输的行李、包裹，铁路除核收正当运杂费外，另按声明价格的百分比（行李按 0.5%，包裹按 1%）核收保价费。一段按行李、一段按包裹托运时，全程按行李核收保价费。按保价运输的行李、包裹，发生运输变更时，保价费不补不退。因承运人责任造成的取消托运，保价费全部退还。

快运包裹根据托运人的要求，提供到托运人指定地点接取货物的有偿服务。

2）保价运输注意事项

① 保价运输是一种运输制度，也是一种赔偿方式。铁路运输行业运输的物资所收取的运费，是按照重量和运输距离来收取的，如果在运输途中发生损失，则不能按物资的价值来赔偿，因此铁路实行了限额赔偿制度，未按保价运输的物品按实际损失赔偿，但最高连同包装重量每千克不超过 15 元；为了使价值在限额以上的运输物资在发生损失时能够按实际价值得到补偿，可办理保价运输，这样就能够在保价运输内得到相应的赔偿。

② 发生行李、包裹事故时，由有关人员编制行李、包裹事故记录，交收货人作为请求赔偿的依据。事故赔偿一般应在到站办理。

③ 发生事故收货人要求赔偿时，应在规定期限内提出，并应附下列文字材料：

a）行李票或包裹票（丙联原件），运单（复印件）；

b）行李、包裹事故记录；

c）证明物品内容和价格的凭证。

④ 丢失的行李、包裹找到后，承运人应迅速通知托运人或收货人领取，撤销一切赔偿手续，收回全部赔款。如托运人或收货人不同意领取时，按无法交付物品处理。如发现有欺诈行为不肯退回赔款时，可通过行政或法律手段追索。

⑤ 承运人与旅客、托运人、收货人因合同纠纷产生索赔或互相间要求办理退补费用的有效期为一年。

⑥ 赔偿请求权的有效期从下列日期起计算：

a）身体损害和随身携带品损失时，为发生事故的次日；

b）行李、包裹全部损失为运到期终了的次日，部分损失时为交付的次日；

c）给铁路造成损失时，为发生事故的次日；

d）多收或少收运输费用时，为核收该费用的次日。责任方自接到赔偿要求书的次日起，一般应于 30 d 内向赔偿要求人做出答复并尽快办理赔偿。多收或少收时应于 30 d 内退补完毕。

知识点 2 验货

旅客或托运人托运行李、包裹时，应主动提供便于检查的条件，准确填写托运单，并对托运单上所填写事项的真实性负完全责任。

车站在受理时，必须对下列项目认真检查核对：

① 物品名称、件数是否与托运单记载相符，物品状态是否完好，有否夹带危险品及国家禁止或限制运输的物品；

② 包装是否符合运输要求；

③ 货签、安全标志是否齐全，填写是否正确。

旅客或托运人托运的行李、包裹的包装必须完整牢固，要适合运输，不能有开口、破裂、短缺等现象。其包装的材料和方法应符合国家或运输行业规定的包装标准。包装不符合要求时，应动员其改善包装。托运人拒绝改善包装的，车站可以拒绝承运。

图 3.2 包裹货签

每件物品应在两端各拴挂一个符合国务院铁路主管部门规定的技术标准货签（包裹货签见图 3.2），不符合标准的货签不得使用。货签中填注的内容与行李、包裹托运单及行李票号、包裹票有关内容相符，不得省略和使用代码、代号。货签上的行李票号、包裹票号栏应用号码机或号码戳打印，其他各栏填写时应整洁、清晰，使用规范的文字。如分件保价的物品还应在件数栏注明“总件数之几”字样。

托运易碎品、流质物品或一级运输包装的放射性同位素时，应在包装表面明显处贴上“小心轻放”“向上”“一级放射性物品”等相应的安全标志。

知识点3 承运

车站对托运的行李、包裹检查完毕，认为符合运输条件时即可办理承运手续。

行李、包裹每件最大重量不得超过 50 kg，长度和体积以适于装入行李车为限，但最小体积不能少于 0.01 m^3。遇特殊情况超过 50 kg 时，由客调批准。跨局运输时，与有关铁路局集团公司协商后办理。

办理承运行李、包裹时，应确认品名、件数、包装并进行检查核对，正确检斤。承运加水、加冰的物品或途中喂养动物的饲料应单独检斤，作为到站因此产生减量或重量消失的依据。

承运运输等级Ⅰ级的放射性同位素时，应审核“铁路运输放射性物质包装件表面污染及辐射水平检查证明书”，其包装件外表面最大辐射水平不超过 0.005 mSv/h，包装件外表面放射性污染及其内容物的放射性活度均不得超过《铁路危险货物运输管理规则》规定的限值。一批或一辆行李车内装载的件数不得超过 20 件，每件重量不得超过 50 kg，并不得与感光材料、油样箱以及活动物配装，与饮食品、药品等的配装需要隔开 2 m 以上的距离。

车站在办理承运手续时应正确填写行李票（见图 3.3）、包裹票（见图 3.4）及中国铁路小件货物快运运单（见图 3.5）。

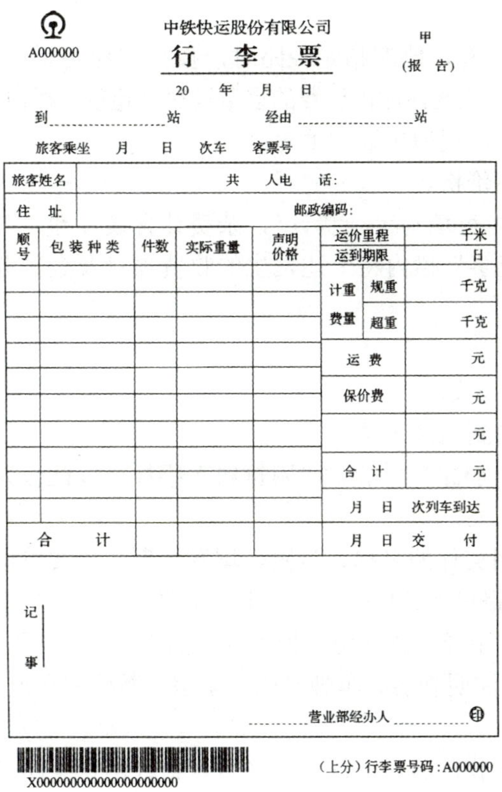

A000000　中铁快运股份有限公司　行　李　票　甲（报　告）

20　年　月　日

到＿＿站　经由＿＿站

旅客乘坐　月　日　次车　客票号

旅客姓名		共　人电　话:			
住　址		邮政编码:			
顺号	包装种类	件数	实际重量	声明价格	运价里程　千米 运到期限　日
					计重费量　规重　千克
					超重　千克
					运　费　元
					保价费　元
					元
					合　计　元
					月　日　次列车到达
合　计					月　日　交　付

记事

营业部经办人＿＿　印

X0000000000000000000000　（上分）行李票号码：A000000

图 3.3　行李票

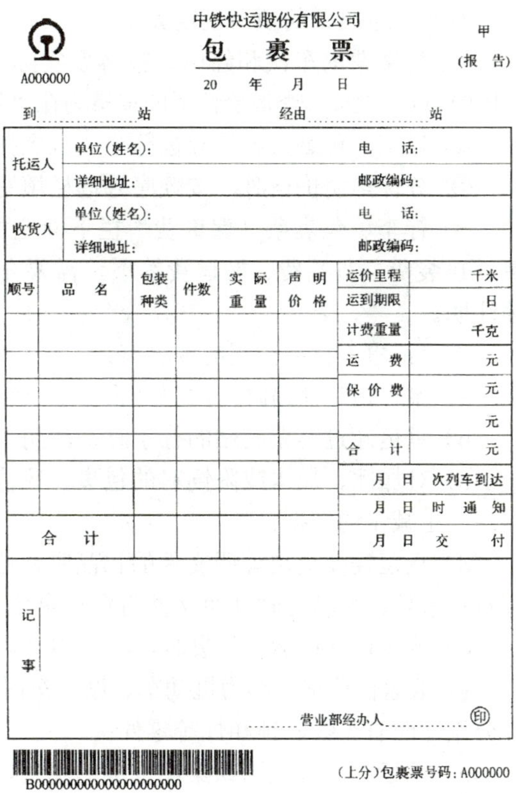

A000000　中铁快运股份有限公司　包　裹　票　甲（报　告）

20　年　月　日

到＿＿站　经由＿＿站

托运人	单位(姓名):	电　话:
	详细地址:	邮政编码:
收货人	单位(姓名):	电　话:
	详细地址:	邮政编码:

顺号	品　名	包装种类	件数	实际重量	声明价格	运价里程　千米
						运到期限　日
						计费重量　千克
						运　费　元
						保价费　元
						元
						合　计　元
						月　日　次列车到达
						月　日　时　通　知
合　计						月　日　交　付

记事

营业部经办人＿＿　印

B0000000000000000000000　（上分）包裹票号码：A000000

图 3.4　包裹票

中铁快运股份有限公司
中国铁路小件货物快运运单　　0000000　　K000000000000000000000

发送地:		承运时间:　年　月　日				到达地:　发站:	到站:
托运人	单位(姓名): 地址: 电话:　传真:					收货人 单位(姓名): 地址: 邮政编码:　电话:	
品　名	包装种类	件数	重量/kg	体积/m^3	声明价格	快运包干费:　元	运价里程:　km
						超重附加费:　元	运到期限:　天
						保价费:　元	计费重量:　kg
						元	元
						元	元
合　计						元	
托运人签章:						费用总计:	Y　元
收货人有效证件号码(或单位公章):						交付时间:　月　日　时　分 领货人有效证件号码:	领货人签章
记事						承运人签章 | 到达通知记录	到达记录

甲联：上报

图 3.5　中国铁路小件货物快运运单

行李票、包裹票、小件货物快运运单一式五页。甲页为上报页（红色），上报用。乙页为运输报单（黑色），随车走，到站交收货人，带运包裹运输时，交旅客，称报单页。凭印签领取或不能提出领货凭证丙页时，乙页上报，不交收货人。丙页为旅客页（绿色），交托运人作为领货凭证，交付时收回上报。丁页为报销页（红色，快运运单丁页为黄纸黑色），交托运人作为报销凭证。戊页为存查页（褐色），发站作为存根，按日整理，存查保管。

行李、包裹票的填写规定如下。

① 行李票的车次和经由站按客票实际径路填写，旅客指定径路时，按指定径路填写。“计费重量”栏按行李运价计费的重量写在“规重”栏内，加倍计费的重量写在“超重”栏内。

② 行李、包裹票各栏应按行李、包裹托运单填记情况详细填写。

③ 分件声明价格时，按顺序号逐栏填写声明价格。

④ 行李、包裹票“保价费”栏下面空格栏内可填写“杂费计”，杂费计含装（卸）车费、包装费、货签费、搬运费等项，需要在“记事”栏内将上述发生的收费项目及金额分项注明。

⑤“记事”栏应注明的内容有：

a）旅客指定径路时，注明“旅客指定经由××站”；

b）承运超过客票到站的行李时，注明“客票到站××站”；

c）对加冰、加水或附饲料的包裹，应注明“加冰”“加水”“附饲料”字样，以此作为到站产生减量的依据；

d）承运需要提出证明文件的物品时，应注明文件的名称、号码、填发日期和填发单位等有关事项，并将运输证明文件附在包裹票运输报单上，以便途中、到站查验；

e）承运自行押运的包裹时，应注明“自押”字样，并注明“押运人×名”；

f）承运自行车、助力机动车、摩托车时，应注明牌名、车牌号码、车型、新或旧车况，并分别注明有无铃、锁和灯等零件；

g）承运经客调或国铁集团批准的超重、超大物品时，应注明“×月×日经国铁集团×号（客调×号命令）批准”；

h）承运凭书面证明免费托运的铁路砝码和衡器配件时，应注明“衡器检修、免费”字样，收回书面证明报铁路局集团公司；

i）承运中国铁路文工团开具的证明办理免费运送的演出服装、道具、布景时，也比照h）办理；

j）其他应记载的事项，如凭传真提货、“杂费计”明细等。

承运行李时，应在客票背面加盖“行”字戳记。

小件货物快运运单与包裹票主要不同栏的填写要求如下：

① 发送地、到达地应当填写货物实际接收和交付的地点；

② 对每立方米重量不足167 kg的轻泡货物需要填写体积；

③ 快运包干费和超重附加费按规定费率计费或按协议价格（低于标准）填写。

总之，行李票、包裹票、小件货物快运运单必须认真逐项填写，使用规范文字且不得潦草，加盖规定名章，不准用签字代替。在承运行李时，应在客票背面加盖“行”字戳记。

承运后、交付前发现包装破损、松散时，承运人应负责及时整修并承担整修费用。修整后编制客运记录，详细记载破损原因、状况和整修后状态，并在行李、包裹运输报单的“记事”栏内注明“××站整修”，加盖站名戳。整修费用列入车站运营成本。

知识点4 包裹的押运

车站承运金银珠宝、货币、证券、文物、枪支、鱼苗、蚕种和途中需饲养的动物等时，要求托运人派人押运。对运输距离在200 km以内、不需要饲养的家禽、家畜，托运人提出不派人押运时，也可以办理托运。车站应向托运人说明并要求其在托运单上注明“不派人押运，途中逃逸、死亡由托运人自负”。

押运的包裹应装入行李车，由押运人自行看管，车站负责装车和卸车。押运人应购买车票并对所押物品的安全负责。一批包裹原则上限派一名押运人，押运人凭“铁路包裹运输押运证”和旅客列车全价硬座车票登乘行李车押运，押运证由托运人向承运行包房申请办理。

列车行李员对登乘行李车押运人应指定押运位置，保管好押运人随身携带的火种（下车时归还），查验押运人车票及押运证，在乘务日志记事栏内登记押运人姓名、性别、身份证号码、联系电话、包裹票编号、押运证编号、包裹装卸车站等信息，并向押运人告知安全注意事项和押运管理要求，具体如下：

① 严格遵守铁路规定，服从铁路工作人员指挥，负责所押货物安全；

② 凭证押运，不得饮酒，不得擅离职守；

③ 严禁携带易燃易爆等危险品进站上车，严禁在仓库和列车内吸烟、生火、使用电器，随身携带的火种交列车行李员保管；

④ 不得移动、翻动仓库和行李车内的物品，不得靠近放射性物品，不准打开车门乘凉，不准在货垛高处坐卧、停留，杜绝人身意外伤害事故；

⑤ 密切关注行包动态，对危及货物和列车安全的情况，要立即报告铁路工作人员。

知识点5 行李、包裹承运制票（模块）

行包制票工作的信息化，是当前行包业务适应铁路跨越式发展的必然趋势，同时也是加强和改进行包管理工作的重要措施和途径。为改变以前行包业务手工制票的落后面貌，我国铁路积极开发建设并大力推行行包制票系统，把行包业务人员从劳累、忙乱、效率低下的烦恼工作中解脱出来，实现行包制票业务的信息化，进而提高铁路行包制票、行包业务办理及收入审核工作的质量和效率。

1. 行包营运管理信息系统的功能及主要模块

1）功能

我国铁路建设了高效、准确的铁路行包营运管理信息系统。行包营运管理信息系统覆盖包括全路直通行包列车通过的行包办理站、铁路局集团公司、国铁集团的计算机网络。这些车站、铁路局集团公司、国铁集团的行包管理信息系统，覆盖全路行包总运量的95%；完成以上车站承运行包运输过程的全程追踪；行包运输管理的评价指标体系，为行包运输管理提供决策支持，向社会提供信息服务，全面提高行包运输的服务质量，具有“一站制票、信息共享、密码认证、追踪查询、决策支持”的功能。

铁路行包营运管理信息系统由行包办理站计算机管理系统、行包追踪中心、国铁集团行包管理系统三级构成，实现行包办理站行包信息的计算机管理、行包外部接口与数据交换、行包的联网追踪、联网行包办理站的数据统计、行包基础数据的统一管理、数据通信管理与软件维护管理、行包信息系统的安全管理等重要功能。整个系统的访问量非常大，任务负载比较高，上面运行着大量关键数据，对网络和系统的安全性具有严格要求，而且系统需要24 h不停顿地连续工作。

2）主要模块

铁路行包营运管理信息系统紧密结合营业部行包运输生产作业实际，辅助营业部完成各项业务工作。铁路行包营运管理信息系统包括4个主要功能模块：承运制票模块、装卸作业模块、到达交付模块、字典维护模块。

① 承运制票模块：行包营运管理信息系统的重要组成部分，辅助行包营业部完成整个行包受理工作。本模块是整个行包管理信息系统中受理业务的数据输入点，对规范行包营业部作业流程、提高工作效率起到至关重要的作用。

② 装卸作业模块：辅助完成行包营业部的行包运输作业。本系统的使用，在提高行包营业部的工作效率、控制不合理中转等方面具有极其重要的意义。

③ 到达交付模块：针对营业部，完成整个行包业务流程中的到达交付业务管理，并对到达票据进行有针对性的统计、结账和调整等功能，能根据行包营业部的业务要求，在行包票据到达之后，行李员可以快速准确地根据到达货物情况进行各种业务处理。

④ 字典维护模块：行包信息系统的重要组成部分，主要用于完成营业部信息系统所用到的所有基础字典的维护工作。

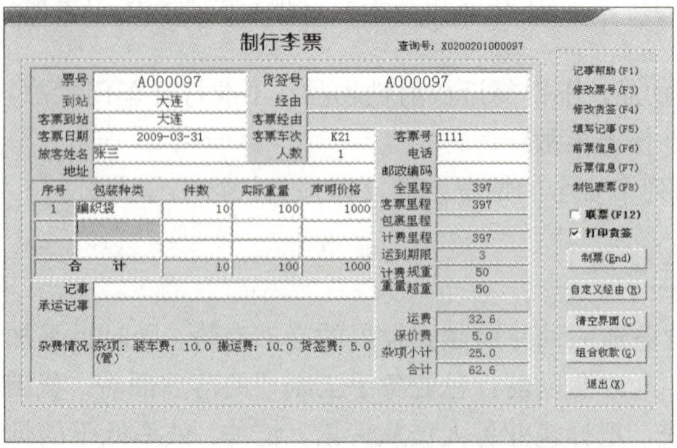

图3.6 制行李票界面

2. 制行李票的操作步骤

1）输入内容

制行李票界面如图3.6所示。

① 票号：输入行李票号，格式为“1位字母+6位数字”。如果输入的票号不足7位，系统自动补足。例如，用户输入“A123”，系统处理为“A000123”。

② 货签号：系统默认与票号相同，如若修改，规则与票号相同。

③ 到站：输入行李到站。

④ 客票到站：输入行李客票的到站。

⑤ 客票日期：输入有效客票日期。

⑥ 客票车次：输入客票车次。

⑦ 客票号：输入客票号。

⑧ 旅客姓名：输入旅客姓名。

⑨ 人数：输入客票有效人数。

⑩ 电话：输入旅客的电话号码。

⑪ 地址：输入旅客的地址。

⑫ 邮政编码：输入旅客的邮政编码。

⑬ 包装种类：输入行李的包装种类。

⑭ 件数：输入行李的件数。

⑮ 实际重量：输入行李的实际重量。

⑯ 声明价格：输入行李的声明价格。

⑰ 记事：输入记事信息，允许用户输入常用记事的编码调出记事。

2）费用计算

在输入行李的重量、件数和声明价格的同时，系统自动计算需收取的基本费用，费用计算界面如图 3.7 所示。

3）制票

单击图 3.6 中的“制票”按钮，弹出如图 3.8 所示“费用收取”窗口，允许用户输入打包费、快运包干费、保险费和实收费用，并可计算收费找零。单击“确认”按钮，系统提示是否制票，用户确认后保存当前票据信息并打印票据和货签。

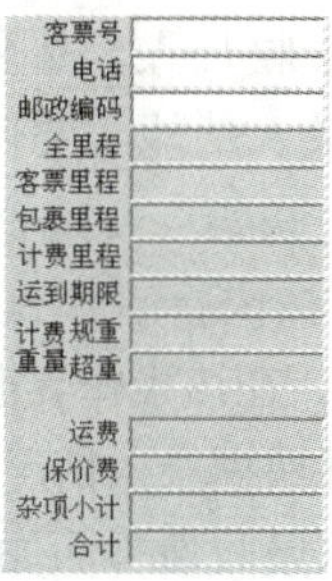

图 3.7　费用计算界面

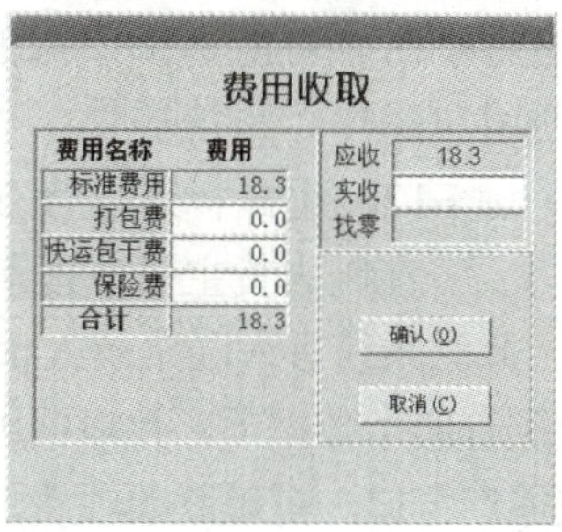

图 3.8　“费用收取”窗口

4）记事帮助

按快捷键 F1，打开“记事帮助”窗口，如图 3.9 所示。

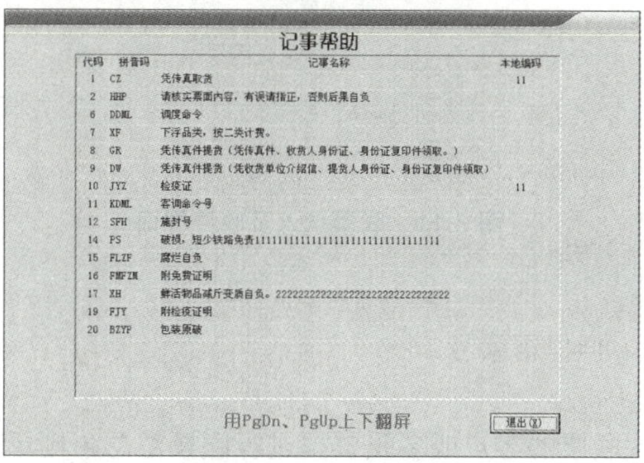

图 3.9　“记事帮助”窗口

该窗口可帮助制票人员找到相应记事的编号，方便用户在记事栏中输入代码即可提取到相应的记事。

5）修改票号

按快捷键 F3，系统自动将票号栏中的有效票号（如票号为 000123，则有效票号为 123）选中，用户可以直接进行修改。

6）修改货签

当前系统货签号与票号相对应，一般情况下无须修改。如果需要修改货签号，可按快捷键 F4，具体修改方法同修改票号。

7）填写记事

按快捷键 F5，将鼠标指针置于“记事”栏，并保留系统记事信息（调度命令、打折信息、打折调令、货签和票号不符信息、用户（包含合资公司）选择的经由、凭密码提取），其余的用户记事被清空。用户可以在原系统记事的后面继续填写用户记事。

8）前票信息

按快捷键 F6，可以查看上一张行李票的信息。

9）后票信息

按快捷键 F7，可以查看下一张行李票的信息。

10）制行李票

按快捷键 F8，打开制行李票窗口。

11）联票

当遇到大货主托运行李时，可能多批票据的发货人、收货人、品名等信息均相同，并且需要一起收费，为方便用户操作，系统提供了“联票”录入功能。要使用联票功能，按快捷键 F12，用鼠标选中图 3.6 中的“联票”复选框，如图 3.10 所示。

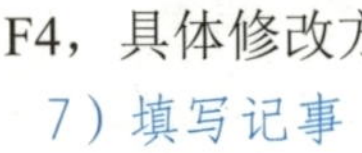

图 3.10 “联票”复选框

在制大货主第一张票据之前，按快捷键 F12，选中“联票”复选框，此时系统进入联票录入状态。同时，在该操作界面的下方出现：总批数、总件数、总重量、总金额等四个数据项，并根据用户的实际票据录入情况动态显示，再次按快捷键 F12，出现“联票找零”窗口，可以联票收费。联票录入及收费界面如图 3.11 所示。

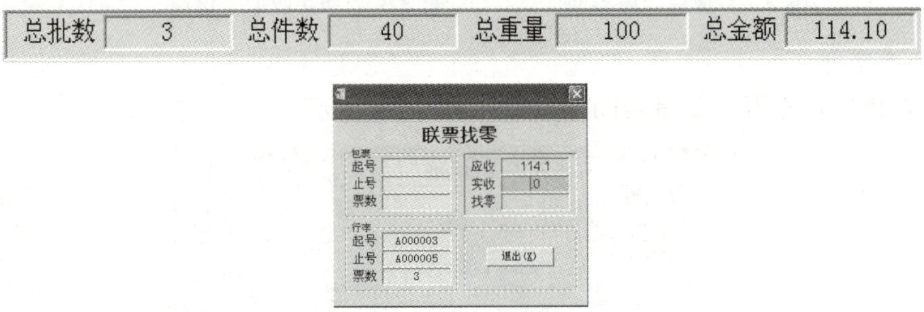

图 3.11 联票录入及收费界面

12）清空界面

清空当前票据界面，但保留票号。

13）组合收款

① 如果需要对多次联票的客户或多张票据进行联票汇总，则单击图 3.6 中的“组合收款”按钮，打开“组合收款”窗口，如图 3.12 所示。

② 在该窗口中，输入要进行组合收款的票段组合，最多可输入三个票段，每行输入的票段必须票号相同。如果输入的票段符合规则，则在该组合票段后，显示本组合“有效”字样，否则以红色字体显示“无效”字样。系统自动计算所输入票段之间的有效票号。

③ 在该窗口中，模块设计了“统计包裹”和“统计行李”选项，可以分别或同时统计行李和包裹的费用。

注意：“起始票号”与“终止票号”之间的票段信息必须是本窗口编制的票据信息。如果“起始票号”与“终止票号”之间的票段信息虽标志为“有效“字样，但不是本窗口的编制票据，则单击“确认”按钮时系统没有任何反应。

图 3.12 “组合收款”窗口

包裹、小件货物快运运单制票与制行李票程序相同。

3.2.5　任务考核

1. 理论考核（40 分）

该部分通过完成以下习题，获得理论考核成绩，每答错 1 题扣 4 分。

（1）行李每件的最大重量不得超过（　　）kg。

A. 60　　B. 50　　C. 40　　D. 20

（2）行李体积以适于装入行李车为限，但最小体积不能少于（　　）m^3。

A. 0.001　　B. 0.01　　C. 0.1　　D. 1

（3）托运（　　）必须派人押运

A. 玉米　　B. 香烟　　C. 小鸡　　D. 树苗

（4）未按保价运输的物品，如果在运输途中发生损失，铁路部门实行的是（　　）制度。

A. 限额赔偿　　B. 声明价格

C. 实际价值　　D. 保价费

（5）未按保价运输的物品，按（　　）赔偿，但最高连同包装重量每千克不超过 15 元。

A. 声明价格　　B. 损失部分所占的比例

C. 实际损失　　D. 赔偿限额

（6）分件保价的行李、包裹，在每件货签上、包装上写明（　　）字样。

A. 件数之几　　B. 总件数之几　　C. 声明价格　　D. 物品价格

（7）行李票的经由栏按（　　）填写。

A. 装车径路　　B. 远径路　　C. 近径路　　D. 客票实际径路

（8）旅客在乘车区间内凭有效客票每张可托运残疾人车（　　）。

A. 三次　　B. 两次　　C. 一次　　D. 不限次数

（9）按保价运输的行李核收保价费，行李保价费按声明价格的（　　）计算。

A. 0.5%　　B. 1%　　C. 2%　　D. 3%

（10）按保价运输的包裹核收保价费，包裹保价费按声明价格的（　　）计算。

A. 3%　　B. 2%　　C. 1%　　D. 0.5%

2. 实践考核（40 分）

2011 年 10 月 15 日旅客王兵持天津到哈尔滨 1521 次车票一张，票号 E0010028，在天津站托运旅行袋一件（重 15 kg），声明价格 200 元；手提包一件（重 20 kg），声明价格 350 元，木箱一件（内装个人阅读书籍）20 kg，声明价格 600 元，到哈尔滨站。试以天津站客服人员的身份办理托运手续，填写托运单。

具体评分标准如下：

（1）托运单选择是否正确；（10 分）

（2）托运单填写是否有误（如漏填、误填、多填）；（20 分）

（3）在实训室实训过程中纪律差或不听指导教师指挥、不服从指导教师教育。（10 分）

3. 出勤考核（20 分）

根据出勤情况及课堂表现，获得出勤考核成绩。

要求：缺勤 1 次扣 5 分，不按时完成任务扣 5 分，课堂表现差扣 10 分。

任务 3.3　行李、包裹运送和运输变更

3.3.1　拟完成工作任务

2013 年 8 月 1 日，托运人张伟达在柳州站托运到南宁站包裹三件，托运的保价包裹于 2013 年 8 月 6 日到达南宁站，当日通知收货人次日提取，要求支付逾期违约金。请办理支付违约金手续。

3.3.2　任务目的

① 能够准确确定行李、包裹的运到期限。

② 掌握行李、包裹运到逾期的处理方法。

③ 正确办理行李、包裹的运输变更。

3.3.3　所需资料

① 参考资料：《铁路旅客运输规程》《铁路旅客运输办理细则》《铁路客运运价规则》。

② 所需票据、表报：托运单、行李票、包裹票。

3.3.4　相关配套知识

知识点 1　行李、包裹的运送

1. 行李、包裹的运送原则

行李、包裹的运送，应根据流量和流向，按照“先行李后包裹、先中转后始发、先重点后一般和长短途列车分工”的原则，及时、安全、准确、合理、均衡地组织运输。为此，行李应随旅客所乘列车装运或提前装运，做到行李随人走、人到行李到。包裹应按其类别、顺序及性质统筹安排运输，并尽量以直达列车或中转次数少的列车装运。

2. 行李、包裹的运到期限

行李、包裹的运到期限系指在铁路现有技术设备条件和运输组织水平下，将行李、包裹

运送一定距离所需要的时间。行李、包裹运到期限的长短以及能否按规定的运到期限运到目的地，在一定程度上反映了整个铁路运输组织的管理水平和工作质量。因此，铁路自承运后，应迅速组织装运，站、车之间应严格执行运到期限。

行李、包裹的运到期限，按运价里程计算。从承运日起，行李 600 km 以内为 3 d，601 km 以上每增加 600 km 增加 1 d，不足 600 km 的尾数也按 1 d 计算；包裹 400 km 以内为 3 d，401 km 以上每增加 400 km 增加 1 d，不足 400 km 的尾数也按 1 d 计算。一段按行李、一段按包裹计价时全程按行李计算运到期限。

3. 快运包裹的运到期限

快运包裹以铁路为主要运输工具运送时，其运到期限按承诺的运到期限或以铁路客运运价里程计算。从承运次日起，国内主要城市间有直达旅客列车运送的快运包裹为 3 d，3 500 km 以上为 4 d；其他城市间需中转运送的快运包裹 1 000 km 以内为 3 d，超过 1 000 km 时，每增加 800 km 增加 1 d，不足 800 km 按 1 d 计算。

一批货物内有超过 50 kg 不足 100 kg 的超重快运包裹增加 1 d；100 kg 以上的快运包裹增加 2 d。按该批单件最重货物计算增加天数。

由于不可抗力（如自然灾害）或非铁路责任（如疫情、战争、执法机关扣留等）所发生的停留时间，应加算在运到期限内。

4. 行李、包裹运到逾期的处理

行李、包裹应在规定的运到期限内运至到站。如实际运到日数超过规定的运到期限时，到站应按逾期日数及所收运费的比率（最高额不得超过运费的 30%，见表 3.8），向旅客或收货人支付运到逾期违约金。

其计算公式如下：

$$C = F\psi$$

式中：C——运到逾期违约金额（尾数以角为单位，分值采取四舍五入处理）；

F——运费；

ψ——违约金比率，以 5%为计算单位，尾数按 2 舍 3 入、7 退 8 进处理，其计算公式为：

$$\psi = \frac{d_{逾期}}{d_{运期}} \times 30\%$$

式中：$d_{逾期}$——逾期日数；

$d_{运期}$——运到期限，d。

表 3.8　运到逾期违约金比率　　单位：%

运到期限/d	逾期日数/d									
	1	2	3	4	5	6	7	8	9	10 以上
3	10	20	30							
4	5	15	20	30						
5	5	10	20	25	30					
6	5	10	15	20	25	30				
7	5	10	10	15	20	25	30			
8	5	5	10	15	20	20	25	30		
9	5	5	10	15	15	20	20	25	30	
10 以上	5	5	10	10	15	20	20	25	25	30

【例 3.4】某托运人于 8 月 11 日在北京站托运一件行李到福州，行李重 45 kg，当日承运，该件行李于 8 月 20 日到达福州。请问该件行李是否运到逾期？应支付多少运到逾期违约金？（已知北京至福州运价里程为 2 331 km，运费为 46.50 元）

解：（1）该件行李的运到期限为：

$$d_{运期}=3+（2\ 331-600）/600=5.885\approx 6（d）$$

实际运送时间为 10 d，该件行李运到逾期，逾期日数为：

$$d_{逾期}=10-6=4（d）$$

（2）直接查表 3.8 得出应支付的违约金比例为 20%，或采用公式计算：

$$\psi=（d_{逾期}/d_{运期}）\times 30\%=（4/6）\times 30\%=20\%$$

（3）运费：

$$F=46.50 元$$

（4）应支付的运到逾期违约金为：

$$C=F\psi=46.50\times 20\%=9.30（元）$$

快运包裹超过规定的运到期限运到时，经营人应按逾期天数每日向收货人支付包干费（包括超重附加费、转运费、到付运费）3%的违约金，但违约金最高不超过包干费的 30%。违约金不足 1 角的尾数按四舍五入处理。快运包裹超过运到期限 20 d 以上仍未到达时，收货人可以认为快运包裹已灭失而向经营人提出赔偿。

一批中的行李、包裹部分逾期时，按逾期部分的运费、包干费比例支付运到逾期违约金。

旅客或收货人要求支付运到逾期违约金时，应自到达次日起 10 d 内提出，并提出行李票、包裹票、小件货物快运运单（行李票、包裹票、小件货物快运运单丢失或包裹票、小件货物快运运单未到时，应提出保证单位书面证明和所有权证明）。支付运到逾期违约金时，应填写退款证明书，以站进款支付。

行李未到，当时又未超过运到期限，旅客需继续旅行并凭新购客票办理转运至新到站的手续，交付运费后行李逾期到达原到站，车站应编制客运记录，随同运输报单一并送交新到站，作为退还已收转运区段运费的凭证，但保价费不退。

旅客要求将逾期的行李运到新到站时，铁路可凭新客票免费运送，但不再支付运到逾期违约金。铁路在办理时，新行李票按原行李票转记，运费栏划斜线抹销，记事栏注明“逾期到达，免费转运”。如旅客换乘其他交通工具时，车站一般不代办行李的转运手续，但特殊情况代为办理时，费用由旅客预先支付。

包裹逾期到达，仅支付运到逾期违约金，不办理免费转运。

行李、包裹运输变更（包括因误售、误购车票以致误运而造成的行李运输变更），致使行李、包裹逾期到达，铁路不支付运到逾期违约金。

知识点 2 行李、包裹的运输变更

旅客或托运人交由铁路运输的行李、包裹，由于某种原因要求取消托运和变更到站的情况时有发生。运输变更有一定条件限制，如行李应随人走，凭客票托运，在变更到站时，仅限办理运回原发站和中止旅行站。再如鲜活物品因本身易于变质、死亡及受运输条件的限制，除装运前取消托运外，不办理其他变更。行李、包裹的运输变更，根据装运前后的情况分别办理。

1. 装运前取消托运

行李、包裹在发站办完托运手续至装车前，旅客或托运人要求取消托运时，车站应收回行李票、包裹票注销，注“取消托运”字样。办理时，以车站退款证明书办理退款，收回的行李票、包裹票报销联随车站退款证明书上报。核收因取消托运发生的各项杂费，另填发客运运价杂费收据（简称“客杂”，见图3.13），并将“客杂”号码及核收的费用名称、金额注在取消托运的行李票、包裹票上。

丙

× × 铁 路 局

客运运价杂费收据

年 月 日 （报告用）

<table>
<tr><td rowspan="4">原票据</td><td>种 别</td><td>日期</td><td></td><td colspan="4">月 日 时到达、通知、变更</td></tr>
<tr><td rowspan="3"></td><td>号码</td><td></td><td colspan="4" rowspan="2">月 日 时 交 付</td></tr>
<tr><td>发站</td><td></td></tr>
<tr><td>到站</td><td></td><td colspan="4">核收保管费 日</td></tr>
<tr><td colspan="4" rowspan="2">核 收 区 间</td><td colspan="3">核 收 费 用</td><td rowspan="2">款 额</td></tr>
<tr><td>种别</td><td>件数</td><td>重量</td></tr>
<tr><td colspan="4">自……站
至……站
经由（ ）
座别……人数……</td><td></td><td></td><td></td><td></td></tr>
<tr><td colspan="4"></td><td colspan="3">合 计</td><td></td></tr>
<tr><td>记事</td><td colspan="7"></td></tr>
<tr><td colspan="8">站经办人……印</td></tr>
</table>

A000000

150毫米×130毫米

图3.13 客运运价杂费收据

取消托运的行李、包裹，已收运费低于变更手续费和保管费时，运费不退也不再补收，收回原行李票、包裹票，在报单页、旅客页和报销页注明“取消托运，运费不退”字样。旅客页贴在存根页上。

2. 装运后变更到站

行李、包裹装运后，旅客、托运人或收货人要求变更运输时，只能在发站、行李或包裹所在中转站、装运列车和中止旅行站提出。如要求取消托运或变更到站时（鲜活物品除外），按下列规定办理。

① 发站对要求运回发站的行李、包裹，应收回行李票、包裹票，编制客运记录，注明原票内容，交旅客或托运人作为领取行李、包裹的凭证；对要求变更到站的行李、包裹，应在行李票、包裹票旅客页和报销页上注明“变更到××站”，更正到站站名及收货人单位、姓名，加盖站名戳注明日期，交给旅客或托运人，作为在新到站领取行李、包裹和办理变更运输后产生运费差额的核算凭证。对于要求运回发站或变更到站，在办理时，都应发电报通知有关车站和列车。

② 列车接到电报，找到行李、包裹时，应编制客运记录，连同行李、包裹和运输报单，交前方营业站或运至新到站（旅客在列车上要求变更时，可按此办理）。

③ 行李、包裹所在站接到电报后，应编制客运记录，注明应收保管费日数及款额，改正货签上的发站、到站，连同行李、包裹运回发站或运至新到站（对列车移交的也同样办理）。

④ 发站或新到站收到行李、包裹后，通知旅客或收货人（托运人）领取，补收或退还已收运费和实际运送区段里程通算运费的差额，核收变更手续费。如超过规定免费保管期间时，核收保管费（包括所在站发生的保管费）。补收时填写“客杂”，退款时填写退款证明书，并将收回的原票贴在“客杂”或退款证明书报告页上报。

旅客在发站或中途站停止旅行，要求把行李运至原到站时，应补收停止旅行站至原到站的行李与包裹的运费差额，核收变更手续费。但货件可凭原行李票继续运送，收货人凭原行李票在原到站提取。

因误售、误购客票而误运行李时，补收或退还已收运费与发站至正当到站运费的差额，不收变更手续费。同时应编制客运记录或发电报通知行李所在站，将误办的行李运至正当到站。到站需要补收行李运费差额时，使用“客杂”核收，并在原行李运输报单页、报销页和旅客页的记事栏注明“误运”，报单页加盖“交付讫”戳记，交旅客报销；需要退款时，使用退款证明书退还，原行李票收回，附在退款证明书上一并上报。

行李、包裹运输变更处理程序如图 3.14 所示。

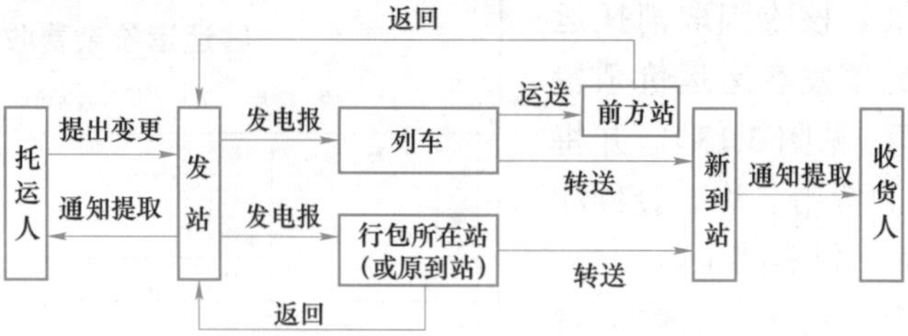

图 3.14 行李、包裹运输变更处理程序

3.3.5 任务考核

1. 理论考核（40 分）

该部分通过完成以下习题，获得理论考核成绩，每错 1 题扣 4 分。

（1）行李、包裹的运到期限以（　　）里程计算。

A. 运输　B. 运价　C. 运送　D. 实际

（2）运价里程为 504 km 的行李运到期限为（　　）d。

A. 1　B. 2　C. 3　D. 4

（3）运价里程为 300 km 的包裹运到期限为（　　）d。

A. 1　B. 2　C. 3　D. 4

（4）运价里程为 2 605 km 的行李运到期限为（　　）d。

A. 5　B. 6　C. 7　D. 8

（5）运价里程为 2 609 km 的包裹运到期限为（　　）d。

A. 7　B. 8　C. 9　D. 10

（6）车站办理行李、包裹取消托运手续时，应将原票据收回注销，注明（　　）字样。

A. 取消托运　B. 注销　C. 取消　D. 收回

（7）行李运到期限，从承运日起，600 km 以内为（　　）d。

A. 1　B. 2　C. 3　D. 4

（8）某行李的运到期限为 4 天，逾期 3 天到达，铁路部门应支付的违约金比率为（　　）。

A. 20%　B. 30%　C. 10%　D. 15%

（9）逾期违约金按所收运费的百分比计算，不足 0.1 元的尾数按四舍五入处理到（　　）元。

A. 0.001　B. 0.01　C. 0.1　D. 1

（10）行李、包裹的装运顺序是（　　）。

A. 始发行李、中转行李、中转包裹、始发包裹

B. 始发行李、中转行李、始发包裹、中转包裹

C. 中转行李、中转包裹、始发行李、始发包裹

D. 中转行李、始发行李、中转包裹、始发包裹

2. 实践考核（40 分）

根据题目完成任务：2008 年 9 月 1 日发货人张国忠在北京托运到枣庄站教具 2 件，总重 100 kg，票号 077807。装运后，发货人要求变更到商丘站，包裹装在当日北京开往镇江的 1477 次列车上，应如何办理？

具体评分标准如下：

（1）处理依据是否正确；（15 分）

（2）票据填写是否有误（如漏填、错填、多填）；（15 分）

（3）在实训室实训过程中纪律差或不听指导教师指挥、不服从指导教师教育。（10 分）

3. 出勤考核（20 分）

根据出勤情况及课堂表现，获得出勤考核成绩。

要求：缺勤 1 次扣 5 分，不按时完成任务扣 5 分，课堂表现差扣 10 分。

任务 3.4　行李、包裹交付及违章运输处理

3.4.1　拟完成工作任务

2014 年 6 月 10 日，西安站交付 6 月 8 日由郑州站运至西安站行李 2 件 30 kg，票号 A000123，发现重量不符，经复磅重 50 kg，其中 30 kg 内装中药材 2 包 10 kg。请问西安站应如何处理？

3.4.2　任务目的

① 能够准确熟练地进行行李、包裹交付工作。

② 能够正确处理行李、包裹违章运输。

3.4.3　所需资料

① 参考资料：《铁路旅客运输规程》《铁路旅客运输办理细则》《铁路客运运价规则》。

② 所需票据、表报：托运单、行李票、包裹票。

3.4.4　相关配套知识

知识点 1　行李、包裹的交付

交付工作是行李、包裹运输过程中最后一道工序。因此，行李、包裹运至到站后，到站应立即做好交付的准备工作。

1. 到达通知

行李随旅客所乘坐的列车运至到站，旅客即可提取。包裹由托运人在发站办理托运后，应立即告知收货人按时提取。同时，车站为确保正常运输及加速仓库的周转，包裹到达后，还应及时（最迟不得超过次日 12:00）用电话、明信片等方式通知收货人迅速提取。

2. 仓库保管

① 行李从运到日起，包裹从发出通知日起免费保管 3 d。超过免费保管期限领取时，按

超过日数核收保管费。

② 对于因铁路责任或不可抗力等原因而办理了延长客票有效期间手续的旅客，对其托运的行李也应按客票的延期日数延长免费保管的天数。

③ 行李、包裹逾期未到，旅客或收货人前来领取时，除车站应向有关站进行查询外，并应在行李票、包裹票背面加盖行包逾期戳注明时间。同时还应记录旅客、收货人姓名、住址、邮政编码、电话号码等，以便行李、包裹到达后及时发出通知，并从发出通知日起免费保管 10 d。

3. 交付规定

旅客或收货人凭行李票、包裹票的领取凭证领取行李、包裹。铁路向收货人办理交付时，应认真核对票货，确认票据号码、发站、到站、托运人、收货人、品名、件数、重量、包装无误后在运输报单上加盖“交付讫”戳予以交付，同时收回领取凭证。如将领取凭证丢失，必须提出本人身份证、物品清单和担保人的担保书，承运人对上述单、证和担保人的担保资格认可后，由旅客或收货人签收办理交付。如收货人提不出担保人的担保书，可以出具押金自行担保。押金数额应与行李、包裹的价值相当，抵押时间由车站与旅客或收货人协商确定。车站收取押金时应向旅客或收货人出具书面证明。

旅客或收货人在声明领取凭证丢失前，若行李、包裹已被冒领，承运人不承担责任。

经当事人双方约定，包裹也可使用领取凭证的传真件领取，凭传真领取包裹按下列规定办理。

① 凡要求使用包裹传真件提取包裹的发货人，应向发站提出申请。发货人为个人的，应在托运单上注明，由车站确认后受理；发货人为单位的，必须与车站签订协议。

② 发站在办理承运时，必须在包裹票“记事”栏各联中注明“凭传真件提货”字样，凡计算机打印的包裹票，该字样也必须由计算机打印。

③ 到站在办理交付时，应首先确认包裹票上有“凭传真件提货”字样。收货人为个人的，凭传真件、收货人身份证、身份证复印件领取；收货人为单位的，凭收货人单位介绍信、提货人身份证、身份证复印件领取，传真件、介绍信和身份证复印件留存。

收货人要求凭印鉴领取包裹时，应与车站签订协议并将印鉴式样备案，而且不得再凭包裹的领取凭证领取。车站应建立凭书面证明和印鉴领取包裹的登记簿。交付时，收货人应在登记簿上签字并加盖印鉴。对凭印鉴和传真领取的均不再给运输报单。

旅客或收货人领取行李、包裹时，如发现短少或有异状，车站必须复查重量，必要时可开包检查，如构成行李、包裹事故，车站应编制事故记录交旅客或收货人作为要求赔偿的依据。

4. 快运包裹的交付

在设有快运机构的到达地，按下列规定办理交付手续。

① 收货人是单位时，凭收货单位介绍信和经办人有效证件领取。收货人是个人时，凭收货人有效证件领取；须代领时，凭收货人有效证件（或复印件）及代领人的有效证件领取。交付人员验证后在快运运单乙联上填写有效证件号码和交付时间，并由领货人签字。

② 送货上门时，收货人是单位的，可在快运运单乙联上加盖公章，并由经办人签字后交付；收货人是个人的，送货地点是私人住宅时，可凭收货人或其家属有效证件并签字后交付；送货地点为单位的，凭收货人有效证件并签字或加盖公章，由代领人签字后交付。办理交付手续时，由领货人在快运运单乙联上填写交付时间。

③ 收货人栏同时记载单位名称和个人姓名时，符合以上任何一种手续均可交付。

④ 收货人要求凭印鉴领取快运包裹时，可与经营人签订协议并将印鉴式样备案。交付

时加盖印鉴即可。

在未设快运机构的到达地，交付手续与普通包裹一样。

知识点 2　无法交付物品

无法交付物品事件的产生，往往是由铁路运输企业管理不善、运输质量不高以及旅客或托运人自身过失等原因所造成。为此，必须加强理货、保管、装卸、运输等各个环节的工作，把无法交付物品减少到最低限度，以致消灭。

对已发生的无法交付物品，应想方设法寻找线索，千方百计使其物归原主。车站对自站发现的或列车移交的无法交付物品，必须妥善保管，任何单位或个人都不得自行动用，并按下列几个环节处置。

1. 无法交付物品的确定

无法交付物品分以下 3 类。

① *无法交付的行李、包裹*，是指由于铁路或托运人、收货人的原因，造成不能交付给正当收货人的物品。

② *无法归还的旅客遗失物品*，是经查找未能归还原主而由车站保管的物品。

③ *无人领取的暂存物品*，是旅客在车站携带物品暂存处存放，长期无人领取的物品。

2. 无法交付物品的管理

车站对无法交付的物品，应按无法交付物品的开始日期、来源、品名、件数、重量、规格、特征等登入无法交付物品登记簿内。登记簿内的编号、移交收据的编号及物品上的编号应一致，以便查找。有条件的车站，账和物应由专人分管，做到账物相符。无法交付物品在保管期间发生丢失、损坏时，由保管人负责。回送过程中发生丢失、损坏时，比照行李、包裹事故处理。

3. 无法交付物品的处理

车站、经营人对无法交付物品，行李从运到日起，包裹从发出到达通知日起，旅客遗失物品和暂存物品从收到日起，满 90 d 无人领取时（易变质物品应及时处理），车站、经营人进行公告。公告满 90 d 仍无人领取时，开列清单，报请铁路局集团公司批准，按下列规定处理：

① 行李、包裹、旅客遗失物品、暂存品等，送交拍卖行拍卖（如当地无拍卖行时，应向铁路局集团公司指定设立的无法交付物品集中处理站转送）。

② 枪支、弹药、机要文件及国家法令规定不能买卖的物品等，移交有关部门处理。

无法交付的物品，除移交有关部门处理的以外，其他物品均应作价移交（即拍卖收入）。在扣除发生的一切费用后，属于旅客遗失物品、无人领取的暂存物品及行李、包裹作价剩余款额，自变卖日起 180 d 内旅客或托运人、收货人来领取时，车站、经营人应将旅客或托运人、收货人出具的物品所有权的书面证明报铁路局集团公司审核拨款。无人领取时，上缴国库。属于事故行李、包裹的，作价剩余款额拨归铁路收入（按保价办理的行包冲抵保价费）。

车站所建立的“无法交付物品登记簿”，应记载无法交付物品内容及处理情况，逐季报铁路局集团公司。

知识点 3　行李、包裹违章运输的处理

1. 对品名不符的处理

品名不符系指运送物品与申报品名不同，影响运价计算，甚至把危险品、国家禁止或限

制运输的物品，伪报成其他可运输的品名，进行隐瞒运输。

对品名不符的处理，关系着维护政府法令、保证运输安全、保障运输收入、贯彻运输政策等多方面的问题，因此，发现品名不符时，应采取认真负责和实事求是的态度，区别不同性质，正确处理。

对伪报一般品名的，在发站，补收已收运费与正当运费的差额；在到站，补收应收运费与已收运费差额两倍的运费。

如将国家禁止、限制运输的物品或危险品伪报其他品名托运或在货件中夹带时，按下列规定处理。

① 在发站发现时，停止装运，通知托运人领取，运费不退，并将原票收回，在“记事”栏内注明“伪报品名，停止装运，运费不退”。将报销页交托运人作报销凭证，保管费另以“客杂”核收。

② 在中途站发现时，停止运送，发电报通知发站转告托运人领取，运费不退，并对品名不符的货件，按实际运送区段补收四类包裹运费。另根据保管日数，核收保管费。

③ 在列车上发现时，编制客运记录交到站处理，属危险品的交前方停车站处理。

④ 在到站发现时（包括列车移交的），对品名不符的货件补收全程四类包裹的运费及保管费。

车站除按上述规定办理外，认为有必要时，可交有关部门按国家有关规定处理。

因托运人伪报品名给铁路和其他旅客（收货人）造成的损失，由托运人负完全责任。车站列车发现伪报品名的行李、包裹，损坏其他旅客、托运人的行李、包裹时，应编制客运记录，分别附在伪报品名的行李票、包裹票上，交有关到站处理，并由责任者的到站负责追索赔偿。

2. 对重量不符的处理

重量不符系指行李、包裹的实际重量与票据记载的重量有出入。此种情况的产生，往往由于不认真检斤以及为图省事采取估计重量或盲目信任托运人有关单据记载的重量来代替承运时重量。由于重量不符，直接影响运费计算的正确性。为此，我们要本着实事求是的精神进行处理，应补收时，则补收超重部分正当运费，应退还时退还多收部分的运费。在办理上应遵循下列规定。

① 到站发现行李、包裹重量不符，应退款时，开具退款证明书将多收款退还收货人。

② 应补收时，开具“客杂”，补收正当运费，同时编制客运记录，附收回的行李票、包裹票报铁路局集团公司收入部门，由铁路局集团公司收入部门列应收账款向检斤错误的车站再核收与应补运费等额的罚款。

3. 对无票运输的处理

无票运输系指行李、包裹应办托运手续而未办理的一种违章运输。为严肃运输纪律、严格按章办事、杜绝不良风气，车站和列车应拒绝装运无票的行李、包裹。如发现已装运的列车行李、列车行李员应编制客运记录交到站处理。到站对移交和自站发现的无票运输的行李、包裹，按照实际运送区段，加倍补收四类包裹运费。

以上补收运费、运费差额或保管费均用“客杂”核收，并在“记事”栏内注明核收事由。

3.4.5　任务考核

1. 理论考核（40 分）

该部分通过完成以下习题，获得理论考核成绩，每答错 1 题扣 4 分。

（1）行李从（　　）起，承运人免费保管 3 d。

A. 承运日　　B. 运到日　　C. 发出通知日　　D. 运到次日

（2）到站发现行包重量不符应补收时，（　　）。

A. 只补收超重部分正当运费　　B. 按该批次或该件重量补收运费

C. 加收超重部分两倍运费　　D. 对超重部分按四类包裹补收运费

（3）对凭印鉴领取的包裹，车站应建立凭书面证明和印鉴领取包裹的（　　）。领取包裹时认真核对印鉴，由领取人在登记簿上签字并加盖备案的印鉴交付。

A. 登记簿　　B. 交付凭证　　C. 印鉴登记簿　　D. 印鉴领取登记簿

（4）收货人要求凭印鉴领取包裹时，应与车站（　　）。

A. 签订协议　　B. 签订协议并交接押金担保

C. 约定　　D. 签订协议并将印鉴试样备案

（5）收货人将领取凭证丢失，必须出示（　　），承运人对其认可后由收货人签收办理交付。

A. 本人身份证

B. 本人身份证、所有权证明、物品清单

C. 担保人的担保书

D. 本人身份证、物品清单和担保人的担保书

（6）对凭印鉴和传真件领取的包裹，均不再给（　　）。

A. 报销凭证　　B. 运输报单　　C. 领取凭证　　D. 传真件

（7）包裹从（　　）起，承运人免费保管 3 d。

A. 承运日　　B. 运到日　　C. 发出通知日　　D. 运到次日

（8）因事故或不可抗力等原因而延长车票有效期的行李，应按客票延长期的日数延长行李（　　）。

A. 保管日数　　B. 免费保管的日数　　C. 运到期限　　D. 装车日期

（9）包裹到达通知时间最晚不得超过包裹到达（　　）时。

A. 当日 12:00　　B. 次日 12:00　　C. 当日 24:00　　D. 次日 24:00

（10）到站发现行包品名不符应补收时，（　　）。

A. 补收发现站至到站正当运费及保管费

B. 补收发现站至到站四类包裹运费及保管费

C. 加收发现站至到站两倍运费及保管费

D. 补收全程四类包裹的运费及保管费

2. 实践考核（40 分）

2014 年 4 月 1 日，徐州站运至广州站包裹一批 4 件，票号 A000456。4 月 2 日在郑州中转时发现其中 1 件为危险品，重 30 kg。郑州站将该批货件扣留，并发电报通知徐州站转告发货人来郑州站处理（托运人 4 月 4 日到郑州站）。应如何办理？

具体评分标准如下：
（1）处理依据是否正确；（15 分）
（2）票据填写是否有误（如漏填、错填、多填）；（15 分）
（3）在实训室实训过程中纪律差或不听指导教师指挥、不服从指导教师教育。（10 分）

3. 出勤考核（20 分）

根据出勤情况及课堂表现，获得出勤考核成绩。

要求：缺勤 1 次扣 5 分，不按时完成任务扣 5 分，课堂表现差扣 10 分。

任务 3.5 行李、包裹运输事故处理

3.5.1 拟完成工作任务

2014 年 1 月 5 日，开封发乌鲁木齐 S005319 号 2 件 36 kg 行李。至 1 月 14 日，旅客多次领取均未到，到站按照事故查询要求向发站拍发电报查询，相关站段按要求答复。如何处理？

3.5.2 任务目的

① 掌握行李、包裹运输事故的种类和等级划分规定。
② 掌握行李、包裹运输事故的处理办法。

3.5.3 所需资料

① 参考资料：《行李包裹事故处理规则》《铁路旅客运输规程》。
② 所需票据、表报：行李票、包裹票、托运单。

3.5.4 相关配套知识

知识点 1 行李、包裹运输事故的种类和等级

1. 行李、包裹事故的种类

① 火灾。
② 被盗（有被盗痕迹的）。
③ 丢失（全部未到或部分短少，无被盗痕迹的）。
④ 损坏（破损、湿损、变形等）。
⑤ 误交付。
⑥ 票货分离，票货不符，误装卸或顶件运输。
⑦ 其他（污染、腐坏等）。

2. 行李、包裹事故的等级

行李、包裹事故按其性质和损失程度，分为重大事故、大事故和一般事故三个等级，以及事故苗子。

1）重大事故

① 由于承运的行李、包裹发生火灾、爆炸造成人员死亡或重伤达 3 人的。

② 物品损失（包括其他直接损失，以下同）价值超过 3 万元的。

③ 尖端保密物品、放射性物品灭失。

2）大事故

① 由于承运的行李、包裹发生火灾、爆炸造成人员重伤的。

② 物品损失价值在 1 万～3 万元的。

3）一般事故

① 由于承运的行李、包裹发生火灾、爆炸的。

② 物品损失价值在 200～1 万元的。

4）事故苗子

在运输行李、包裹过程中（自承运时起至交付完毕时止）造成轻微损失及一般办理差错为事故苗子。事故苗子包括：

① 损失轻微，其价值不超过 200 元（含 200 元）的；

② 被盗，在 30 d 内破案并追回原物，损失轻微的；

③ 票货分离、票货不符、误装卸及时发现并纠正，未造成损失的；

④ 误交付，及时发现并取回，未造成损失的；

⑤ 未按规定办理交接手续的；

⑥ 违反营业办理限制的。

知识点 2　行李、包裹事故的立案和调查

1. 行李、包裹事故的立案

行李、包裹发生下列情况之一者，应立案处理：

① 行李、包裹运输发生火灾、被盗、丢失、损坏、误交付、票货分离、票货不符、误装卸或顶件运输及其他事故时；

② 行李、包裹超过运到期限 10 d，鲜活包裹超过运到期限没有运到时；

③ 行李、包裹超过运到期限没有运到或发生票货分离、票货不符、误装卸时，车站向发站拍发电报查询行李、包裹的下落，查询无结果时。

事故立案和调查处理由到站办理。行李、包裹在发站装运前全部灭失、毁损时由发站办理。

事故立案时，车站应会同有关人员编制行李、包裹事故记录（用货运的）一式三份。一份留编制站存查；一份调查用（属于自站责任的留站存）；一份交旅客或货主作为提出赔偿要求的凭证（经查询找到后交付时应收回）。

行李、包裹事故记录是铁路内部调查分析责任和处理事故的基本资料，是旅客或货主向铁路提出赔偿要求的依据。因此，必须严肃认真，详细填写，如实记载事故现状，不得虚构、假想、臆测，用词必须具体、准确、明了，书写应清楚，如有涂改必须由涂改人在改正处盖章，对事故责任无确切依据时不作结论。编制事故记录时应根据事故性质会同有关人员共同编制。如属丢失、被盗事故，应由车站负责人、公安人员、有关行李员及装卸人员共同编制。

行李、包裹在发站或运输途中，发生行包事故时，有关站、车应编制客运记录一式两份。一份存查，一份随行李、包裹递送到站，作为站、车交接的凭证和到站编制事故记录的依据。如在途中全部丢失、被盗、毁损时，应将客运记录和运送票据车递挂号寄送到站。

2. 行李、包裹事故的调查

行李、包裹超过运到期限没有运到或发生票货分离时，到站必须立即向发站拍发电报查询并抄送有关铁路局集团公司。

① 发站接到查询电报后，应立即查找核对，如不属于本站责任，应将装车日期、车次、签收情况电复到站，并抄知接收的列车主管段。列车主管段接到电报后，如不属于本段责任，应将装卸车站和卸车日期、签收情况电复到站，并抄知卸车站。有关站、段按此顺序进行查找。

对用事故记录调查的，接收站、段应将调查结果电复到站，同时应填写事故查复书（用货运的）附在记录上，转送接收的站、段继续查找。如系本站、段责任，则直接填写事故查复书，随同事故记录寄送到站。

查询电报或事故记录（包括复电和查复书），如发、收双方跨局时，应抄送有关铁路局集团公司。

② 站、段在接收到查询电报或事故记录后，车站必须在 3 d 内，段必须在 15 d 内答复到站，不得拖延。否则，由拖延站、段承担事故责任。但对用事故记录调查的，如逾期不答复，到站可再次电报催问，受调查站、段自接到催问电报日起，再超过 5 d 不答复时，即视作责任单位。

③ 发生火灾、被盗事故，应及时向公安部门报案，并会同调查。

④ 发生和发现重大事故的车站及列车，应立即向国铁集团、铁路局集团公司拍发事故速报，并抄知有关单位。

行李、包裹未到时的查询、调查程序如图 3.15 所示。

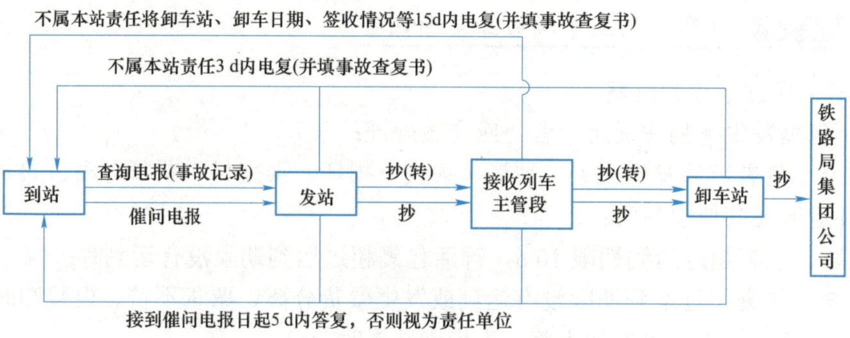

图 3.15 行李、包裹未到时的查询、调查程序

知识点 3 行李、包裹事故的责任划分

1. 铁路与旅客、托运人、收货人责任划分

行李、包裹从承运时起至交付时止，铁路担负安全运输的责任，并在规定的运到期限内运至到站，如发生灭失、损坏、短少、变质、污染时，铁路应负责赔偿。但由于下列原因造成的灭失或损坏，铁路不负赔偿责任：

① 不可抗力，如水害、风灾、冰雹、地震、泥石流等；

② 物品本身的自然属性或合理损耗，如枯萎、死亡、水分蒸发而产生的减量，化学制品的老化干裂，放射性同位素和短寿命生物疫苗的失效等；

③ 包装方法或容器质量不良，但从外部又不能观察发现或无规定的安全标志时；

④ 在行李、包裹中夹带有规定不能按行李、包裹托运的物品；

⑤ 托运人自己押运或带运的物品；

⑥ 旅客和托运人、收货人的过错。

由于旅客和托运人、收货人的责任给铁路造成财产损失时，应负赔偿责任。

2. 承运人内部站、车责任划分

铁路在运输行李、包裹的过程中，涉及铁路内部的发送站、中转站、到达站及各次列车等单位，为了判明造成行李、包裹事故的责任者，以便追究赔偿责任，也必须进行责任划分。

① 直接发生事故的车站和列车，应主动承担责任。

② 在查询过程中，未按规定期限答复时（除已查明直接责任者外），事故责任列逾期答复站、段。

③ 由于违章承运行李、包裹（如承运不符合规定的包装技术条件的行李、包裹或应派人押运的包裹无押运人时）造成事故时，事故责任列承运站。

④ 中途站对包装破损未加整修继续运送，造成事故时，事故责任列应整修而未整修的车站。对符合规定包装要求的行李、包裹，能够证明直接造成包装破损站、车的，发生事故时，事故责任列直接造成破损的站、段。

⑤ 站、车交接时，接收方不盖规定名章或印章不清无法确认，以及接收方应签收而未签收或虽已签收但对件数、包装等情况站、车双方有异议时，而在开车后3 h内（如区间列车运行超过3 h不停时，为前方停车站）又未拍发电报确认的，发生事故时，责任列接收站、段。

⑥ 列车到达终点站后，超过1 h不签收或虽未超过1 h而列车入库，行李、包裹未卸完，发生事故时，列终点站责任。

⑦ 车站对无法运送的无主行李、包裹，逾期积压不报或顶件运送，应承担事故责任。

⑧ 由于装卸责任造成事故时，责任列装卸部门，但装卸与客运同属一个单位的除外。

⑨ 事故赔偿后又找到原来的行李、包裹，而旅客或收货人又不愿领取时（确有欺诈行为除外），事故责任仍定原单位。

⑩ 由于行车事故造成的行李、包裹事故，由行车安全监察部门确定的责任单位负责。

⑪ 由于下列原因造成的行李、包裹事故，责任单位列入“其他”。

a）由于列车紧急制动，造成行李、包裹损失时；

b）因托运人、收货人责任给第三者的行李、包裹造成损失时；

c）其他无法判明责任单位的事故。

⑫ 事故处理站在核定事故责任单位时，如发生站、车各方意见不一致，可将事故记录连同附件逐级上报，由上级机关仲裁核定。若站、车属一个铁路局集团公司管辖的，报铁路局集团公司；跨铁路局集团公司的，报国铁集团。

知识点4 行李、包裹事故赔偿

1. 赔偿标准

1）实际损失的赔偿

实际损失是指因灭失、短少、变质、污染、损坏导致行李、包裹实际价值的损失。按照实际损失赔偿时，对灭失、短少的行李、包裹，按照其实际价值赔偿；对变质、污染、损坏降低价值的行李、包裹，可按照其受损前后实际价值的差额或者加工、修复费用赔偿。

2）保价运输的赔偿

保价运输的行李、包裹，在运输中发生损失，无论托运人在办理保价运输时，保价额是否与行李、包裹的实际价值相符，均应在保价额内按照损失部分的实际价值赔偿，实际损失超过保价额的部分不予赔偿。如果损失是因铁路运输企业的故意或重大过失造成的，不受保价金额的限制，按照实际损失赔偿。

行李、包裹事故赔偿标准如表 3.9 所示。

表 3.9 行李、包裹事故赔偿标准

项　目	保价物品	不保价物品	附　记
全部灭失时	按照实际赔偿，但最高不超过保价额	按照实际损失赔偿，但最高不超过每千克 15 元（含包装）	退还全部运费
部分灭失、损坏时	按实际损失的比例赔偿	按照实际损失赔偿，但最高不超过原铁道部所规定的赔偿限额，但是由铁路运输企业的故意或重大过失造成的损失，不受赔偿限额的规定	退还灭失货件重量的运费
分件保价时	按所灭失的货件实际损失赔偿，最高不超过该件保价额		退还灭失货件重量的运费
证明声名价格超过实际价格时	按照实际价格赔偿		多交的保价费不退

2. 赔偿手续

行李、包裹灭失、损失或超过运到期限 30 d 尚未到达，旅客和托运人、收货人有权向铁路提出赔偿。

旅客和托运人、收货人要求赔偿时，应在有效期内提出赔偿要求书（用货运的），并附下列证件：

① 行李、包裹事故记录；

② 行李票或包裹票；

③ 证明物品内容和价格的凭证。

行李、包裹事故经过调查，只要能够证明是铁路责任的，不论其具体事故单位是否确定，事故处理站均应先行办理赔偿。对需要查找下落的行李、包裹事故，其赔偿期限，自旅客或收货人提出赔偿要求书之日起，最迟不得超过 30 d。

车站在受理赔偿要求时，需审核赔偿要求人的要求权利、有效期限、赔偿要求书及有关证明文件。接受赔偿要求后，应在赔偿要求书收据上加盖站名戳记和经办人规定名章，交给赔偿要求人，如经铁路审核确定责任不属于铁路不予赔偿时，处理单位应用正式文件，说明理由和依据，连同全部赔偿资料（赔偿要求书除外）退给赔偿要求人，并抄知有关单位。

赔偿要求人向法院提出的诉讼案，由诉状中所列的被告出庭答辩。

3. 赔偿时限

铁路与旅客、托运人、收货人相互间要求赔偿或退补费用的有效期限为 365 d。有效期限由下列日期起算：

① 全部灭失为运到期限终了的次日；

② 部分灭失或损坏为交付的次日；

③ 给铁路造成损失时，为发生事故的次日；

④ 多收或少收运输费用，为核收该项费用的次日。

责任者自接到赔偿要求书的次日起，必须在 30 d 内办完赔偿手续。

4. 赔偿批准权限

① 赔偿（包括行李、包裹包装整修费）不超过200元（含200元）的，由处理站审核赔偿。

② 赔款200～5 000元的，由决算站、段审核赔偿，报铁路局集团公司备案。

③ 赔款超过5 000元的，由铁路局集团公司审核赔偿，报国铁集团备案。

5. 赔偿款额清算

① 赔款不超过200元（含200元）的，互不清算，由处理站所属铁路局集团公司列销。

② 赔款超过200元的，处理站与责任站在一个铁路局集团公司管内，由责任站相互间清算；跨铁路局集团公司的由铁路局集团公司相互间清算。

③ 责任局接到赔款通知书之日起，必须在10 d内办完付款手续，逾期付款每日增加0.5%的资金占用费。未按规定及时付款时，铁路局集团公司管内由铁路局集团公司、跨局由国铁集团按季强行划拨。

④ 列其他责任的事故赔款，由处理局列支。

⑤ 行李、包裹事故赔款，不论行李、包裹是否保价，均由保价周转金支付。

知识点5 行李、包裹事故的统计

① 事故件数以一批为1件，但在同一车站或同一列车内，同一时间同一原因发生的多批事故视为一批，应按1件统计。其事故等级按损失款额的总和确定。

② 一件事故由几个单位共同承担时，事故件数由主要责任单位统计。无主要责任单位时，按发到站间的站顺，由第一个责任单位统计上报。列其他责任的，由处理单位统计上报。

③ 事故一律按结案日期统计。对报经上级仲裁的事故，按接到批复的当月统计。

④ 行李、包裹事故处理结案后，应按时逐级上报。每月填报“旅客伤亡及行李、包裹事故报告”(客报—7)时，行李、包裹事故情况各栏增加斜线。斜线上方填写保价行包内容，斜线下方填写未保价行包内容。

知识点6 行李、包裹事故案卷的保管

行包事故结案后，对行包的案卷应整理清楚，一案一卷登记入册。事故案卷材料应包括：

① 行李票或包裹票；

② 行李、包裹事故记录；

③ 赔偿要求书；

④ 证明物品内容和价格的凭证；

⑤ 查询电报（包括复电、答复书）和有关客运记录；

⑥ 其他有关附件。

事故案卷应由处理单位负责保管，其保管期限为：赔偿案卷3年；诉讼案卷4年；事故记录2年；客运记录2年；行包交接证1件；查询电报1年；复电、查复书1年。

其他不随事故案卷保管的资料也要保管一定时间以备查用。

3.5.5 任务考核

1. 理论考核（40 分）

该部分通过完成以下习题，获得理论考核成绩：

1）选择题（每题 4 分，共 20 分）

（1）发生行包事故后，收货人向承运人要求赔偿的依据是（　　）。

A. 行李票或包裹票　　B. 客运记录

C. 行李、包裹事故记录　　D. 证明物品内容和价格的凭证

（2）行李、包裹在发站装运前全部灭失、毁损时，由（　　）办理。

A. 到站　　B. 中途站　　C. 发站　　D. 中转站

（3）发生事故，收货人要求赔偿时，应在规定的限期内提出赔偿要求书，应附的证件为（　　）。

A. 行李票或包裹票，行李包裹事故记录

B. 行李票或包裹票，证明物品内容和价格的凭证

C. 行李票或包裹票，行李包裹事故赔偿要求书

D. 行李票或包裹票，行李包裹事故记录，证明物品内容和价格的凭证

（4）段、站在接到查询电报或事故记录后，车站必须在（　　）d 内答复。

A. 3　　B. 15　　C. 5　　D. 10

（5）行李、包裹运输大事故的物品损失价值在（　　）之间。

A. 1 万～3 万元　　B. 200～10 000 元

C. 1 万～2 万元　　D. 1 万～5 万元

2）判断题（每题 4 分，共 20 分）

（1）（　　）行包事故按其性质和损失程度分为三个等级。

（2）（　　）由于不可抗力造成的行包损失承运人不承担赔偿责任。

（3）（　　）物品损失价值在 1 万～3 万元之间的为行包运输大事故。

（4）（　　）行李、包裹超过运到期限 10 d，可作为事故立案。

（5）（　　）赔偿不超过 200 元（含 200 元的），由处理站审核赔偿。

2. 实践考核（40 分）

2013 年 12 月 18 日，过郑州站的 K158 次列车卸 2013 年 12 月 16 日株洲发郑州 F096287 号 5 件 90 kg 药品（川贝口服液），纸箱包装，保价 1 万元，其中 1 件重 18 kg 的药品卸车时发现因内损造成纸箱湿损，站车交接已签认。次日交付时经与客户共同开箱确认内装 60 盒中损坏 20 盒，客户要求赔付。如何处理？

具体评分标准如下：

（1）处理依据是否正确；（15 分）

（2）票据填写是否有误（如漏填、错填、多填）；（15 分）

（3）在实训室实训过程中纪律差或不听指导教师指挥、不服从指导教师教育。（10 分）

3. 出勤考核（20 分）

根据出勤情况及课堂表现，获得出勤考核成绩。

要求：缺勤 1 次扣 5 分，不按时完成任务扣 5 分，课堂表现差扣 10 分。

项目 4　列车乘务工作组织

【项目描述】

铁路是我国国民经济的大动脉，其主要任务是运输旅客和货物，为工农业生产、国防建设和人民生活服务。旅客运输是整个铁路运输的重要组成部分，随着国民经济的发展、人民生活水平的不断提高、国际往来的日益频繁，铁路客运需求量逐年增长。它对于促进国际和国内各地区的文化交流、密切城乡联系、改善人民生活起着越来越重要的作用。铁路旅客列车是我国完成旅客运输的重要运载工具，通过列车乘务组一系列的服务，将旅客安全、迅速、准确地送到目的地。本项目将全面介绍列车乘务工作的相关内容。

【知识目标】

① 了解乘务工作任务，掌握旅客列车乘务组的组成和职责分工。
② 掌握旅客列车乘务组、乘务员需要数量的确定办法。
③ 了解旅客列车乘务组的乘务任务和工作制度。

【能力目标】

① 练习列车消防安全和危险品处理的相关技能。
② 学会铁路客运记录和电报的填写。
③ 掌握非正常情况下的应急处理办法。

任务 4.1　旅客列车乘务工作组织

4.1.1　拟完成工作任务

K537 次列车由上海南 17:02 开，次日 20:42 到南宁；K538 次列车由南宁 11:16 开，次日 14:56 到上海南。试计算上海南—南宁 K537/538 次空调快速旅客列车所需乘务组数。

4.1.2　任务目的

① 认识乘务工作任务及岗位具体职责。
② 掌握旅客列车乘务工作组织流程。

4.1.3 所需资料

（1）参考资料：《铁路客运运价规则》《铁路客运运价里程表》《铁路旅客票价表》《全国铁路旅客列车时刻表》《全国铁路客运营业站示意图》《铁路旅客车站建筑设计规范》《铁路旅客运输服务质量规范》等。

（2）所需票据、表报：红、蓝色车票样本若干，以及售票交款单、客票售出登记表、票据整理报告、行包运输密度表等。

4.1.4 相关配套知识

知识点1 了解乘务工作任务

1. 旅客列车乘务组的组成和职责分工

旅客列车乘务组是客运部门的基层生产班组。乘务组的建立是按列车运行途中列车开行对数确定的，主要由客运、车辆、公安和其他部门的乘务人员共同组成，分属不同单位领导，在一个旅客列车上共同担当乘务工作，列车长统一指挥。

1）动车组列车

动车组列车乘务组由客运乘务人员、随车机械师、司机、公安乘警、随车保洁和餐饮服务人员组成，简称为“六乘人员”。六乘人员必须在列车长的统一领导下（除行车救援指挥外），分工负责，各司其职，共同做好旅客服务工作。

动车组列车客运乘务组由1名列车长和2名列车员组成。动车组重联时，按两个乘务组安排人员；编组16辆的动车组按1名列车长和4名列车员配备。对运行时间较长的动车组可适当增加客运乘务人员。动车组司机实行单司机值乘制，随车机械师按每组1人配备。其各自职责分工如下。

（1）客运乘务人员职责

① 贯彻执行铁路安全生产及旅客运输的规章制度、命令、指示，落实上级布置的各项工作。

② 负责列车客运安全服务设备设施、卫生保洁、整备质量、餐饮供应的检查和“六乘一体”的协调。

③ 负责与司机、随车机械师等岗位保持作业联控，发现设备故障及时反馈给随车机械师处理。

④ 负责办理列车上的客运业务及站、车交接，做好旅客服务工作。

⑤ 负责列车在非正常情况下的应急处置，并及时汇报。

⑥ 负责落实“首问首诉负责制”。

（2）随车机械师职责

① 贯彻执行有关安全生产及旅客运输的规章制度、命令、指示，服从列车长指挥，落实上级布置的各项工作。

② 负责监控列车运行中的技术状态，发现故障及时通知司机和列车长，并采取措施妥善处理。

③ 在司机的指挥下，参与处理有关行车、列车防护和事故救援等。

④ 非正常情况下，协助列车长实施应急预案。

⑤ 负责落实“首问首诉负责制”。

（3）司机职责

① 贯彻执行有关安全生产及旅客运输的规章制度、命令、指示，服从列车长指挥，落实上级布置的各项工作。

② 负责指挥处理有关行车、列车防护和事故救援等；在其他非正常情况下，协助列车长实施应急预案。

③ 列车发生故障时，会同随车机械师按规定程序处理。

④ 负责与调度日常联络，接收、传达上级命令指示。

（4）公安乘警职责

① 贯彻执行有关安全生产及旅客运输的规章制度、命令、指示，服从列车长指挥，落实上级布置的各项工作。

② 负责维护列车治安秩序，保障旅客生命财产安全。

③ 负责列车司机室的安全保卫工作。

④ 在非正常情况下，协助列车长实施应急预案。

⑤ 负责落实“首问首诉负责制”。

（5）餐饮服务人员职责

① 贯彻执行有关安全生产及旅客运输的规章制度、命令、指示，服从列车长指挥，落实上级布置的各项工作。

② 负责餐饮、商品供应，以满足旅客需求；确保饮食安全，做好旅客服务、接待工作。

③ 负责餐车区域卫生保洁、设备检查和安全管理。

④ 负责按规定向“六乘人员”供应乘务餐。

⑤ 在非正常情况下，协助列车长实施应急预案。

⑥ 负责落实“首问首诉负责制”。

（6）随车保洁人员职责

① 贯彻执行有关安全生产及旅客运输的规章制度、命令、指示，服从列车长指挥，落实上级布置的各项工作。

② 负责列车运行中和折返站的车内卫生保洁和垃圾处理。

③ 负责车厢内保洁备品的配置、定位、补充及更换。

④ 在非正常情况下，协助列车长实施应急预案。

⑤ 负责落实“首问首诉负责制”。

2）其他旅客列车

与动车组列车不同的是，一般旅客列车乘务组由客运、车辆、乘警三个乘务组组成，称为“三乘”（加挂行李车的还有列车行李员，即为“四乘”）。客运乘务组包括列车长、列车值班员、列车员、广播员、供水员及餐车供应人员；车辆乘务组包括检车员和车电员，其中一人兼任检车组长；乘警组一般由两名乘警轮流担当工作。其各自职责分工如下。

（1）客运乘务组

① 组织旅客安全乘降，维护正常的运行秩序。

② 查验车票，纠正违章，查堵“三品”，防火防爆，保证列车和旅客、行李包裹的运输安全。

③ 开展优质服务和路风建设，搞好列车饮食供应，保持车厢卫生洁净，车容整洁，文

明服务，礼貌待客。

④ 爱护车内各项设备，正确使用和管理好设备、备品，严格交接。

⑤ 加强班组管理和业务培训，健全各项生产管理台账，积极开展“三乘一体”管理和列车治安联防工作。

（2）车辆乘务组

① 按技术作业过程对客车设备进行技术检查，掌握车辆技术动态和故障处理情况。

② 按包乘工作范围整修好车辆上部设备，保证各项设备安全、优质、功能正常。

③ 加强列车运行途中的安全巡视和停站的检查工作，负责列车尾部标志灯的摘挂和维修，参与列车制动机实验。

④ 积极参加列车“三乘一体”管理，协助列车长搞好治安联防和消防工作，维护路风路誉。

（3）乘警组

① 依法做好治安管理，维护旅客列车治安秩序，预防和打击犯罪分子的破坏活动，查处各类治安事件，查禁走私、贩卖国家管理物资等非法行为。

② 查缉通缉犯、逃犯，协助公安、安全、司法部门在列车上执行公务。

③ 做好乘车首长、外宾的安全保卫工作。

④ 组织列车工作人员、旅客同自然灾害、治安事件作斗争，协助列车处理各种突发事件。

⑤ 负责所乘列车的消防监督工作，抓好防火、防爆、防盗、防破坏工作，督促乘务人员查堵“三品”，严格警风，维护路风。

⑥ 协助列车长抓好列车治安联防工作。

2. 旅客列车乘务组、乘务员需要人数的确定

1）计算乘务组一次往返出乘的作业时间 $t_{往返}$

具体计算如下：

$$t_{往返}=t_{值乘}+t_{出退勤}+t_{双班}+t_{清扫}+t_{看车}$$

式中：$t_{值乘}$——值乘旅客列车往返一次实际工作时间（列车单程运行 12 h 以上的乘务组因双班作业，则往返一次实际工作时间为往返全部旅行时间的一半）；

$t_{出退勤}$——出退勤时间，计算标准如表 4.1 所示；

$t_{双班}$——始发、终到、途中双班作业每人每次按 30 min 计算；

$t_{清扫}$——本、外段入库清扫时间，如表 4.2 所示。

表 4.1 出退勤时间标准

出退勤时间/min	单程运行时间/h		
	>12	6～12	<6
本段出勤	90	90	70
外段到达	30	30	20
外段出勤	70	65	60
本段到达	60	30	20
合计	250	215	170

表 4.2　本、外段入库清扫时间及作业人数标准

单程运行时间/h	>12	6～12	<6
入库清扫时间/min	360	360	180
作业人数/人	2	1	1

$t_{看车}$——车底在本、外段停留，必须派人看车的时间。看车人数：软硬卧、软座车各 1 人，餐车 2 人，硬座车 1 人（冬季采暖期间，硬座车每三辆或不足三辆时均 1 人）。看车时间标准计算方法如下：

$$t_{看车}=\frac{列车停留时间-出退勤时间-库内清扫时间}{全车班人数}\times 看车人数$$

2）计算乘务组每月值乘次数 K

目前我国实行八小时工作双休日制度，全年 12 个月，日历日 365 天，周末休息日 104 天，法定节假日 11 天（元旦 1 天、春节 3 天、清明 1 天、五一 1 天、端午 1 天、中秋 1 天、国庆 3 天）。乘务员每月工作小时数为：

$$\frac{(365-104-11)}{12}\times 8=166.7\text{（h）}$$

乘务组每月值乘次数 K：

$$K=166.7/t_{往返}$$

3）计算一对列车所需要的乘务组数 B

设一个月为 D 日，每天开行 N 对列车，则一个月需要开行 DN 对列车。所以，需要的列车乘务组数为：

$$B=DN/K$$

4）计算乘务员的需要数量 M

根据列车编组及乘务组编制即可计算乘务员的需要数量。

① 乘务人员的编制定员（m）标准是根据劳动工资部门制定的计划岗位人员编制标准确定的，旅客列车单程运行时间长短决定编制人员的需要数。如单程运行时间为 18 h 以上的，一般情况下旅客列车乘务人员编制为：列车长（正、副）2 人、列车员每车 2 人、广播员 2 人、餐车人员 7～10 人（单程一餐 7 人、两餐 8 人、三餐 9 人、22 h 以上为 10 人）、供水员每辆茶炉车 1 人。

② 乘务人员的编制定员乘以乘务组数，即得所需要的乘务员人数（M）：

$$M=mB$$

③ 根据以上计算结果，后备和机动人数可以做一定幅度的调整。

3. 旅客列车乘务组的乘务制度和工作制度

1）乘务制度

为了保障旅客列车安全，旅客列车乘务组实行固定班组制。按照既有利于保养车辆又合理使用劳动力的原则，根据列车种类和运行距离，分别采用包乘制和轮乘制。

（1）包乘制

包乘制是指按列车行驶区段和车次由固定的列车乘务组包乘。根据使用车底的不同，又分为包车底制和包车次制。

① 包车底制是指乘务组不仅固定区段、车次，而且固定包乘某一车底。这种形式有利

于加强车辆设备和备品的管理，有利于乘务人员熟悉列车沿途情况和旅客乘降规律，以便更好地安排自己的工作，提高服务质量；缺点是长途旅客列车需挂乘务员休息车，浪费运能，乘务工时一般难以保证。工时不足时采用乘务员套跑短途列车或长途列车套跑短途列车的方法，既可节省车底又可弥补乘务工时的不足。

② 包车次制是指一个车次由几个乘务组包干值乘，不包车底。其优点是便于管理，可保证服务质量；缺点是交接手续复杂，不利于车底保养。

提示：目前既有线路上运营的旅客列车大都实行包车底制。

（2）轮乘制

轮乘制是指在列车密度大，且列车种类和编组基本相同的区段，为了紧凑组织乘务交路和班次，采用乘务组不包车底而按照出乘顺序、轮流担当乘务工作的制度。其优点是乘务员单班作业，一般在本局管内值乘，对线路、客流及交通地理情况比较熟悉，工作时方便联系；同时，不需要挂乘务员休息车，节约了运能。其缺点是增加了交接次数，不利于车辆保养。

提示：目前客运专线上开行的动车组列车较多采用轮乘制。

2）工作制度

旅客列车乘务组为良好地完成乘务任务，必须在列车长统一领导下建立必要的工作制度，以保证旅客、行包的安全运输和服务质量。

（1）动车组列车乘务组工作制度

① 工作协调制度。

a）动车组列车出库后，列车长要及时了解“六乘人员”工作准备情况，重点掌握卫生保洁质量、配餐数量以及各岗位人员到岗情况，遇有重点任务，及时布置。

b）每趟行车前，列车长组织召开随车机械师、公安乘警、餐饮组长、保洁组长参加的工作协调会，沟通信息，提出本趟行车的工作重点和要求。

c）遇有设备故障、列车晚点等情况，司机或随车机械师要主动向列车长通报故障情况、晚点或停车原因。列车长要及时逐级汇报，按指示向旅客通告，并组织客运乘务员以及餐饮、保洁人员做好服务和解释工作。

d）客运段应每月组织“六乘”单位召开动车组一体化管理联席会议，总结工作，加强协调，统一步调，提高效率。

② 信息传递制度。

a）动车组列车“六乘人员”要掌握列车运行、设备状况、旅客服务和餐饮供应等信息，及时相互通报。

b）动车组列车运行中遇有各类非正常情况时，“六乘人员”应按照各自职责逐级汇报，列车长应积极协调处理。

c）“六乘”单位之间应建立日常联络机制，加强相互之间的信息沟通。

③ 其他制度。

a）动车组列车实行“首问首诉负责制”，“六乘人员”必须及时解答旅客问询、受理旅客投诉、解决旅客困难。

b）“六乘人员”必须严格遵守国铁集团、铁路局集团公司的有关规定，严禁私带无票人员上车；如需要安排重点旅客乘坐餐车、多功能室、乘务员室等位置，必须经列车长同意。

（2）其他列车乘务组工作制度

① 出退勤制度。

乘务员在本段出乘时，要按规定由列车长带队到派班室报到，听取派班员传达有关事项；

列车长摘抄有关电报、命令、指示。到达折返站或折返站出乘时，列车长必须向折返段派班室报告乘务工作，接受任务。

每次乘务终了，列车长应召开班组会议，向派班室汇报往返乘务工作情况，提交书面乘务报告。

② 趟计划制度。

列车长每次出乘前要编制趟计划。其主要内容有：

a）上次乘务工作中的优缺点及改进措施；

b）本次乘务中的重点工作安排；

c）贯彻上级指示、命令、通知、规章的具体措施；

d）针对接车发现的问题应采取的措施。

③ 验票制度。

为保证旅客安全、正确地旅行，维护铁路运输秩序和正当收入，列车内应检验车票。验票由列车长负责，乘警、列车员协助。验票次数原则上是列车每运行 400 km 检票一次，不足 400 km 的每单程检票不得少于一次。无票人员较多的区段可以增加验票次数。

④ 统一作业制度。

列车长应根据值乘列车的运行时刻、线路、客流、换班、餐饮等情况编制统一作业过程。

此外，还应建立健全以岗位责任制为中心的各项管理制度，如安全生产、备品管理、库内看车、旅客意见处理、列车环境卫生等。

知识点 2　旅客列车乘务工作组织流程

旅客的旅行生活大部分时间是在列车运行中度过的，因此做好列车乘务工作，对保障旅客安全、便利、舒适的旅行具有十分重要的意义。

1. 列车乘务工作的特点及任务

1）特点

旅客列车乘务组是客运部门的基层生产班组，其工作特点是车内旅客人数多、要求不一，客车设备条件有一定限度，列车运行和停站时间有严格规定，而且列车乘务组是在运行过程中远离领导进行工作，许多问题要及时独立处理。这就决定了旅客列车乘务组要建立相应的组织及一定的工作制度，从实际出发及时解决旅客提出的要求和处理临时发生的各种问题。

2）任务

① 保证旅客上下车及旅途中的安全。

② 及时为旅客安排座席、铺位，保持列车内整洁卫生，维护车内秩序，做好服务工作。

③ 保证行李、包裹安全、准确地到达到站。

④ 充分发挥列车各种设备的效能，爱护车辆设备。

⑤ 正确掌握车内旅客及行包密度、去向，及时办理预报。

⑥ 正确执行规章制度，维护铁路正当收入，做好餐茶供应及文化服务工作。

2. 列车乘务工作的组织

1）安全工作

安全运送旅客是乘务组的首要任务，必须在保证旅客安全的前提下做好旅客服务工作。

（1）出乘前的安全工作

乘务员出乘前必须充分休息，严禁在出乘前和工作中饮酒。

站内、车库内行走通过线路时应走天桥、地道、平交道，通过平交道口时严格执行“一停、二看、三通过”制度，严禁钻车底，跨越车钩。必须横越有机车车辆停留的线路时，应在机车车辆较远处通过，并随时注意邻线有无机车车辆通过。严禁在运行中的机车车辆前面抢越，通过时严禁接打手机。在顺线路行走时应走路肩，不走道心、轨面、轨枕头，并随时警觉前后列车，不抢越线路。不扒乘机车、车辆。

出乘前列车长应到派班室听取指示，了解重点照顾的旅客，并在出乘会上做出安排。列车出库前，列车长应会同乘警长、检车长对车内的设备设施进行“三乘联检”，并做好记录，发现问题要及时维修，保证设备设施的良好使用。

（2）旅客列车停站前后的安全工作

① 始发站旅客进站时，列车长应在旅客进入站台处立岗，引导组织旅客上车；列车员在车门口立岗，组织旅客排队验票上车，并做好安全宣传。

② 运行至中途站时，到站前列车进入站台时，要先试开边门，待车停稳后再打开，组织旅客先下后上，防止拥挤和混乱。对重点旅客应在到站前先安排到车门口，列车停稳后及时下车。遇到下雪天，到站应及时清除扶手和车梯的冰雪，保证旅客上下车安全。列车乘务员要加强车门管理，认真执行“停开、动关锁、出站台四门检查瞭望”制度，严禁旅客从反边门上下车；锁闭车门时，做到一关二锁三拉四销（上下两道锁），有作业需求的车门不加销。

③ 列车途中临时停车时，广播员应向旅客通报，列车员应坚守岗位，加强巡视，确保车门锁闭，不让旅客上下车。

（3）旅客列车运行中的安全工作

① 及时通报站名，防止旅客坐过站或下错车。

② 列车运行时要经常进行安全宣传，劝阻旅客不要站在车辆连接处，不要手扶门框、风挡，不要将头、手伸出窗外，不要向车外抛物。需要吸烟时，应到车厢连接处去，连接处设有烟灰盒，要将烟头熄灭后再放入烟灰盒内。列车通过大桥、隧道时，应锁闭厕所，打开全夜灯，动员旅客关闭车窗，并巡视车厢，严禁旅客向窗外扔杂物。进入夜间行车时，提醒旅客看管好自己的财物，加强车厢巡视，负责卧车的列车员应坐在车厢的边凳上，密切注意车厢动态。加强禁带危险品的宣传，铁路公安人员和客运人员要密切配合，共同做好危险品检查工作。列车员应能通过“宣、看、闻、问、摸、查”的方法查堵危险品，发现危险品及时交列车长、乘警处理。

③ 整理好行李架，防止行李架压断或行李坠落砸伤旅客，行李架上的物品应摆放平稳、牢固，做到大不压小，重不压轻，长顺短横，较重物品、锐器、杆状物品、玻璃制品、易滑物品应放置到座位下面。取送开水时，应有相应安全措施，防止烫伤旅客，给旅客倒水时，要做到站稳、接杯、不倒满。送水壶有套，壶嘴有帽，保温桶加锁。

④ 作业中做到：上下车时紧握扶手，不飞乘飞降；列车运行中不开车门乘凉、扫倒垃圾和摘挂方向牌；不准用水冲刷门头、连接处；电气化铁路区段严禁登高作业和用水冲车皮。背面作业时，做到“一看、二下、三瞭望”。

⑤ 列车乘务组人员会使用列车上的各种服务设施和安全器材。对紧急制动阀和手制动机、灭火器做到“两知一会”，即：知位置，知性能，会使用。

⑥ 燃煤取暖锅炉、茶炉、电磁炉由持有合格证的人员严格按规定程序操作，锅炉、茶

炉室内严禁堆放易燃物品，严禁缺水、少水时点火；清除炉灰时，应先用水浸灭冷却后再装袋，在指定的垃圾投放站投放。锅炉室、茶炉室内保持干净，无杂物，离人加锁（电茶炉不锁），非取暖期锅炉室封闭。配电室（箱）加锁，保持清洁干净，严禁放置个人物品。

2）行包运输工作

行包运输工作中列车行李员的工作十分重要。列车行李员必须与车站密切协作，做到巧装满载，同时应掌握乘务区段的线路情况、停站时分及行包中转站的范围、接续车次和各停车站的装卸规律，以防止事故发生，保证列车安全、正点。

（1）始发站作业

列车行李员主动到始发站行李房了解情况，掌握行包装车数量、性质及主要到站，并收集附近站的预报，做到心中有数，按行包运输方案及行包装卸交接证核对票据，确定堆放位置。始发站至终点站的行包应集中装在行李车两端，到各中间站的行包按站顺，远装里、近装外，并做到大不压小，重不压轻、大件打底、小件放高、堆码整齐、装载平衡、货签朝外，易碎、易污、放射性物品分别隔离，鲜活物品注意通风，列车行李员要认真监装，发现危险品、国家禁止或限制运输的物品及包装不符合标准的货件，应拒绝装车。发现行包破损或有异状时应在交接证上注明现状。作业时执行“三检、三对”，检货票、标签、包装，对件数、品名、到站。装卸完毕要清理票据、件数，经确认无误后办理签收手续。

（2）途中作业

列车从始发站开出后，应按行李、包裹票的分到站登记行李、包裹装卸交接证。密件及挂号信件登入公文交接证，并将行包件数、重量填入“行包运输密度表”（见图 4.1）。到站前做到“三看”，看密度表记载有无要卸的行包、看行包交接证有无要卸的货件、看公文交接证有无交接的信件、公文，并及时将车内待卸的行包确认一次，集中到车门附近准备卸车，并将不卸车的行包隔离妥当，防止误卸，到站应先卸后装。列车停稳后向站方交应卸的行包票据及公文信件，指明待卸货位。卸完后站方办理签收手续后再接收待装票据、信件，并指

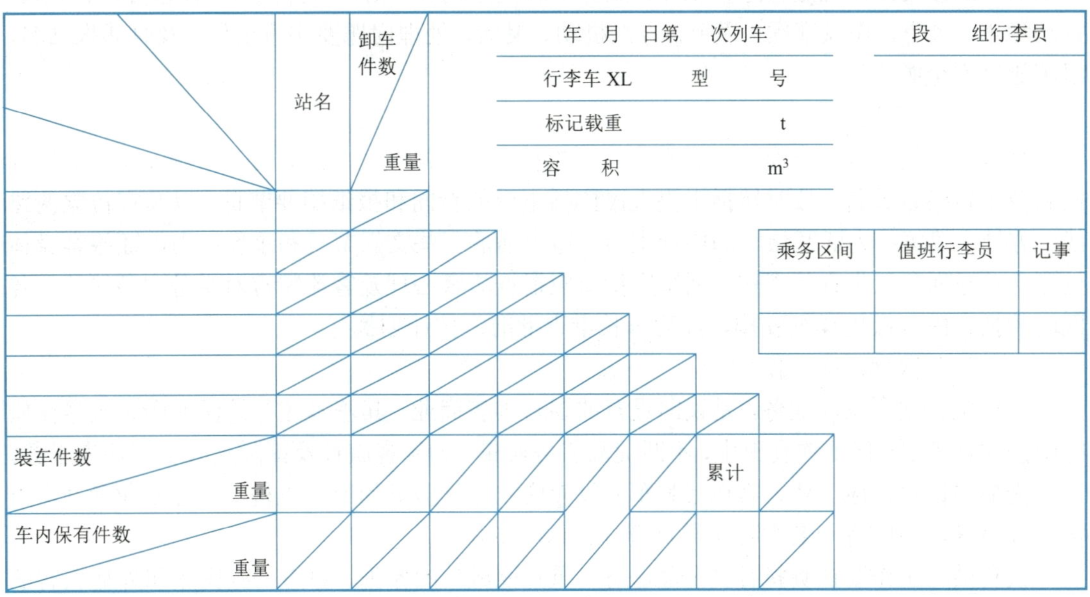

图 4.1　行包运输密度表

定货位进行装车。列车行李员要认真监装卸，进行票货核对，防止错卸、漏卸、有货无票、混装顶件的事故发生。装卸行包较多的车站，装车时应将车站交给的票据按站顺整理好，分别列出到站、件数，查对到站、件数是否正确，然后按车站交给的装车清单确认到站，点件装车，装卸完了双方签收，开车后再逐票核对。

为了充分利用运能，列车的行包要做到巧装满载，每站卸后及时将剩余运送能力和待卸行包向前方站做出预报，预报由站方行李员代报。遇有大批行包或列车晚点时应提早预报，并组织快装快卸，保证列车正点。

列车运行中，行李员要经常巡视货仓，做好防火、防塌、防湿损、防丢失工作；货位应悬挂到站显示牌，必要时整理翻装，各站分开，码放整齐，不堵车门，做到一目了然。对押运人要进行登记，介绍安全注意事项。发现包装松散及时修理。运输途中发生事故或需要说明现状时，应编制客运记录，作为交接凭证和编制事故记录的依据。

（3）终到作业

列车到达终点站前，行李员应将票据、公文、信件整理清楚，票货核对无误，准备与终点站交接、卸车，并将往返乘务的行包装卸交接证整理装订成册，妥善保管，统计行包件数，将完成任务情况、有关记录、电报事项向列车长汇报。最后搞好行李车的终到卫生，整理各项备品与接收班组交接。

3）列车服务工作

旅客旅行大部分时间是在列车上度过的。做好列车的服务工作，最大限度地满足旅客在旅行中的物质和文化生活方面的需要，是乘务人员的主要任务。服务工作的好坏直接影响到铁路的声誉。因此乘务员必须树立全心全意为人民服务的思想，讲文明、有礼貌地为旅客服务。

列车服务工作包括车厢服务、列车广播和列车饮食供应工作。

（1）车厢服务工作

始发站剪票前乘务员应做好各种准备工作，坚守车门，扶老携幼；迎接旅客，看票上车。开车后，乘务员按作业过程进行工作，服务中态度主动、热情，语言文明，表达得体、准确，行动稳重、大方，作风谦虚、谨慎，方法机动、灵活，处理问题要实事求是。及时通报站名，组织旅客安全乘降。

（2）列车广播工作

列车广播的主要任务是介绍铁路安全、旅行常识及沿线的名胜古迹。正确、及时地做好站名及中转换乘通告。按时转播中央人民广播电台的新闻和报纸摘要节目，以及宣传党的路线、方针、政策；为活跃旅客的旅行生活，适当播放一些文娱节目和录像；为保证旅客身体健康，做好列车卫生宣传工作。列车广播员应根据旅客心理及客流特点对乘务中各区段、各区间的播音内容做出详细安排，经列车长审查批准，按计划执行。

（3）列车饮食供应工作

铁路旅客饮食供应业务，是铁路设置的国营零售商业。其基本任务是保证广大旅客在旅行中的饮食需要，保证饮食卫生，不断提高服务质量，为旅客旅行及国际友人友好往来服务。

为加强饮食供应工作，客运（列车）段应成立旅行服务的专业机构，实行专业管理，财务单独核算，并应有一名主要领导负责分管这项工作。

饮食供应工作要认真执行“全面服务、重点照顾”的原则，尊重少数民族和外籍旅客的饮食习惯、禁忌避讳。同时，要认真贯彻执行《中华人民共和国食品安全法》，加强食品采购、保管、加工、销售等环节的管理，严防食物中毒。

餐车应根据列车运行时间，实行一日三餐的供应方法，以具有特色的快餐为主，适当供应炒菜，有条件可供冷饮、夜宵及兼营其他商品。

总之，列车饮食工作，应面向市场，采取灵活的经营方式，参与市场竞争，以满足不同旅客消费水平的需求，实现良好的社会效益和经济效益。

4.1.5　任务考核

1. 理论考核（40 分）

该部分通过完成以下习题，获得理论考核成绩。

1）选择题（每题 2 分，共 10 分）

（1）动车组列车乘务组由（　　）组成，简称“六乘人员”。

A. 客运乘务人员、随车机械师、司机、公安乘警、随车保洁和餐饮服务人员

B. 客运、车辆、公安

C. 客运乘务人员、随车机械师、司机、公安乘警

D. 客运乘务人员、随车机械师、司机、公安乘警、随车保洁

（2）一般旅客列车乘务组由（　　）三个乘务组组成，称为“三乘”。

A. 客运乘务组、车辆乘务组、乘警组

B. 客运乘务组、列车行李员、播音员

C. 检车员、车电员、列车长

D. 客运乘务组、车辆乘务组、车检乘务组

（3）客运段应（　　）组织“六乘”单位召开动车组一体化管理联席会议。

A. 每月　　B. 每周　　C. 每三个月　　D. 每半年

（4）验票由列车长负责，验票次数原则上是列车每运行（　　）km 验票一次。

A. 400　　B. 300　　C. 200　　D. 250

（5）在动车组列车发生故障时，司机会同（　　）按规定程序处理。

A. 随车机械师　　B. 列车长　　C. 检车员　　D. 客运乘务人员

2）判断题（每题 2 分，共 10 分）

（1）（　　）旅客上车前必须对车门、车梯、车厢连接处进行检查。

（2）（　　）始发站剪票前乘务员应做好各种准备工作，坚守车门，扶老携幼，迎接旅客，看票上车。

（3）（　　）包车底制指按列车行驶区段和车次由固定的列车乘务组包乘。

（4）（　　）动车组乘务组由五乘人员组成。

（5）（　　）乘务制度分包乘制和轮乘制两种。

3）简答题（每题 10 分，共 20 分）

（1）简述旅客列车乘务组的组成及分工。

（2）简述动车组旅客列车乘务组的组成及分工。

2. 实践考核（40 分）

请编制 K135 次列车（长沙—上海南）硬卧车列车员株洲—鹰潭间的乘务作业过程。（列车在株洲站的开车时间是 19:18，正点到鹰潭站的时间是 0:07），请写出硬卧列车员的乘务作业内容，小组同学根据乘务作业内容进行硬卧列车员作业演示。

具体评分标准如下：

（1）岗位工作任务模拟有误或经提示；（15 分）

（2）作业程序有误（如漏程序、程序颠倒、多程序）；（15 分）

（3）在实训室实训过程中纪律差或不听指导教师指挥、不服从指导教师教育。（10 分）

3. 出勤考核（20 分）

根据出勤情况及课堂表现，获得出勤考核成绩。

要求：缺勤 1 次扣 5 分，不按时完成任务扣 5 分，课堂表现差扣 10 分。

任务 4.2 列车乘务安全

4.2.1 拟完成工作任务

2007 年 1 月 20 日 11:38 长沙开往北京西的 L318 次旅客列车运行至京广线卫辉—淇县间 K557+800 处时，机后第 YZ25B347302 车厢燃煤取暖锅炉间起火，造成客车大破一辆，中断京广线上行 2 h 49 min，延误本列车 2 h 58 min，构成责任旅客列车火灾大事故。请分析事故发生的原因。

4.2.2 任务目的

① 了解列车消防的基本知识。

② 掌握消防管理的具体内容。

③ 掌握各种安全设备的使用方法，牢记乘务作业中的安全注意事项。

4.2.3 所需资料

① 参考资料：《铁路客运运价规则》《铁路客运运价里程表》《铁路旅客票价表》《全国铁路旅客列车时刻表》《全国铁路客运营业站示意图》《铁路旅客车站建筑设计规范》《铁路旅客运输服务质量规范》等。

② 所需票据、表报：红、蓝色车票样本若干，以及售票交款单、客票售出登记表、票据整理报告等。

4.2.4 相关配套知识

知识点 1 列车消防安全

1. 消防基本知识

1）火灾常识

火灾燃烧分为五个阶段：初始阶段、发展阶段、猛烈阶段、下降阶段。燃烧在初始阶段时是扑救火灾的最佳时期，时间为起火后 3～5 min。

根据物质及其燃烧特性，火灾一般分为 A 类火灾、B 类火灾、C 类火灾、D 类火灾和 E 类火灾等几种。

① A 类火灾：主要指含碳可燃物燃烧所形成的火灾，如棉、毛、木材、纸张等燃烧引起的火灾。对此类火灾的扑救，应选用水型、泡沫、磷酸铵盐干粉灭火器。

② B 类火灾：主要指各类液体燃烧所形成的火灾，如汽油、煤油、柴油、甲醇等燃烧引起的火灾。对此类火灾的扑救，应选用干粉、泡珠、二氧化碳灭火器。

③ C 类火灾：主要指可燃气体燃烧所形成的火灾，如煤气、天然气、液化石油气等燃烧引起的火灾。对此类火灾的扑救，应选用干粉、二氧化碳灭火器。

④ D 类火灾：主要指可燃金属燃烧所形成的火灾，如钾、钠、镁、钛等燃烧引起的火灾。对此类火灾的扑救，应由设计单位和当地公安消防部门协商解决。

⑤ E 类火灾：即电气火灾，主要指带电物体燃烧引起的火灾。对此类火灾的扑救，应选用干粉、二氧化碳灭火器。

其中，E 类火灾又分为变压器火灾、配电盘火灾、电动机火灾、照明设备火灾、电热设备火灾、电焊设备火灾等。电气火灾既有季节性，多发生在夏、冬季；又具有时间性，许多电气火灾往往发生在节假日或夜间。

灭火的基本原理就是要破坏或切断燃烧三要素的相互关系和作用，一般采用冷却、窒息、隔离和化学抑制四种方式。

2）旅客列车的火灾原因及危险性

① 炉灶设备不良，使用、管理不善。

② 电气设备损坏、老化、绝缘不良和违章用电。

③ 在禁烟部位吸烟，乱扔烟头。

④ 旅客携带品或托运的行李、包裹内夹带危险品及列车安全设施损坏等。

⑤ 客车停在整备所时顽童、盲流等上车后人为放火。

⑥ 电气线路、设备故障，特别是隐蔽部位电线未穿管保护，周围有易燃易爆等可燃物。

列车火灾的危险性主要体现在车上人员高度集中、不易疏散逃生，灭火设施少、救援困难、火灾易于蔓延等方面。

2. 消防管理

1）旅游列车消防安全台账

旅客列车消防安全台账由列车长负责填写和管理，存放在车队。其主要包括以下内容：

① 上级有关消防工作的文件（复印件或摘抄件）；

② 列车编组及乘务人员概况；

③ 列车防火组织机构及成员；

④ 扑救火灾事故应急方案；

⑤ 防火安全会议和活动记录；

⑥ 乘务人员消防安全培训记录；

⑦ 乘务人员上岗证登记；

⑧ 餐车炉灶清扫记录；

⑨ 三乘联检记录；

⑩ 消防器材登记。

2）旅客列车防火领导小组的职责

① 认真贯彻执行上级有关消防工作的规定和部署，每月召开一次防火安全领导小组会议，总结、安排消防工作。

② 组织车班乘务人员认真学习消防知识，定期进行考核，达到人人“三懂三会”。

③ 建立车班消防安全考核制度，检查督促乘务人员落实岗位防火责任制。

④ 组织防火检查，及时消除火灾隐患。

⑤ 做好对旅客的防火安全宣传教育工作，制定易燃易爆危险品查堵措施，组织乘务人员认真开展查堵工作。

⑥ 细化和完善扑救火灾事故应急方案，明确分工，定期演习，熟练掌握。

⑦ 建立车班消防安全台账。

3）旅客列车消防安全“四个百分百”的内容

① 茶炉、锅炉间要100%做到室内干净无杂物，地面无油垢，离人加锁，非取暖期间锅炉室封闭。

② 消防器材要100%配齐、有效，乘务人员做到知位置、知性能、会使用。

③ 乘务员对紧急制动阀要100%做到知位置、会操作使用。

④ 乘务中客运部门各工种要100%做到在岗在位。

4）乘务人员“三懂三会”的内容

① 三懂：懂得本岗位的火灾危险性，懂得预防火灾的措施，懂得火灾的扑救方法。

② 三会：会使用消防器材，会报警，会扑救初起火灾。

5）旅客列车防火安全检查规定

铁路局集团公司对列为防火重点的旅客列车，每年防火检查应不少于两次。每次检查都要将检查情况填入统一印制的旅客列车防火检查记录表，以备检查人员查阅。

客运段、乘警大队应分别组织有关干部和业务技术人员，每季度检查一次。各车队对车班的消防工作，应结合其他安全业务每月检查一次。车班的防火安全领导小组，要经常对车班防火制度的落实情况进行分析，列车长、乘警、乘检和其他车务员，要对照自己的岗位防火责任制，认真检查落实。

列车防火防爆检查的重点部位，一是“两炉一灶一电”；二是配备的灭火器材的数量、质量；三是循环水泵箱、观察孔、煤斗箱、暖气管、座位下等隐藏处所，是否有异常物品、可燃杂物和火种；四是各种消防标志是否齐全，通道是否畅通。

对列车始发前检查发现的设备故障，车辆部门应及时处置，消除隐患；不能当场处置的，应采取临时措施确保安全，按规定报告并如实记录；危及行车安全的，应立即停车处理。

6）旅客列车特殊工种消防工作要求

自2010年7月1日实行的《铁路旅客列车消防安全管理规定》，对操作“二炉一灶”和空调、火灾报警器等设备的乘务人员，要求经过专门的消防知识培训，取得合格证后方可上岗。

7）客车出库联检制度的规定

动车组出库联检时，由动车运用所质检员组织联检，对电气设备、消防设施、器材等设备及各部位的消防安全状况进行全面检查，确认状态良好，严格办理交接。终到后，随车机械师按规定办理交接。

其他列车各车班均应严格执行客车“三乘联检”制度。邮政车、加挂客车纳入车班消防管理，列车始发前，由列车长组织乘警、车辆乘务人员对列车火源、电源和消防器材进行全面检查，运行中重点检查，终到后彻底检查。检查结果由检查人员分别签字确认，严禁代签、漏签和弄虚作假。

8）客车重点部位消防管理

（1）“两炉”使用管理的基本要求

“两炉”必须设备良好、安全可靠，由持有合格证的人员操作使用，并严格按照程序操作。在使用中做到“不漏水、不漏气、不滋火、不超温、不干烧”，不用易燃液体引火助燃，向炉膛内加煤时要仔细检查有无爆炸物，清出炉灰须用水浇灭，炉室内不准放杂物，人离开时锁闭炉室，停炉时要把火压好。停用的炉室必须彻底清除可燃物，将门锁闭。

（2）餐车炉灶防火安全管理的基本要求

餐车炉灶不准使用临时电源吹风助燃，运行中严禁炼油。使用燃煤、炉灶油炸食品和过油时，油量不得超过容器容量的 1/3。每趟往返清除一次炉灶、烟道、排油烟机的油垢，并认真填写清除记录。乘务人员严禁使用自备炉具和电热器具。使用餐车配备的电烤箱、微波炉、电磁炉等餐饮炉具时，操作人员不得离岗。

（3）配电间、工具间、乘务室的防火安全管理要求

配电间、工具间、乘务室内禁止堆放各种杂物，做到人离门锁。门窗玻璃透明无遮挡，配电柜、控制箱门锁必须良好，人离锁闭；乘务室内除备品和列车员必需品外，禁止放置其他杂物，人离开时必须确认室内无火种并将门锁闭。

（4）发电车防火安全管理要求

发电车内严禁闲杂人员进入，车内保持整齐清洁，无漏油、无漏水、无油污，严禁存放杂物。用弃的油棉应集中妥善放置，不得随意丢弃在发电车内。发电车内安装的火灾自动报警探测器每年应由有资质的消防中介服务机构进行一次清理，并做好相关的功能试验，出具测试报告。车辆乘务员应做好相应的运行记录。

（5）邮政车、行李车防火安全管理要求

① 邮政车、行李车，货仓要留有安全通道，宽度不小于 0.5 m。

② 不堵塞正门、边门，货物堆码不得超高，照明灯具下方不准堆放物品。

③ 邮政车、行李车严禁使用明火或电炉等大功率电器烧水做饭。

④ 未经国铁集团车辆主管部门批准，严禁擅自增设各种电器。

（6）客车电气设备使用管理要求

电气设备必须由持有合格证人员检查维修，并严格按程序操作。车用电源和电气设备必须保持状态良好，严禁乱拉电线、擅自加装电气装置，禁止在配电室、配电柜、配电箱内和电气设备上放置物品。保险丝容量必须符合规定标准，严禁用水冲刷地板。除车辆出厂配属的电气设施外，增设其他电气设备必须经车辆主管部门及公安消防监督机构同意。

3. 客车常见消防问题的处置措施

1）发现车厢内有旅客违章携带的易燃液体溢出时的处置

发现车厢内有旅客违章携带的易燃液体溢出时，乘务人员应立即动员旅客熄灭一切火种，及时开窗通风，并将溢出的易燃液体清除干净，剩余的应妥善处理。

2）车厢内发生旅客携带普通可燃物品起火的扑救

在火势没有蔓延的情况下，可先用车厢内的水将火扑灭。能不动用灭火器时尽量不用，以防止扩大影响，造成旅客人员惊慌。

3）车内电气设备起火的扑救

电气设备发生火灾时，应立即切断电源，并用 ABC 干粉灭火器迅速将火扑灭。

4）餐车油锅起火的处理

油锅或其他容器内发生火灾时，可用石棉被或车上棉被、毛毯等织物没水后，覆盖在锅口或容器上，火就会因窒息而熄灭。

知识点2 危险品及其处理

1. 危险品的范围

具有燃烧、爆炸、毒害、放射性等物质，在运输过程中能引起人身伤亡、财产毁损的物品，均属危险品。常见危险品按性质和运输要求分为10大类：

① 爆炸品，如雷管、导火线、炸药、鞭炮、子弹、烟花、发令纸等；

② 氧化剂，如氯酸钠、高氯酸钾、漂白粉、硝铵化肥等；

③ 压缩气体和液化气体，如液化石油气、煤气、氧气、氢气等；

④ 自燃物品，如黄磷、硝化纤维胶片、油布及其制品；

⑤ 遇水燃烧物品，如金属钠、镁、电石粉等；

⑥ 易燃液体，如汽油、煤油、酒精、松节油、香蕉水、油漆等；

⑦ 易燃固体，如红磷、硫黄、松香、铝粉、镁粉、火柴等；

⑧ 毒害物，如砒霜、磷化锌、DDT、敌敌畏等；

⑨ 腐蚀性物品，如硝酸、硫酸、盐酸、双氧水、烧碱、苛性碱、磷酸等；

⑩ 放射性物品，如磷32、夜光粉、放射性碘^{31}I、^{3}H气体等。

此外，常见危险品还有指甲油、洗甲水、定发水、香精、立时得万能胶水、松香水、樟脑、油毛毡、沥青纸、染发水、染皮鞋水、鸡眼水、蜡纸改正液、照相红碘水、双氧水、定发胶、黏胶、空气清新剂等。

2. 危险品的处理

为了保障旅客运输的安全，站、车应做好禁止携带危险物品的宣传，严禁旅客非法携带易燃、易爆、毒害性、腐蚀性、放射性、传染病病原体等物质及枪支、弹药、管制刀具等可能危害公共安全的物品进站乘车，铁路公安人员和铁路职工有权对旅客携带的物品进行运输安全检查。铁路公安人员和客运人员要密切配合，共同做好检查危险品工作，严把“三品”检查关。

在列车上查堵危险品时应认真执行“宣、看、闻、问、摸、查”六字作业法。“宣”是指向旅客宣传携带危险品乘车的危害性；“看”是指注意观察旅客携带物品有无异状及神情是否异常；“闻”是指闻一闻周围有无异味；“问”是指发现可疑物品时，问一问里面装的是什么；“摸”是指在整理行李架时，触摸携带品有无异状；“查”是指请旅客开包检查。需要注意的是，对旅客要讲清道理，多做宣传工作，不得利用执行任务之便刁难侮辱旅客。

对查出的危险品，根据《铁路法》的规定予以没收；数量较大的交由铁路公安部门处理。

对大量携带危险品，性质恶劣，情节严重者，按有关法律法规处理。列车上查处的危险品，由值乘的公安人员妥善保管，移交最近前方停车站公安派出所处理；车站不设公安派出所的，则由列车长编制客运记录，移交车站处理。对发令纸、鞭炮类的危险品，应立即没水处理。对判明不了性质的危险品及其他可疑物品，严禁在车上进行试验。

对携带危险品进站上车，造成事故的，按国家有关规定处理。

4.2.5　任务考核

1. 理论考核（40 分）

该部分通过完成以下习题，获得理论考核成绩。

1）填空题（每空 2 分，共 20 分）

（1）根据物质及其燃烧特性，火灾一般分为_______类火灾、_______类火灾、_______类火灾、_______类火灾、_______类火灾等几种。

（2）旅客列车消防安全，乘务人员必须做到___________。

（3）列车防火防爆的重点部位是___________。

（4）普通旅客列车出库应执行_______制度。

（5）列车上查出的危险品，由_______负责妥善保管，移交_______处理。

2）选择题（每题 2 分，共 20 分）

（1）燃烧处在初始阶段时是火灾扑救的最佳时期，时间为起火后（　　）min。

A. 3～5　B. 5　C. 10　D. 3

（2）旅客列车消防安全台账由（　　）负责填写和保管，存放在车队。

A. 列车长　B. 乘务员　C. 安检员　D. 随车机械师

（3）被列为防火重点的旅客列车，每年防火检查不少于（　　）次。

A. 2　B. 3　C. 1　D. 5

（4）各车队对车班的消防工作，应结合其他安全业务（　　）检查一次。

A. 每月　B. 每周　C. 每季度　D. 每 10 天

（5）餐车使用燃煤炉灶油炸食品和过油时，油量不得超过容器容量的（　　）。

A. 三分之一　B. 二分之一　C. 四分之一　D. 三分之二

（6）邮政车、行李车货仓要留有安全通道，通道宽度不得小于（　　）m。

A. 0.5　B. 1　C. 0.25　D. 0.75

（7）对查出的危险品，根据《铁路法》的规定（　　）。

A. 予以没收　B. 没收并处以罚款　C. 处以罚款　D. 交公安机关处理

（8）常见危险品按性质和运输要求分为（　　）大类。

A. 10　B. 8　C. 5　D. 6

（9）在列车上查堵危险品时应认真执行宣、看、闻、问、摸、查（　　）。

A. 六字作业法　B. 六检法　C. 六步作业法　D. 六乘联检法

（10）车内电气设备发生火灾时，应立即切断电源，并用（　　）迅速将火扑灭。

A. ABC 干粉灭火器　B. 泡沫灭火器

C. 水型灭火器　D. 二氧化碳灭火器

2. 实践考核（40 分）

2006 年 5 月 6 日 22:15，K30 次福州开往洛阳的列车运行至武夷山—横峰间，全列车突然被黑黑的浓烟淹没，能见度不到 1 m，列车长立即使用紧急制动阀停车，停车后发现，列车停留在枫水湾隧道内 K67+900 处，列车长迅速与运转车长联系，立即组织开车，于 22:21 开出，停车 6 min。全列 1 300 多名旅客不同程度地受到烟尘伤害。

要求：（1）说明事故发生的原因和处理情况。

（2）按小组分别说明紧急制动阀、灭火器、消防锤、灭火毯、紧急逃生窗、防火隔断门、乘降梯等列车安全设备的使用时机和使用方法。

具体评分标准如下：

（1）事故原因分析是否正确；（10 分）

（2）列车安全设备是否表达有误；（10 分）

（3）发现问题的处理是否得当；（10 分）

（4）在实训过程中纪律差或不听指导教师指挥、不服从指导教师教育。（10 分）

3. 出勤考核（20 分）

根据出勤情况及课堂表现，获得出勤考核成绩。

要求：缺勤一次扣 5 分，不按时完成任务扣 5 分，课堂表现差扣 10 分。

任务 4.3 铁路客运记录及电报

4.3.1 拟完成工作任务

6 月 11 日，T169 次列车在上海开车 1 h 后，旅客方明持上海至广州硬座特快卧（中铺）A66778 号一张，要求使用卧铺，当时该铺已售出，全程满员，无法安排，需编客运记录给旅客到站退款。客运记录应如何编制？试编制此事件的客运记录。

4.3.2 任务目的

① 掌握铁路客运记录的编制。

② 掌握铁路电报的拍发。

4.3.3 所需资料

① 参考资料：《铁路客运运价规则》《铁路客运运价里程表》《铁路旅客票价表》《全国铁路旅客列车时刻表》《全国铁路客运营业站示意图》《铁路旅客车站建筑设计规范》《铁路旅客运输服务质量规范》等。

② 所需票据、表报：红、蓝色车票样本若干，以及售票交款单、客票售出登记表、票据整理报告等。

4.3.4 相关配套知识

知识点 1 铁路客运记录、电报的应用

1. 认知铁路客运记录

铁路客运记录（以下简称客运记录）是指在旅客或行李、包裹运输过程中因特殊情况，承运人与旅客、托运人、收货人之间需记载某种事项或车站与列车之间办理业务交接的文字凭证。铁路客运记录的填写有如下规定：

① 据实填写，事项齐全：编写的客运记录应内容准确、具体、详细、齐全、完整，如

实反映情况，不得虚构、假想、臆测。如涉及旅客车票时，应有发到站、票号；涉及行李票、包裹票时，除应有发到站、票号外，还应有旅客、发（收）货人姓名、单位、物品品名、数量、重量等，不得漏项。

② 语言简练，书写清楚：记录语言要简明扼要，条理清楚，说明问题。字体要清楚，不得潦草，不写自造简化字。

③ 顺序编号，装册保存：客运记录应有顺序编号，加盖编制人名章。客运记录一式两份，一份交接收人，另一份由接收人签字后铁路部门留存。对留存的客运记录应装订成册，妥善保管，以备存查。

2. 认知铁路电报

铁路电报是铁路部门之间处理铁路紧急公务的通信工具。铁路电报的等级按电报的性质和急缓程度分为以下 6 种。

① 特急电报（T）：指非常紧急的命令、指示，如处理重大、大事故、人身伤亡事故、重大灾害及敌情的电报。

② 急报（J）：指国铁集团、下属公司、铁路局集团公司的紧急命令、指示，时间紧迫的会议通知、列车改点、变更到站和收货人、车辆甩挂、超限货物运行及行车设备施工、停用、开通、限速的电报、国际公务电报及其他时间紧迫的电报。

③ 限时电报（X）：指限定时间到达的电报。根据需要与可能，由用户与电报所商定，在附注栏内填记送交收电单位的时间，如限时 8:30，应写“XS8:30”。

④ 列车电报（L）：指处理列车业务，必须在列车到达以前或在列车到达当时送交用户的电报。

⑤ 银行汇款电报（K）：指银行办理铁路汇款业务的电报，按急报处理。

⑥ 普通电报（P）：指上述五类电报以外的电报。

知识点 2　客运记录的编写范围

1. 列车编写客运记录的范围

① 列车开车后卧铺仍无人使用，列车已将该铺另行出售，持票旅客再来卧车时，列车应尽量安排同等席别的其他铺位；没有空位时，应编制客运记录交给旅客，由到站退还卧铺票价，核收退票费。

② 因承运人责任使旅客不能按票面记载的日期、车次、座别、铺别乘车时，站、车应重新妥善安排，重新安排的列车、座席、铺位低于原票等级时，退还票价差额，不收退票费。在列车上发生时，应编制客运记录。

③ 发生车票误售、误购，应退还票价时，站、车应编制客运记录交旅客，作为乘车至正当到站要求退还票价差额的凭证。

④ 旅客误乘列车或坐过了站，列车交前方停车站免费送回时。

⑤ 旅客丢失车票，另行购票或补票后又找到原票时，列车长应编制客运记录交旅客，作为在到站出站前向到站要求退还后补票价的依据。

⑥ 对无票乘车而又拒绝补票的人，列车长可责令其下车并编制客运记录交县、市所在地车站或三等以上车站处理（其到站近于上述到站时应交到站处理）时。

⑦ 在列车上，旅客因病不能继续旅行，列车长应编制客运记录交中途有医疗条件的车站转送医院治疗时。

⑧ 因铁路责任、致使旅客在中途站办理退票，退还票价差额时。

⑨ 发现旅客携带国家禁止或限制运输的物品、危险品乘车，移交最近前方停车站或有关车站处理时。

⑩ 旅客携带品超过规定范围（危险品除外），无钱或拒绝补交运费，移交旅客到站或换车站处理时。

⑪ 向查找站或列车终到站转送旅客遗失品，与车站办理遗失物品交接手续时。

⑫ 旅客在列车内发生因病死亡，移交县、市所在地或较大车站处理时。

⑬ 列车内发现无人护送的精神病患者，移交到站或换车站时。

⑭ 因意外伤害（包括区间坠车），招致旅客伤亡，移交有关车站处理时。

⑮ 发现违章使用铁路职工乘车证，上报铁路局集团公司收入部门处理时。

⑯ 列车接到行包托运人要求在发站取消托运，将行包运回发站时。

⑰ 列车接到发站行李、包裹变更运输（包括行李误运）电报时，应编制客运记录，连同行李、包裹和运输报单，交前方营业站或运至新到站（需中转时，移交前方中转站继续运送），旅客在列车上要求变更时，同样方法办理。

⑱ 列车上发现装载的行李、包裹品名不符，或实际重量与票面记载的重量不符，移交到站或前方停车站处理时。

⑲ 列车对已装运的无票运输行李、包裹，应编制客运记录，交到站处理时。

⑳ 列车内发现旅客因误购、误售车票而误运行李时，如其托运的行李在本列车装运，应编制客运记录，交前方营业站或中转站向正当到站转运时。

㉑ 行李、包裹在运输途中发生事故，移交到站处理时。

㉒ 其他应与车站办理的交接事项。因货物性质特殊绕路运输或卸下再装，可造成货物损失时，车站应联系托运人或收货人在要求的时间内提出处理办法。超过要求时间未接到答复或因等候答复将使货物造成损失时，比照无法交付货物处理，所得剩余价款（缴纳装卸、保管、运输、清扫、洗刷除污费用后）通知托运人领取。

2. 车站编写客运记录的范围

① 发生误售、误购车票，在中途站、原票到站应退还票价时。

② 将旅客遗失物品向查找站转送时。

③ 旅客在车站发生意外伤害时。

④ 车站向铁路局集团公司收入部门寄送因违章乘车所查扣的铁路乘车票证时。

⑤ 行李、包裹票货分离，需补送行李、包裹或票据时。

⑥ 行李、包裹票货分离，部分按时到达交付，部分逾期时。

⑦ 行李包裹装运后，旅客或托运人要求运回发站取消托运时。

⑧ 行包所在站接到行包变更运输的电报时。

⑨ 车站发现伪报品名的行李、包裹损坏其他行李、包裹时。

⑩ 在中途站、原票到站处理因误售、误购车票而误运的行李时。

⑪ 线路中断，列车停止运行后，鲜活包裹在途中被阻，托运人要求被阻站处理时。

⑫ 在发站或中途站，行李、包裹发生事故或需要说明物品现状时。

⑬ 行李未到，办理转运手续后，逾期到达时。

【例 4.1】旅客生病需移交前方停车站时的处理。

案例描述：某年 8 月 20 日，包头客运段值乘××××次列车定州站开车后，一旅客（男），

40 岁左右，突发急病休克，列车广播找医生医治，未见好转，需要编写客运记录交前方停车站石家庄站处理。

解：填写客运记录，如图 4.2 所示。

呼和浩特铁路局　　　　客统－1

客　运　记　录

第 01 号

记事事由：移交疾病旅客
石家庄站：
8 月 20 日我车定州站开车后，该旅客（男）40 岁左右，突发疾病休克。经我旅客中医生医治未见好转，现移
交你站，送医院抢救，请按章处理。
该旅客姓名、地址不详，携带约 3 岁男孩一名，人民币贰仟元整，提包一个（内装衣服 2 件、食品及洗具品），
并持包头东到安阳客快票一张 A000123 号。

站

注：　　　　包头 段　　　编制人员　××××次列车长（印）

1. 站车需要编记录时均适用。

站

2. 本记录不能用作乘车凭证。　　　段　　　签收人员　　　　（印）

××××年 8 月 20 日

图 4.2　移交疾病旅客的客运记录

知识点 3　发报权限、范围和电报内容限制

1. 发报权限

下列铁路单位和单位负责人（包括同级政工部门）有权拍发电报：

① 国铁集团、国铁集团下属公司、局及其他国铁集团下属单位（包括国铁集团内各局、司，局、院各处及同级单位）；

② 基层单位的站、段、厂、场、院、校、队、所及同级单位和国铁集团、铁路局集团公司的驻在单位；

③ 出差和执行各项列车乘务工作的负责人员；

④ 与运输有直接关系的基层单位所属部门需要拍发电报时，由铁路局集团公司批准。

2. 发报范围

拍发电报只限向全路有线电报通信网能够通达的范围内：

① 国铁集团（包括内设各局级单位）及直属单位发报范围不限；

② 各铁路局集团公司可发至全路各同级单位，但不得发全路各站段；

③ 其他单位只能发至本局和外局有关单位；

④ 基层单位不得向所属车间、工区、班组拍发电报，特殊情况需要拍发时，由铁路批准；

⑤ 发给路外单位和铁路出差、乘务人员的电报，必须指定能够代其负责收转的铁路单位，但不得指定电报所。

3. 电报内容限制

拍发电报时，电文涉及的事项必须是工作范围的内容。如遇下列情况，不准拍发电报：

① 处理个人私事（由组织领导上处理个人问题不在此限）的电报；

② 已经有文电的重复通知；

③ 挑战书、应战书、倡议书、感谢信的电报；

④ 公用乘车证丢失声明的电报；

⑤ 由于工作不协调，互相申告（执行列车乘务工作的负责人，在列车运行中向上级领导汇报列车运行中发生的问题不在此限）的电报；

⑥ 报捷、祝贺、吊唁（铁路局集团公司及以上单位或负责人不在此限）的电报；

⑦ 推销产品、书刊及广告类的电报；

⑧ 执行列车乘务工作的负责人，在同一区段内，不得重复拍发同一内容的电报。

4. 使用铁路电报的注意事项

① 拍发电报必须使用铁路电报纸。

② 编拟电报稿应使用规定的文字、符号、记号（即汉字及标点符号，汉语拼音字母，阿拉伯数字，规定有电报符号的记号和能用标准电码本译成四码的记号和字母），收电单位明确，电文通顺，文字力求简练，标点符号完整，字体清晰，并在原稿上填写拟稿人姓名和电话号码。

③ 电报稿左上角应有收、抄报单位，右下角有发报单位本部门电报编号、日期，并应加盖公章、名章或签字。

5. 列车电报拍发范围

旅客列车遇有下述情况时，列车长应拍发电报：

① 因误售、误购车票而误运行李，行李又未在本列车装运，列车通知原到站向正当到站转运时；

② 列车超员，通知有关部门和前方停车站采取控制客流措施时；

③ 列车行包满载，通知前方有关停车营业站停止装运行包时；

④ 遇有特殊情况，列车途中发生餐料不足，通知前方列车（客运）段补充餐料时；

⑤ 餐车电冰箱发生故障，通知前方列车（客运）段或车站协助加冰时；

⑥ 列车在中途站因车辆发生故障甩车或空调车发生故障不能修复，通知前方各停车站并汇报有关上级部门时；

⑦ 列车广播设备中途发生故障，通知前方广播工区派员前来处理时；

⑧ 专运等列车在中途站临时需要补燃料（煤、油等），通知前方列车段或客运段补充时；

⑨ 列车运行中因发生意外伤害，招致旅客重伤或死亡，应立即向有关铁路局集团公司、车务段（中心站）拍发事故速报时；

⑩ 列车发生或发现重大行包事故后，应立即向国铁集团和有关铁路局集团公司拍发事故速报时；

⑪ 站、车之间办理行李、包裹交接时，接收方未按规定签收，但双方对装卸的件数、包装等情况产生异议，向当事站拍发电报声明时；

⑫ 列车内发生运输收入现金、客票票据丢失、被盗和短少等事故，向铁路局集团公司收入部门和公安部门报案，通知有关单位协助查扣时；

⑬ 列车发生爆炸、火灾及重大刑事案件等突发事件，须迅速报告上级部门处理时；

⑭ 列车上发生旅客食物中毒，向所属铁路局集团公司或前方铁路疾控所报告时；

⑮ 遇其他紧急情况，需要迅速报告时。

6. 车站电报拍发范围

车站遇到下述情况时，应拍发电报：

① 车站发现少收票款时；

② 到站发现少收票款时；

③ 线路中断列车停止运行后，向上级汇报时；

④ 因发生意外伤害，招致旅客重伤或死亡时；

⑤ 发生票货分离、票货不符，需查找下落时；

⑥ 发生票货分离、顶件运输，需声明纠正时；

⑦ 行李、包裹装运后，托运人要求变更到站时；

⑧ 行李、包裹装运后，托运人要求运回发站取消托运时；

⑨ 中途站发现行李、包裹中有国家禁止或限制运输的物品和危险品时；

⑩ 到站发现伪报一般货物品名时；

⑪ 到站发现重量不符，补收运费差额后，需通知发站和主管铁路局集团公司收入部门时；

⑫ 到站发现重量不符，退还运费差额后，需通知发站和主管铁路局集团公司收入部门时；

⑬ 站、车对装卸的行李、包裹，因故未办理交接手续时；

⑭ 到站查询逾期未到的行李、包裹时；

⑮ 车站对查询逾期行李、包裹电报的复电；

⑯ 列车遇特殊情况在中途站向车站借票时，列车长应与车站办理借票手续，出借票据的车站应发电报向有关收入部门、站段报告借票情况时。

【例 4.2】列车超员电报。

案例描述：2018 年 12 月 5 日，包头客运段值乘的包头至广州的 K598/9 次列车，编组 18 辆，其中 XL 车 1 辆，YW 车 9 辆（残疾车定员 57，其余定员 66），RW 车 1 辆，CA 车 1 辆，YZ 车定员 118 人的 3 辆、定员 112 人的 1 辆、定员 106 人的 1 辆。列车集宁南站上大批民工造成列车严重超员，列车硬座现有 1 020 人，北京西以远 490 人，请列车根据实际情况拍发电报。

解：列车长拍发的铁路电报如图 4.3 所示。

<table>
<tr><td colspan="8">铁路传真电报
签发　　　　会签　　　　核稿　　　　拟稿人
电话</td></tr>
<tr><td>发报所名</td><td>电报号码</td><td>等级</td><td>受理日</td><td>时分</td><td>受到日</td><td>时分</td><td>值机员</td></tr>
<tr><td></td><td></td><td></td><td></td><td></td><td></td><td></td><td></td></tr>
<tr><td colspan="8">主送：大同—北京西 K598/9 次列车各停车站</td></tr>
<tr><td colspan="8">抄送：国铁集团客运部，呼和浩特局集团有限公司客运部，包头客运段，大同—北京西所属管辖局集团有限公司客运部</td></tr>
<tr><td colspan="8">2018 年 12 月 5 日 K598/9 次列车，集宁南站开车后，列车硬座标记定员 572 人，车内现员 1 020 人，列车超员率已达 78%，其中北京西以远 490 人。请大同—北京西本次旅客列车各停车站接电后，停售、停剪本次列车硬座车票。</td></tr>
<tr><td colspan="8"></td></tr>
<tr><td colspan="8">呼局 XXX 包客段
K598/9 次列车列车长</td></tr>
<tr><td colspan="8">2018 年 12 月 5 日于丰镇站</td></tr>
</table>

受理　　　　检查　　　　总检

图 4.3　超员铁路电报

4.3.5 任务考核

1. 理论考核（30 分）

该部分通过完成以下习题，获得理论考核成绩。

（1）试述铁路客运记录的编写范围。（15 分）

（2）试述铁路电报的拍发范围。（15 分）

2. 实践考核（50 分）

（1）某年 6 月 11 日 K82 次在漯河站开车，在 5 号车发现一名旅客精神病突然发作，通过列车长与乘警核实，发病旅客无人陪同，持有广州至西安硬座快票 C367124 号一张。假如你是 K82 次列车长，试编制客运记录。

（2）某年 6 月 11 日 K36 次郴州站开车，在 13 号车旅客张光突然晕倒，经广播找医生诊断为心脏病复发，急需下车治疗，旅客持广州至永州硬座客快联合票，票号 E33452。假如你是 K36 次列车长，试编制客运记录。

（3）某年 6 月 5 日广州至上海南 T170 次鹰潭开车严重超员（实际定员 576，现车内人数 1 020。其中上饶下车 22 人，衢州下车 26 人，金华下车 34 人，杭州下车 138 人，上海下车 800 人），请各站按固定票额掌握售票。假如你是 T170 次列车长，试编制客运记录和电报。

具体评分标准如下：

（1）票据填写是否正确。（20 分）

（2）办理依据是否正确。（20 分）

（3）在实训室实训过程中纪律差或不听指导教师指挥、不服从指导教师教育。（10 分）

3. 出勤考核（20 分）

根据出勤情况及课堂表现，获得出勤考核成绩。

要求：缺勤 1 次扣 5 分，不按时完成任务扣 5 分，课堂表现差扣 10 分。

任务 4.4 非正常情况下的应急处理

4.4.1 拟完成工作任务

××××年 3 月 5 日，由郑州局客运公司襄樊分公司担当乘务的宜昌—广州 1357 次旅客列车 11:11 进入石湾站 3 道停车，因接触网故障造成列车大面积晚点，1357 次列车在石湾站滞留 3 h。14:24 部分旅客违反《铁路旅客运输规程》第 9 条的规定，不遵守规章制度，不听从列车和车站工作人员的劝阻，越过站台安全线，侵入线路，因躲避不及，被通过的 K253 次列车刮碰，当场死亡 6 人，伤 6 人（其中送医院途中死亡 1 人，送医院抢救无效死亡 1 人），构成重大旅客意外伤亡事故。试说明遇到这种情况应该如何处理及处理的依据是什么。

4.4.2 任务目的

① 掌握动车组列车发生火灾、爆炸等非正常情况下的应急处理原则和处理预案。

② 培养学生非正常情况下的应急处理能力。

4.4.3 所需资料

（1）参考资料：《铁路客运运价规则》《铁路客运运价里程表》《铁路旅客票价表》《全国铁路旅客列车时刻表》《全国铁路客运营业站示意图》《铁路旅客车站建筑设计规范》《铁路旅客运输服务质量规范》等。

（2）所需票据、表报：红、蓝色车票样本若干；售票交款单、客票售出登记表、票据整理报告等。

4.4.4 相关配套知识

知识点 1　线路中断后的应急处理

1. 应采取的措施

由于自然灾害、行车事故或其他原因，致使线路中断，列车不能继续运行时，应采取下列应急措施。

① 站、车工作人员应将造成线路中断的灾害原因、灾害概况、影响程度等情况调查了解清楚，并将采取的对策，一并详情上报。

② 站、车工作人员对掌握的灾害情况，应通过广播向旅客做好通报、解释、安抚工作，稳定旅客情绪，维护好站、车秩序。

③ 车站站长应及时召开会议，成立滞留旅客安置领导小组，妥善安置被阻旅客，列车长也应及时召开“三乘”会议，分工负责，采取措施，确保旅客人身及财物安全。

④ 列车停运时，站、车工作人员应热情周到地搞好服务，安排好旅客餐茶、食品供应，以及帮助特殊旅客解困。必要时，向地方政府报告，请求援助。

⑤ 线路中断，预计不能及时修复通车时，事故发生局应向国务院铁路主管部门请求命令后向全路发出停办到达和经过中断区段客运业务的电报，以免大量客流的涌入，造成更大的被动。

2. 对旅客及行包的安排

1）对旅客的安排

列车停止运行后，应按下列规定安排已购买车票的被阻旅客。

① 在停运站或被阻列车上时，在车票背面注明“原因、日期，返回××站”作为免费返回发站或中途站退票、换车、延长有效期的凭证。如旅客在发站或一个中途站等候继续旅行时，在通车 10 d 内可凭原票重新签证恢复旅行。在返回途中自行下车，运输合同终止。

② 铁路组织列车绕道运输，组织原列车绕道时，原票有效；组织换车绕道时，注明“因××原因绕道××站乘车”，并加盖站名戳。绕道变座、变铺时（铁路责任按铁路原因变座、变铺），对应补票的要补变更区间票价差额，不足起码里程按起码里程计算；对应退票的要退变更区间票价差额，不足起码里程票价不退。绕道过程中，旅客中途下车时，运输合同终止。旅客自行绕道，按变径办理。

③ 在停止旅行站（或中途站）退票时，退还已收票价与发站至停止旅行站间票价的差额，发站至停止旅行站不足起码里程按起码里程计算（铁路责任退全部票价）。

④ 线路中断后旅客买票绕道乘车时，按实际径路计算票价。

⑤ 旅客索取线路中断证明时，由车站出具文字证明，加盖站名戳。

2）对行包的安排

① 未装运及由中途运回发站时，收回行李票、包裹票，在旅客页和报单页“记事”栏

注明“线路中断，取消托运”，填写“退款证明书”，退还全部运费，并将收回的行李票、包裹票附在“退款证明书”报告页中上报。

② 已运至到站要求返回发站的行李，运费不退。在行李票报销单加盖“交付讫”戳，在“记事”栏注明“线路中断，已运至到站的行李返回，运费不退”交旅客报销。

③ 在中途站领取时，收回行李票、包裹票，填写“退款证明书”，退还已收运费与发站至领取站间运费差额。不足起码里程按起码里程计算。在旅客页、报单页“记事”栏注明“线路中断，中途提取”，附在“退款证明书”的报告页中上报。

④ 在发站（或中途站）停止旅行，要求行李仍运至原到站，补收全程（或终止旅行站至到站）的行李和包裹的运费差额。

⑤ 包裹变更到站，补收（或退还）已收运费与发站至新到站的运费差额。不足起码里程按起码里程计算。在“客杂”（或退款证明书）“记事”栏注明“因××线路中断，变更到站”。

⑥ 鲜活包裹被阻，返回发站或变更到站按上述有关规定处理。要求承运人在中途处理时，退还已收运费与发站至处理站间（不足起码里程按起码里程计算）的运费差额和物品处理所得款。

⑦ 组织行李、包裹绕道运输时，应在行李单、包裹单“记事”栏注明“线路中断，绕道运输、被阻×日”并加盖站名戳，原车绕道时加盖列车行李员名章，到站根据实际运输里程加上被阻日数计算运到期限。

⑧ 线路中断后承运包裹，经铁路局集团公司批准，按实际径路计算运费。

【例 4.3】因水害致列车绕道引发改乘的办理。

案例描述：某年 6 月 10 日，一旅客持锦州至北京的硬座客快车票乘坐 2544 次列车（经由津），因塘沽—天津间水害，铁路组织原列车绕道京秦线至北京，该旅客自山海关站起要求改乘软卧。列车应如何处理？

解：处理过程：因塘沽—天津间水害，铁路组织原列车绕道京秦线至北京，旅客要求自山海关站改乘软卧。铁路组织列车绕道运输，原票有效。组织换车绕道时，注明“因××原因绕道××站乘车”，并加盖站名戳。绕道变座、变铺时（铁路责任按铁路原因变座、变铺），对应补票的要补变更区间票价差额，不足起码里程按起码里程计算；对应退票的要退变更区间票价差额，不足起码里程票价不退。

票价计算如下：

① 原票：锦州 $\underline{\text{津}}$ 北京：623 km；
硬座客快票价：43.00 元。

② 变座补卧：山海关 $\underline{\text{京秦线}}$ 北京：315 km；
软座票价：36.00 元；
硬座票价：20.00 元；
软硬座票价差：36.00−20.00=16.00（元）；
软卧（下）票价：53.00 元；
手续费：5.00 元。

③ 应补收：16.00+53.00+5.00=74.00（元）。

知识点 2 CRH 列车客运系统应急预案

1. 站、车非正常情况的范围

① 列车发生火灾爆炸。

② 列车临时变更进入非专用站台。

③ 列车进入无电区或动车弓网故障。

④ 线路中断及列车晚点时间较长。

⑤ 列车上发生鼠疫、霍乱以及国务院确定并公布的其他传染病等重大疫情。

⑥ 旅客出现集体食物中毒。

⑦ 车站微机售票系统故障，车票无法发售。

⑧ 车站引导系统故障。

2. 处置原则

动车组旅客列车具有高速运行的特点，一旦发生火灾爆炸、旅客食物中毒及其他非正常情况，必须坚持“站车协同、以站保车、快速反应、先行处置”的原则，统一领导，集中指挥，分工协作，按章处理，把旅客生命、财产损失降到最低限度。

3. 处置程序

1）列车发生火灾、爆炸

（1）动车组发生初起火情时的处理程序

① 动车组运行中火灾报警装置报警时，司机应立即确认显示报警的部位，启动紧急联络装置，通知车长和乘务员到报警部位进行人工确认；乘务室值守人员发现火灾监控器上报警时，应立即确认显示报警部位，启动紧急联络装置，通知车长和其他乘务员或自己到报警部位进行人工确认。

② 乘务员接到火灾确认指令或接到列车有冒烟起火情况报告后，应立即前往报警部位，就近取下并携带灭火器，寻找起火冒烟点。发现火情立即使用灭火机对准火苗根部或冒烟处喷射扑救，直至扑灭为止，同时要稳定旅客情绪，组织旅客向相邻车厢疏散，并用车上对讲通信电话报告司机、车长。若经仔细检查未发现火情时，检查人亦应立即用通信电话回复司机检查情况并报告车长，做好记录。

③ 司机接到确认起火信息后，应启动火灾通风模式和通道阻火门火灾自动关闭模式，停止该车正常空调和通风，用广播向冒烟车厢下达旅客疏散指令，关闭阻火门，切断该车厢非动力电源，并降低车速平稳运行，同时向前方站报告。

④ 车长、随车机械师接到报警后，应立即赶到现场判断火情，扑灭冒烟起火险情。确认已起明火时，应启动动车组火灾应急处置预案，指挥组织扑救。冒烟起火险情被扑灭后，列车长、乘警、随车机械师要对冒烟起火部位进行认真、全面的检查，确认火已完全熄灭不会复燃，确保安全。此时，车长应告知司机、前方站、调度等有关单位解除险情，并布置乘务员继续对冒烟起火部位进行观察，直至终点站。

（2）动车组火灾不能立即扑灭，严重威胁行车和旅客人身安全时的应急处置措施

① 立即停车：动车组乘务人员发现并确认火灾，采取扑救措施不能扑灭，火灾呈蔓延趋势时，应立即按下紧急停车按钮或者扳下紧急制动手柄紧急制动列车（停车时应避开桥梁、隧道、人口稠密区和重要建筑物、危险化学品场），将列车停在安全地带，并报告车长、司机。

② 疏散旅客：动车组发生火灾时，不管是初起火情还是猛烈火灾，乘务人员均应迅速口头宣传和通过报告司机使用广播宣传，稳定旅客情绪，组织起火车厢的旅客向临近车厢疏散；要防止旅客盲目打破车窗玻璃跳车发生意外。

③ 迅速扑救：车长接到火灾报告，应立即组织指挥乘务人员和志愿参加扑救的旅客使用车上的灭火器材进行扑救，同时要防止发生旅客跳车、趁火打劫等意外事件。乘务人员在

报告的同时，应立即采取击碎乘务间门口的红色断电按钮的方式或报告司机或由随车机械师远程控制切断起火车厢电源。

④ 阻断火源：乘务人员确认火灾后，应立即报告司机启动空调系统和通道阻火门的火灾模式，排除烟气，防止火势通过空调风道和通过台蔓延。同时，在非不得已情况下不要击破车窗玻璃，旅客疏散后应尽量关闭车门，以免大量空气进入，助长火势。

⑤ 设置防护：停车后，司机和随车机械师要迅速设置防护。

⑥ 报告救援：司机接到确认的火情后，要尽快向行车调度报告事故情况，继续运行时要请求前方站启动应急预案，做好救援准备，被迫区间停车时要请求派力量救援。报告内容要简明扼要，车次、时间、地点、火势情况要报告清楚。火情紧急时，列车长、乘警应迅速向当地政府请求救援。

⑦ 抢救伤员：在疏散旅客、迅速扑救火灾的同时，如有被围困或受伤人员，应立即抢救。

⑧ 保护现场：在扑救火灾的同时，要注意保护好现场。列车乘务、乘警人员要采取多重措施做好宣传工作，稳定群众情绪，维持秩序，以免发生混乱。

⑨ 协助查访：乘务人员应积极协助公安机关调查事故情况，提供线索。

⑩ 认真取证：公安乘警应尽可能了解火灾事故情况，调查取证，为现场勘察、认定火灾原因创造条件。

（3）疏散旅客的应急处理原则

① 在火情初起时，应组织旅客向安全车厢疏散。严禁在未做好防护的情况下，擅自打开车门让旅客下车，防止旅客跳车、串车。防止意外事故发生，为事后查明情况创造条件。

② 在火情紧急的情况下，停车后列车乘务员应迅速做好防护措施，组织旅客下车，并引导至安全地带。

③ 疏散旅客时，为防止邻线开来的列车撞伤旅客，应根据列车运行方向选择开放边门。

④ 在电网未停电前，列车乘务员应严格遵守电气化区段行车组织作业安全办法和人身安全有关规定，并向旅客做好宣传。

⑤ 列车长应指挥列车乘务员做好各项稳定工作，并及时向上级有关部门汇报，做好旅客转乘。

（4）车站接到启动扑救动车组火灾预案命令后的工作程序

沿线各站应制订接到扑救动车组火灾的应急预案，按规定设置消防车进站通道，准备好消防给水设备、消防设施、医疗救护设施，并组织车站和相关单位职工定期进行演练，做好扑救旅客列车火灾的准备。

在接到扑救动车组火灾工作后，要有序做好以下工作。

① 立即通知应急处置领导小组，启动火灾爆炸应急处置预案，做好灭火、抢救伤员、打开疏通安全防火通道、引导救援部门灭火的准备工作。

② 向上级部门汇报，反馈现场扑救准备工作情况，根据上级指示完善各项救援准备工作。

③ 站长指挥调度按预案以最快捷、最有利于扑救的方案接入起火动车组。

④ 按照应急预案小组分工，分头做好协助动车组打开车门，将疏散下车的旅客安置到候车室和安全地带避险，全力抢救伤员，动用车站的人力、物力全力扑救列车火灾。

⑤ 动车组停靠在低站台需要往车下疏散旅客时，站台客运人员应与乘务人员加强联系，提醒、引导旅客，防止摔伤。在车站疏散旅客时，应尽量向有站台的方向疏散旅客，避免旅客在股道间行走，防止发生意外。

⑥ 灭火后，继续协助医务人员抢救伤员，处理伤员的善后事宜，必要时为旅客提供餐饮、配餐，为受阻旅客办理改签、退票等事宜。

2）列车临时变更进入非专用站台

① 动车组列车原则上在靠有高站台的股道内接发和组织旅客乘降。因故无法将动车组接入高站台股道时，车站信号楼应提前通知客运广播室。

② 广播室立即向客运主任（值班干部）和客运值班员汇报，同时进行广播。

③ 客运主任（值班干部）须立即到达现场指挥，并调配人员加强站台力量。迅速将移动楼梯搬置车门处，组织旅客安全有序乘降。

④ 广播室要加强对站台的广播，提醒旅客注意上下车安全，站台客运人员要扶老携幼，加强对特殊旅客的照顾，防止发生意外，同时做好宣传解释工作。

3）列车进入无电区或动车弓网故障

① 全列车听从司机的统一指挥，按司机给出的信号或指示执行。

② 区间停车时，随车机械师在司机指挥下处理有关列车防护和事故救援等工作。

③ 列车长应及时与司机、随车机械师联系，及时掌握列车状况。

④ 列车加强广播宣传，提醒旅客注意事项，及时锁闭厕所，注意保持车内风管压力。

⑤ 列车长、列车员要加强车内巡视，对重点旅客进行重点照顾。

⑥ 当列车停电发生闷车时，列车长应及时与司机、机械师联系，使用手动开门装置开启部分车门，保持车内空气流通，同时做好车门防护，严禁旅客下车。

⑦ 遇需要组织旅客疏散、转乘时，列车长、列车员应使用手动紧急开门装置，打开边门并做好防护，组织旅客有序疏散到安全地带或转乘。

4）线路中断及列车大面积晚点

① 车站应迅速启动应急预案，组织客运、公安人员迅速到岗，维持好站台和候车室秩序。

② 车站应及时了解售票和旅客滞留情况，立即向铁路局集团公司（国铁集团）客运调度和运输处、客运处汇报，同时将滞留原因和具体情况通告相关列车。

③ 车站要积极做好旅客饮食供应工作，合理有序安排候车能力。同时安抚旅客情绪，做好宣传解释工作。

④ 有旅客大量滞留时，立即疏散旅客，组织旅客安全、迅速、有序地撤离站台、候车室等地方，防止旅客发生挤、踩事件。

⑤ 加强广播宣传及列车运行信息公告，积极有序地为旅客办理退票、改签等工作。

⑥ 积极配合滞留站内列车维护好车内秩序，必要时与列车长一起将车上旅客疏散到车站安全地带。

⑦ 列车要积极做好旅客饮食供应工作，需要车站支援时，向铁路局集团公司（国铁集团）客运处汇报，并做好宣传解释工作，安抚旅客情绪。

【例 4.4】因线路中断列车绕道引起的旅客改乘办理。

案例描述：某年 8 月 10 日因石德线水害线路中断，铁路组织 K374/K371 次新型空调车绕道经石家庄、郑州、徐州去上海。一旅客持本次列车太原经德州到上海的空调硬座半价客快票，要求自石家庄开始使用硬卧，5 车下铺 3 号有空铺，列车长同意办理，办理时发现该旅客的减价凭证无效。应如何办理？

解：列车长处理方法如下。

① 按原径路处理减价不符，补收票款：

太原$\overset{（经石、德）}{\overline{\qquad\qquad}}$上海运价里程：1 489 km；

已收空调半价硬座票价：78.00 元；

应收空调全价硬座客运票价为：156.00 元；

补收差价：156.00－78.00=78.00（元）；

加收 50%的票款：78.00×50%=39.00（元）；

应补收减价不符票价：78.00+39.00=117.00（元）。

② 按绕道径路里程核收卧铺票价：

石家庄$\overset{经郑、徐}{\overline{\qquad\qquad}}$上海运价里程：1 410 km；

硬卧（下）票价：144.00 元；

手续费：5.00 元；

合计：117.00+144.00+5.00=266.00（元）。

【例 4.5】车站对绕道列车的车票改乘处理。

案例描述：某年 3 月 5 日，京广线元氏到陈庄间线路中断，石家庄站组织 L290 次经衡水、商丘至郑州。石家庄站一旅客持 3 月 4 日北京西至长沙站的硬座普快联合票（A006538，票价 91.00 元），要求乘 L290 次软卧至郑州，如软卧 6 车 3 号有空铺。列车长应如何处理？

解：列车长正确处理方法如下。

① 票价计算：

石家庄$\overset{（经衡、商）}{\overline{\qquad\qquad}}$郑州运价里程：724 km；

软座客票价：77.00 元；

硬座客票价：39.00 元；

软硬座客票价差：77.00－39.00=38.00（元）；

软卧下铺票价：84.00 元；

合计：38.00+84.00=122.00（元）。

② 填写代用票，如图 4.4 所示。

A 000000　　北京铁路局

事由	变卧座

代　用　票

××××年　3月　5日乙(旅客)

原票	种　别	日　期	年　月　日	座　别	硬
	客快	号　码	A006538	经　由	
		发　站	北京西	票　价	91.00
		到　站	长沙	记　事	
自　石家庄　站至　长沙　站				经由衡、商、郑	
				全程　1 622 千米	
加收　至　间				票价	
补收　石家庄至郑州　软硬座票价差					
限乘当日第L261次列车				客票票价	／
于　3　月　8　日到达有效				快票价	／
座　别	人　数			下卧票价	84.00
软硬	全　价	壹		手续费	／
	半　价	#			／
	儿　童	#		合　计	122.00
记事	原票收回，线路中断，铁路组织L290绕道运输，6车3号，身份证130~513，软卧郑州止				

京 ………段第…………次列车长…………………… 印

石家庄站售票员………… 印

注意事项　① 核收票价与剪断线不符时，按无效处理(不足10元的除外，超过千元的保留最高额)。②撕角、补贴、涂改无效。　A 000000

9 8 7 6 5 4 3 2 1 拾元　9 8 7 6 5 4 3 2 1 佰元　9 8 7 6 5 4 3 2 1 仟元

A 000000

图 4.4　列车代用票填写式样

5）列车上发生鼠疫、霍乱及国务院确定并公布的其他传染病等重大疫情

① 列车长必须采取最快通信方式向前方停车站或当地卫生防疫部门报告，并报告上级主管领导。

② 需尽快停站抢救时，列车长向铁路局集团公司（国铁集团）客运调度请示在最近的具备医疗抢救条件的车站停车。客运调度通知停车站做好准备工作，停车站立即启动相关应急预案。

③ 列车对传染病人、疑似病人和密切接触者立即实施隔离，并紧急疏散其他旅客。

④ 列车须封锁已经污染或者可能污染的区域，采取禁止向外排放污物等有关卫生

处理措施。

⑤ 列车在指定的停车站将传染病人、疑似病人和密切接触者以及其他需要跟踪观察的旅客及名单移交车站及卫生防疫部门。

⑥ 站、车积极配合赶赴现场参加紧急救治的医疗单位和防疫部门开展工作。

6）旅客出现集体食物中毒

① 列车长必须采取最快通信方式向前方停车站或当地卫生防疫部门报告，并报告上级主管领导。

② 需尽快停站抢救时，列车长向铁路局集团公司（国铁集团）客调请示在最近具备医疗抢救条件的车站停车。客调通知停车站做好准备工作，停车站立即启动相关应急预案。

③ 立即封闭列车现场，封存所有可疑食品、食具，以待卫生防疫人员检验。

④ 列车工作人员应收集中毒病人吐泻物、残留食物及食具并妥善保管，供卫生人员检验。

⑤ 尽量将中毒病人集中安置，并尽力组织，开展抢救工作。

⑥ 在指定的停车站，当医疗卫生人员到达现场时，车站应立即协助转送病人。

⑦ 站、车应配合卫生防疫人员开展食物中毒调查，积极提供有关线索，并协助做好中毒食品或疑似中毒食品的无害处理和销毁工作。

7）车站微机售票系统故障，车票无法发售

微机售票系统故障是指客票系统的硬件设备（包括网络）、系统软件、应用软件发生故障，或系统遭受外部侵害而影响客票系统正常运行的事件。

① 发生客票系统故障，不能进行正常的微机售票时，售票值班员须马上报告售票车间值班干部和电算室机房值班人员。售票员在窗口耐心回答旅客的询问，稳定旅客的情绪，不与旅客发生冲突。

② 机房值班人员必须及时对故障程度进行确定，对可能恢复需要的时间做出初步估计。在基本不影响售票的情况下，须尽快处理好，确认 10 min 内不能处理完毕时，应立即向售票车间值班干部和车站值班室汇报，同时报告当地电算部门及铁通公司维护部门。

③ 售票车间值班干部接到售票系统故障报告并确认在 10 min 内不能处理完毕时，应立即向车站值班室报告。

④ 车站值班室接到售票车间值班干部的报告后，应立即向应急领导小组汇报，并向铁路局集团公司信息技术所、客运处客票管理所报告，同时启动应急预案，组织各窗口发售代用票。另布置客运等部门开通绿色通道，允许旅客上车补票。当客票系统中断 30 min 还没有恢复时，车站值班室还要向公安处值班室、铁路局集团公司值班室汇报。

⑤ 信息技术部门立即对故障现象进行分析，迅速找出故障点，分清属地区中心故障还是车站售票系统故障，及时采取有效措施，排除出现的故障，恢复客票系统正常运行。必要时报国铁集团客票系统总体组、有关厂家和代理商寻求技术支持。

⑥ 若涉及联网通道，由铁路局集团公司（国铁集团）电务处协助信息技术部门对故障现象进行排查，属联网通道问题时应及时通知铁通公司，采取有效措施，快速排除故障，恢复联网通道畅通。

⑦ 当出现 60 min 内无法恢复的重大故障，需启用应急备份方案时，车站必须报请铁路局集团公司（国铁集团）信息技术所、客运处批准，及时通报所属公安处值班室，当铁路局集团公司（国铁集团）中心数据库系统出现重大故障需启动应急备份方案时，必须报请铁路

局集团公司（国铁集团）主管运输副局长（副总经理）和工程师批准。

⑧ 停电导致客票系统中断，不能进行正常微机售票时，比照办理。

8）车站引导系统故障

① 遇有车站引导系统故障时，客运工作人员应立即向车间值班干部、车站值班室汇报。车站值班室应立即通知相关部门进行抢修，同时启用车站应急方案。

② 客运值班干部应及时赶至现场指挥，并抽调人力在候车大厅设立引导岗，引导旅客候车。

③ 车站候车室应使用其他形式的揭示牌，广播室加强广播宣传，客运员积极引导，以确保旅客正常的候车秩序。

④ 车站应在离开进站上车的专用地道、天桥处设置临时引导标志。客运员负责在地道、天桥与站台连接处引导旅客上车。

⑤ 车站广播室加强列车信息的公告，积极配合客运员正确引导旅客乘车，确保正常候车和乘降秩序。

4.4.5 任务考核

1. 理论考核（30 分）

该部分通过回答以下问题，获得理论考核成绩。

（1）旅客在候车期间或者在列车上发生急病、死亡，应如何处理？（15 分）

（2）线路中断后如何处理？（15 分）

2. 实践考核（50 分）

每 5 位同学分为一组，按照旅客在列车上发生急病的处理过程模拟列车员、列车长、客运值班员等岗位工作内容进行演练并录制视频。

具体评分标准如下：

（1）岗位工作任务模拟有误或经提示；（20 分）

（2）办理程序有误（如漏程序、程序颠倒、多程序）；（20 分）

（3）在实训室实训过程中纪律差或不听指导教师指挥、不服从指导教师教育。（10 分）

3. 出勤考核（20 分）

根据出勤情况及课堂表现，获得出勤考核成绩。

要求：缺勤 1 次扣 5 分，不按时完成任务扣 5 分，课堂表现差扣 10 分。

项目 5　旅客运输计划编制

【项目描述】

本项目主要讲述旅客运输计划的意义、种类及特点，客流的形成及分类，旅客列车分类及车次编定，客流的组成规律及主要特点，客流调查范围和方法，客运量预测及客流计划的编制，旅客列车重量、速度、运行区段和行车量的确定，旅客列车运行方案、时刻表和编组表的编制，旅客列车车底需要数的确定；票额分配计划及旅客输送日计划的编制，站、车客流信息传报工作，客调的基本任务、责任及日常工作。

【知识目标】

① 客流的形成及分类，旅客列车的分类及车次的编定。

② 旅客列车运行区段及行车量的确定，旅客列车方案图的编制原则及方法，客调的基本任务、责任及日常工作。

③ 乘车人数通知单和列车旅客密度表的填报方法。

【能力目标】

① 掌握客流调查、客运量预测的方法和技能。

② 会依据资料绘制客流图并确定旅客列车运行区段和开行对数，会根据旅客列车运行方案编制时刻表、编组表和车底需要数的计算，掌握旅客列车定员的计算方法。

③ 具备旅客输送日计划的编制、执行和考核的能力。

任务 5.1　旅客运输计划概述

5.1.1　拟完成工作任务

通过本任务的学习，回答以下问题：

① 客流是怎么形成的？

② 旅客列车如何分类及其车次如何确定？

③ 大多数旅客列车的车次由 1 位字母和 1～4 位数字组成，字母 G、C、D、Z、T、K、L、Y、F 在车次中是怎样的读法？

5.1.2 任务目的

① 能够根据列车代码看出列车分类及性质。

② 能够正确读出列车车次。

5.1.3 所需资料

列车车次编定表。

5.1.4 相关配套知识

知识点1 旅客运输计划的种类及特点

1. 旅客运输计划的分类

1）根据执行期间分类

旅客运输计划，根据执行期间的不同，可分为下列三种。

（1）长远计划

长远计划一般为 5 年、10 年或更长时间的规划，它是铁路旅客运输的发展计划，通常根据国民经济计划期间（如五年计划）进行编制，主要是规定旅客运输的发展方向、技术政策、速度、重量及有关的主要指标。

（2）年度计划

年度计划根据长远计划，结合年度具体情况编制，是旅客运输的任务计划。

年度计划是确定旅客列车行车量和客运机车车辆需要量以及客运设备改建、扩建的主要依据，在年度计划中，一般还包括各季度的分配数字。

（3）日常计划

日常计划是根据年度计划任务，考虑假期、季节及日常波动情况而编制的，是指导日常旅客运输的工作计划。在日常计划中，还根据各站所提报的日计划，按照各次旅客列车的运输能力，对各站、各区段的客流，进行统一平衡和调整，以保证旅客运输任务的完成和旅客列车容量的充分利用。

2）根据组织形式分类

旅客运输计划，按其组织形式又可分为客流计划、技术计划、日常计划三种。

2. 旅客运输计划的特点

旅客运输计划与货物运输计划相比较，具有以下特点：

① 计划期内人们提出的旅行需要，运输部门不能拒绝，不能延期或提前，必须及时满足；

② 旅客要求的乘车径路和到达地，不能像货流那样可以在全国范围内根据产销合理联系的原则进行调整；

③ 铁路输送旅客的能力及客运机车车辆的工作量，决定了旅客运输计划的时间并不一致，从而增加了综合平衡的复杂性；

④ 作为铁路运输主要产品之一的旅客运输（即人的位移），对质量的要求比货物运输更高、更严。

知识点 2　客流和旅客列车分类

1. 客流的形成及分类

1）客流的形成

客流是指铁路某一方向上、一定时间内旅客的流量和流向，它由旅客运输的数量、行程和方向构成。在我国，客流主要由生产上和生活上的旅行需要所形成。

2）客流的分类

铁路为了合理地组织旅客运输和确定旅客列车的运行区段和种类，按旅客的乘车距离和铁路局集团公司管辖范围，一般将客流分为以下两种：

① 直通客流指旅客乘车距离跨及两个及其以上铁路局集团公司的；

② 管内客流指旅客乘车距离在一个铁路局集团公司范围以内的。

2. 旅客列车分类及列车车次

1）旅客列车分类

为满足客流的不同需求，结合铁路线路等技术设备条件，铁路开行了不同种类、不同等级的列车，目前，旅客列车分为以下 10 种。

① 动车组旅客列车 CRH：CRH 是 China Railway High-speed 中国铁路高速的缩写，也是中国高速铁路动车组的简称。这种列车是采用国内技术最先进的 CRH_1、CRH_2、CRH_3、CRH_5 型动车组行驶，车内设施最人性化，服务水准最上流，运行速度最快捷，时速高达 200～350 km，主要安排在环渤海、长三角、珠三角城市群和华东、中南、西北、东北地区的重点城市间开行，并细分为高速动车组旅客列车、城际动车组旅客列车、动车组旅客列车三种。

② 直达特快旅客列车：这种列车采用先进的庞巴迪和 25T 型客车，车内设备、服务水准一流，最高运行时速 160 km，途中一站不停，主要安排在客流较大的城市所在站始发、终到，实现大城市间旅客快捷运输。

③ 特快旅客列车：这种列车也是目前国内速度较高、车内设备完善、服务质量较好的列车，在首都与大城市及国际之间开行。特快旅客列车有国际和国内两种，国内特快列车又分为跨局特快和管内特快。特快列车停站少，运行速度和直通速度都较其他旅客列车高。

④ 快速旅客列车：这种列车目前在京沪、京广、京哈、陇海等经过技术改造后具有提速条件的线路上开行，其中在相距 1 000～1 500 km 的大城市间开行了多对夕发朝至的快速列车。

⑤ 普通旅客快车：这种列车分为跨局及管内两种，比特快、快速旅客列车慢，编组辆数和停站次数多，运行于各大中城市之间。

⑥ 普通旅客慢车：这种列车分为跨局及管内两种，编组量数多，定员多，速度较低，在营业站均有停点。

⑦ 临时旅客列车：这种列车是为了适应客运市场需要而临时开行的旅客列车。

⑧ 旅游列车：这种列车在名胜古迹、游览胜地所在站和大中城市开行，用于输送观光旅客。旅游列车的速度、服务和设备都优于其他旅客列车。

⑨ 回送客车底列车：这种列车是把客车配属站的空客车底事先调送至异地的列车始发站待用，或把旅客运送至目的地后将空客车底回送至原客车的配属站而运行的列车。

⑩ 因故折返旅客列车：这种列车是由于设备故障原因，致使旅客列车不能继续运行，而不得已按原路返回的旅客列车。

2）旅客列车车次

全国有上千对各种不同种类、性质的旅客列车运行在各条线路上。为了便于旅客区别各种旅客列车的性质和种类，同时考虑到铁路行车部门组织列车运行和进行作业的需要，铁路部门把各种列车按其性质、种类和运行方向用一定数字编定车次。所以，车次是列车的简明代号，它能表示：

① 列车的种类——是客车还是货车，如系客车还可判明是直通的还是管内的；

② 列车的等级——是快车还是慢车，如系快车还可区分特快、快速、普快等；

③ 列车的去向——是上行还是下行。在我国，以向首都北京、支线向干线或指定方向为上行，车次编定为双数；反之为下行，车次编定为单数。

目前采用的车次代码方案为：普通旅客快、慢列车由4位数字组成，其他列车由一位字母和1至4位数字组成（但回送客车底列车、因故折返旅客列车除外），客车车次编定表如表5.1、表5.2所示。

表5.1 旅客列车车次表

列车种类	车次范围	备注	列车种类	车次范围	备注
1. 高速动车组旅客列车	G1～G9998	“G”读“高”	7. 普通旅客列车（120 km/h）	1001～7598	—
直通	G1～G4998	G4001～G4998为临客预留	普通旅客快车	1001～5998	—
管内	G5001～G9998	G9001 ～ G9998为临客预留	直通	1001～3998	3001～3998为临客预留
2. 城际动车组旅客列车	C1～C9998	“C”读“城” C9001～C9998为临客预留	管内	4001～5998	—
3. 动车组旅客列车	D1～D9998	“D”读“动”	普通旅客慢车	6001～7598	—
直通	D1～D4998	D4001 ～ D4998为临客预留	直通	6001～6198	—
管内	D5001～D9998	D9001 ～ D9998为临客预留	管内	6201～7598	—
4. 直达特快旅客列车（160 km/h）	Z1～Z9998	“Z”读“直”	8. 通勤列车	7601～8998	—
直通	Z1～Z4998	Z4001～Z4998为临客预留	9. 临时旅客列车（100 km/h）	L1～L9998	
管内	Z5001～Z9998	Z9001～Z9998为临客预留	直通	L1～L6998	“L”读“临”
5. 特快旅客列车（140 km/h）	T1～T9998	“T”读“特”	管内	L7001～L9998	
直通	T1～T3998	T3001～T3998为临客预留	10. 旅游列车（120 km/h）	Y1～Y998	
管内	T4001～T9998	T4001～T4998为临客预留	直通	Y1～498	“Y”读“游”
6. 快速旅客列车（120 km/h）	K1～K9998	“K”读“快”	管内	Y501～Y998	
直通	K1～K4998	K4001 ～ K4998为临客预留			
管内	K5001～K9998	K5001～T6998为临客预留			

表 5.2　各铁路局（公司）管内普通旅客列车车次范围表

顺号	局（公司）名	普通旅客快车	普通旅客慢车	顺号	局（公司）名	普通旅客快车	普通旅客慢车
1	哈尔滨铁路局	4001～4200	6201～6300	10	上海铁路局	5051～5200	7101～7200
2	沈阳铁路局	4201～4400	6301～6400	11	南昌铁路局	5201～5300	7201～7250
3	北京铁路局	4401～4600	6401～6800	12	广州铁路（集团）公司	5301～5500	7251～7300
4	太原铁路局	4601～4650	6801～6850	13	南宁铁路局	5501～5550	7301～7350
5	呼和浩特铁路局	4651～4700	6851～6900	14	成都铁路局	5551～5650	7351～7450
6	郑州铁路局	4701～4800	6901～6950	15	昆明铁路局	5651～5700	7451～7500
7	武汉铁路局	4801～4900	6951～7000	16	兰州铁路局	5701～5800	7501～7550
8	西安铁路局	4901～5000	7001～7050	17	乌鲁木齐铁路局	5801～5900	7551～7580
9	济南铁路局	5001～5050	7051～7100	18	青藏铁路公司	5901～5998	7581～7598

5.1.5　任务考核

1. 理论考核（40 分）

该部分通过完成以下习题，获得理论考核成绩。

1）选择题（每题 4 分，共 20 分）

（1）为了铁路旅客运输的长远发展而制定的发展计划是（　　）。

A. 长远计划　　B. 年度计划　　C. 日常计划　　D. 技术计划

（2）旅客行程在局管范围之内的称（　　）。

A. 直通客流　　B. 短途客流　　C. 市郊客流　　D. 管内客流

（3）车次编号为 T103 次的列车，属于（　　）。

A. 直通旅客快车　　B. 管内旅客列车

C. 始发直达列车　　D. 下行列车

（4）旅客直通客流是指旅客乘车行程不少于（　　）及其以上的铁路局集团公司的客流。

A. 一个　　B. 两个　　C. 三个　　D. 四个

（5）以下列车中不跨局的有（　　）。

A. T201/202　　B. L463/464　　C. Y201/202

D. K301/302　　E. 6201/6202　　F. 1717/1718

2）判断题（每题 4 分，共 20 分）

（1）（　　）旅客运输计划包括年度计划、旬计划和日常计划。

（2）（　　）进北京站的所有列车的车次编号一定都是双数。

（3）（　　）管内客流是指本区段管辖范围内的客流。

（4）（　　）Y778 次是临时旅客列车。

（5）（　　）客流图分直通和管内两种。

2. 实践考核（40 分）

每 5 位同学分为一组，收集五趟旅客列车的资料，准备 PPT。（说明：车次、发到站、时间、径路等）

具体评分标准如下：
（1）资料准备是否完整；（15 分）
（2）PPT 制作及汇报是否能说明车次、发到站、时间、径路等情况；（15 分）
（3）在实训室实训过程中纪律差或不听指导教师指挥、不服从指导教师教育。（10 分）
3. 出勤考核（20 分）
根据出勤情况及课堂表现，获得出勤考核成绩。
要求：缺勤 1 次扣 5 分，不按时完成任务扣 5 分，课堂表现差扣 10 分。

任务 5.2　客流计划

5.2.1　拟完成工作任务

① 编制管内客流斜线表，绘制管内客流图。
② 会计算管内旅客发送量、管内旅客周转量、管内旅客平均行程、营业线路客运密度指标。

5.2.2　任务目的

① 了解直通、管内客流图的编制。
② 会编制管内客流斜线表、管内客流图。

5.2.3　所需资料

① 参考资料：《铁路客货运输统计规则》《铁路旅客运输管理规程》《铁路运输调度规程》。
② 所需票据、表报：客流调查登记表、客流调查统计表、客流斜线表。

5.2.4　相关配套知识

知识点 1　客流的组成规律及其主要特点

1. 客流的组成规律

1）从旅客组成分析

根据有关部门组织对旅客列车进行抽样调查分析，所有旅客中工人、农民、干部人数占前 3 位，分别占 30.9%、19.3%和 15.9%，由于列车编组、运输价格、旅客需求及旅客经济承受能力不同，造成了不同等级的列车旅客成分不同。等级较高的快速、旅游列车中干部、工人较多，管内快车、管内慢车旅客中农民相对较多。

随着我国经济建设的发展及经济体制改革的深化，客流的组成也将随之发生一定的变化。

2）从旅行目的分析

根据全路抽样调查，目前我国客流的表现，在一些城市和工业区所在地的车站以出差、探亲客流占多数；而在一些中小城镇及一般农业地区所在的车站以集市贸易、购售物品的客流占较大比重；至于参加游览的客流，则多出现在大城市及风景区所在地的车站。

3）从客流性质分析

根据我国历年统计资料，在每年完成的总客运量中，管内客流比重最大，占 60%～70%，这与我国的农业大国特性分不开。我国农民旅客在总客流量中占相当大的比重，而农民旅客一般活动范围较小，旅行距离较短，反映在客流性质上即管内客流比重最大。近几年来直通客流的比重增长很快，而市郊客流的比重逐年下降，这与城市公共交通工具迅速发展有着直接关系。

2. 客流主要特点

1）客流增长迅速

1949 年全路旅客发送量为 10 297 万人，而 2008 年已高达 146 193 万人，2019 年的铁路旅客发送量更是高达 35.7 亿人。其原因是：农村经济结构发生变化，城镇经济发展，城乡交通活跃，集市贸易开放，新兴工业的建立，人民物质文化水平的提高，人们出行次数的增多以及国际交往频繁等。

2）客流波动性大

客流在时间上的不均衡，在假期、节日和市郊旅客上下班时间表现最为明显。客流在时间上的不均衡程度，可用波动系数表示：

$$K_{波} = \frac{A_{时段发}}{A_{平均发}}$$

式中：$K_{波}$——波动系数；

$A_{时段发}$——某时段（月、季）旅客发送人数；

$A_{平均发}$——分析期间平均旅客发送人数。

为分析客流在一年各月、季的波动情况，可用旅客发送人数求出波动系数，绘制客流波动示意图，如图 5.1 所示。

从图 5.1 可看出，客流在一年里最大的阶段是春运及暑期运输。春运以春节为中心，前后各一次高峰，整个春运延续 40 d 左右。春节也是农闲季节，探亲访友、购物、农贸集市十分活跃，加之学生放寒假，更加大了客流量。暑期运输是以八月份为中心的时间段，这时学校开始放暑假，同时又是旅游旺季，因此形成客流高峰。一年里六月份是客流量最小的月份，这时正是农忙季节，沿途农村客流大大下降，成为客流的低谷。

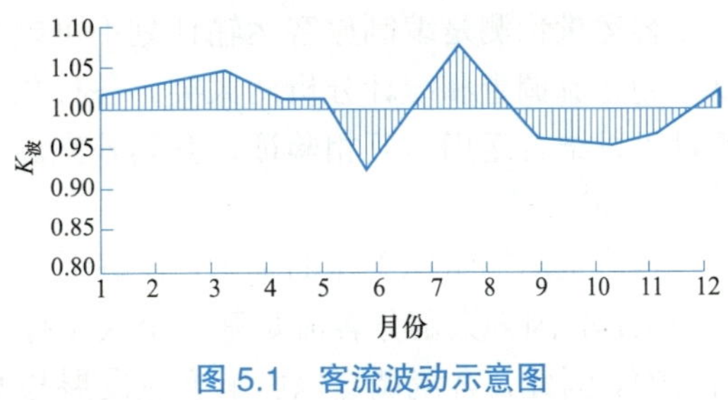

图 5.1　客流波动示意图

缓和客流在时间上的均衡性比较困难，因为旅客对运输的需求是有时间性的，为了满足客流波动的高峰时的要求，必须建立一定的后备客运能力。

3）客流分布不均衡

我国铁路客流主要分布在经济比较发达、路网密度较大、人口比较稠密的东北、华北、华东和中南地区。华北、华东地区铁路旅客运输量在全路中的比重远低于东北地区。这两个地区公路和水运分担的客流量较大是一个很重要的原因。东北地区人口不到全国人口的 10%，但由于铁路发达，旅客运输量在全路占有的比重长期保持在 40%左右。铁路网的发展对改变客流地区分布最明显的地区是西南和西北。中华人民共和国成立以来，西南、西北地区的旅客运输量在全路占有的比重有着明显的增长。

客流在方向上的分布与它在地区上的分布有一定的联系，因为客流并不全都是在它的发生地区内消失。旅客运输量大的地区，相互之间的交流也最频繁，例如，东北、华北、华东、中南地区旅客运输量的比重大于西北、西南地区，因而南、北各区之间的旅客交流量大于东、西地区之间的交流量。

客流在方向上的不均衡程度，可用回运系数表示。它是客流较小方向上的客流密度与同一线路客流较大方向上的客流密度的比值，即

$$回运系数=\frac{同一线路上客流较小方向的客流密度}{同一线路上客流较大方向的客流密度}$$

由于绝大多数旅客是在定点间往返乘车，所以不同线路年度的回运系数相差不大，上下行方向的客流密度大致相等。旅客在定点时间的往返，形成旅客列车定点循环的组织特点。

4）客流行程比较短

全路旅客平均行程短于货物平均行程，这是由于在各类客流中，管内客流与市郊客流占有的比重最大之故。

近几年来，全路旅客的平均行程比过去有所延长，旅客周转量平均每年的增长速度略高于旅客运输量。客流行程延长比较明显的是管内客流，市郊客流平均行程增长微弱。直通客流的平均行程，20 世纪 70 年代中期曾一度下降，进入 20 世纪 80 年代开始逐渐回升。铁路网的扩大，边远地区的开发及公路旅客运输的发展，都是影响铁路旅客平均行程延长的因素。但是，我国一些大城市人口高度密集，其市郊客流将会有所增长。另外，航空运输的日益发展，又将造成铁路旅客平均行程缩短。为此，今后铁路旅客平均行程的变化，将取决于所有这些因素的综合影响。

因此，只有不断地分析研究历年客流统计资料，进行客流调查，才能正确地掌握客流的特点及其规律性，为编制质量良好的旅客运输计划奠定基础。

知识点 2 客运量预测

客运量预测是编制旅客运输计划不可缺少的前期步骤。预测方法根据资料来源基本上可以分为客流调查和统计分析两大类。各种预测方法，无论其是否同类，都不是互相排斥的，所以可以结合运用、互相验证、互为补充。

1. 客流调查

客流是运输组织工作的基础，是编制旅客运输计划的依据，而摸清客流又是一项比较复杂的工作，因为大部分客流是基于个人旅行需要而自然形成的，但它又受一系列的社会因素的影响。因此，客流调查以影响客流发展与变化的主要因素为对象。同时，要确切地掌握一定时间的客流数量和客流变化规律。

1）影响客流变化的主要因素

① 社会政治、经济、文化的发展变化。

② 国家或地区一定时期内方针政策的变化。

③ 生产力布局的变化，经济区的开发，地方工业及乡镇企业的兴办和发展。

④ 人口的自然增长。

⑤ 人文、民俗及国家和地区性的大型团体活动。

⑥ 现有铁路的技术改造，新线的修建，客流吸引范围的扩大或缩小。

⑦ 各种交通工具的发展和分工情况。

⑧ 不同交通工具客运票价的变化。

⑨ 自然灾害和季节、气候变化。

⑩ 旅游业的发展变化。

这些因素对铁路旅客运输量的增减变化影响极为显著。例如，城市人口的增加，广大人民群众物质文化生活水平的提高，铁路客运设备的不断改善和方便乘车旅行等，都会引起客流的急剧增长。

必须指出，上述各种因素的变化，都是国民经济计划在该地区的具体体现。因此，在调查、分析和运用这些资料时，首先应该研究国民经济计划的发展趋势，把握并领会党和国家在一定时期制订经济计划的原则和各地区进行经济建设的方针意图。以此为根据，再进行具体资料的分析，才有可能使客流调查工作做得更好，更符合客观实际。

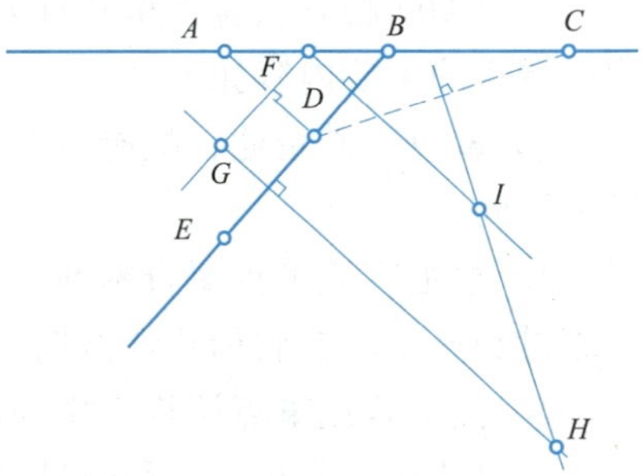

图 5.2 直接吸引区示意图

2）客流调查的范围

客流调查一般以车站为单位，调查的范围是铁路沿线的吸引区。吸引区分直接吸引区和间接吸引区两种。直接吸引是指车站所在地及其附近地区被车站直接吸引的城市和居民点的总区域。这个区域可用垂直平分法划出大致范围，如图 5.2 所示。图 5.2 中，*D* 站的几何吸引范围是 *GHIF* 虚线包围的地区。

间接吸引区是指车站直接吸引范围以外，由其他交通工具的联系而被间接吸引的较远地区的城市和居民点的总体区域。一般按最短通路原则划定。

3）客流调查的方法

客流调查分为综合调查、节假日调查和日常调查三种。

（1）综合调查

综合调查一般每两年进行一次。调查的目的是摸清车站区的政治、经济、文化和人民生活情况，了解影响铁路客运量增长变化的各种因素以及对客运工作的客观要求，作为制订长期规划、年度计划及改进客运设备的主要依据和日常客运组织工作的基础。综合调查的调查内容如下。

① 吸引地区的一般情况：调查内容包括：地区的自然条件（位置、地形、气候等）；行政区域的划分；城市、农村人口的分布和增长情况；工矿企业、机关学校的分布和发展情况；工矿企业生产水平及与外地在产销上的联系；农业生产和劳动力的安排及有组织的或自发的劳动力外出情况；文教、卫生事业的发展和名胜古迹、医院、疗养院的分布。

② 直接影响客流的各项因素：调查内容包括：吸引地区的总人数；工矿企业、机关、学校等单位的人员及家属人数，休假制度及利用铁路旅行的情况；疗养、休养处所的开放时间、床位及其周转时间吸引范围内名胜古迹、游览胜地及历年各月的旅游人数；历年特殊客流及大批人员运输情况（应分出主要到发区段）。

③ 各种交通运输工具的分工情况：调查内容包括：吸引范围内现有交通运输能力，历年的运量及比例，客流在时间上的变化情况以及今后的发展；各种交通运输工具的运行线路，与铁路旅客列车运行时间的配合情况。

④ 铁路旅客运输资料：调查内容包括：按运输类别的旅客发送、中转及到达人数，使用铁路乘车证人数，客流月间、季度的波动情况及原因；历年客流变化及到达各区段的客流量；分直通、管内和市郊的旅客列车对数、运行区段、时间及平时和客运量最大时的运能与运量的适应情况；其他与编制客流计划、组织旅客运输有关的资料。

在调查方法上，采取点、面结合的方法，一方面，从计委和统计部门搜集计划和历年统计资料；另一方面，到基层单位或社会做实际调查，经过反复核实，就可以获得较为可靠的调查资料。然后对调查内容分科目制表，并按客流分析说明汇编成车站年度客流资料。

（2）节假日调查

节假日调查主要是对清明节、端午节、劳动节、中秋节、国庆节、元旦、春节这七大节日和暑期客流进行调查。春节、暑期运输的客流调查应在春节、暑期运输前3～4个月进行，其他节日主要是管内和市郊客流增长较大，一般在节日运输前1个月左右进行。

节假日客流调查的目的是安排好节日旅客运输方案以及做好各项组织工作，其中包括制定节假日期间临时旅客列车开行方案，编制节日旅客运输计划和售票、服务组织工作等。节假日调查的主要内容如下。

① 重点工矿企业、政府机关团体的休假制度、社会经济活动及外地人员乘坐火车的流量和流向。

② 学生客流重点调查本地区大中专学校数量，在校学生和外地学生人数，乘坐火车者的流量和流向，放假和开学日期。

③ 民工客流重点调查产生地的农业人口数量、乡镇企业发展情况和剩余劳动力数量，以及外出劳动力分布地区和数量；接纳地区用工部门、劳务市场已经或预计接纳的用工数量；中转站应建立健全民工旅客的流量、流向资料台账，加强分析和预测。

④ 其他交通运输工具与铁路衔接运能、运量的变化情况。

调查的方法可采取登门调查、函调和召集会议等方式。

表5.3　××铁路局××站工矿、企业、机关、学校节假日客流调查统计表

<table>
<tr><td colspan="3">所属部位　　　　局（公司）　　　　单位名称</td></tr>
<tr><td colspan="3">地址：　　　　区（县）　　　　路　　　　巷（弄）　　　　号</td></tr>
<tr><td colspan="3">联系人科室：　　　　姓名：　　　　电话：</td></tr>
<tr><td colspan="2" rowspan="2">全厂（校）人数：　　人</td><td>享受探亲假人员</td></tr>
<tr><td>职工（教职工）　　人，学生　　人，小计　　人</td></tr>
<tr><td colspan="3">发薪日期：　　　　日，厂（校）休日星期　　　　春节假期自　　月　　日至　　月　　日止（包括调休）</td></tr>
<tr><td rowspan="5">××年春节在××乘坐交通工具</td><td colspan="2">乘坐火车往××方向　　人，往××方向　　人，往××方向　　人，小计　　人</td></tr>
<tr><td colspan="2">乘长途汽车往××方向　　人，往××方向　　人，往××方向　　人，小计　　人</td></tr>
<tr><td colspan="2">乘内河轮船往××方向　　人，往××方向　　人，往××方向　　人，小计　　人</td></tr>
<tr><td colspan="2">乘火车××站转乘海轮往××方向　　人，往××方向　　人，小计　　人</td></tr>
<tr><td colspan="2">现有临时工使用××年×月底的　往××方向　人
往××方向　人　小计　　人</td></tr>
<tr><td>对铁路客运服务工作和车次时间等方面的意见、要求</td><td colspan="2"></td></tr>
</table>

填表单位　　　　填表人科室　　　　姓名　　　　电话

（3）日常调查

车站客运计划人员应经常注意车站内和吸引地区客流情况，随时掌握旅客流量、流向的变化，找出客流受季节、气候等因素影响的规律，分析客流增减数量、变化原因和延续时间等。在调查中，特别要了解旅客的旅行目的、到达地点、返回日期，并掌握市郊、周末、集市贸易、旅游、会议等方面的旅行动态。这种调查，对于编制日常旅客运输计划和安排运输工作，将起到较大作用。

调查内容可根据日常客流发生的特殊变化情况来确定。调查的方法方面，可深入售票处、候车室及列车等旅客密集的场所，采用“听、看、问”或制定统一的调查登记表（见表 5.4）发给旅客填写。

表 5.4　日常客流调查登记表

各位旅客：

为了搞好客流调查，有计划地组织旅客运输，更好地为广大旅客服务，请您协助在以下调查内容内划“〇”或填写：

一、本人职业：工人、农民、军人、师生、商人、机关干部（其他：____）

二、旅行目的：出差、开会、学习、参观、采购、游览、就医、探亲（其他：____）

三、建议或要求：________________________________

____

____

四、本人单位：________________________________

祝您旅途愉快！

××铁路局集团公司××站

年　　月

客流的调查工作，是由各站组织专门人员进行的，在调查中必须紧紧依靠地方政府的领导和有关部门的密切配合，成立调查小组，实行分工负责，分片包干。

2. 客流统计分析

1）统计资料来源

（1）各级客运部门掌握的日常统计资料

车站根据各次旅客列车上、下车的统计资料，按日、旬、月分车次、去向统计发送旅客及中转旅客的客流量。铁路部门根据车站报告可以掌握各次列车座席利用率，有计划地组织日常运输；根据统计资料的汇总比较，可以分析客流变化的规律，作为确定计划客流的参考。为此，要求车站和客运（列车）段积累以下客流资料。

① 三等以上车站积累的客流资料有：元旦、春节、清明节、劳动节、端午节、国庆节、中秋节等节日运输期间（春节前后各 20 d，其他节日前后各 5 d）不同方向的管内和直通列车运能（包括临客）；管内、直通分区段上车人数以及到达、中转人数；按日、旬、月，分线别、车次、区段的上车人数以及分车次的中转、到达人数；团体旅客人数、旅行目的和发到站。

持铁路乘车证的上、下车人数按上述要求单独统计。

② 其他车站按日、旬、月积累日常和节假日旅客上、下车人数。

③ 客运（列车）段和列车积累、分析所担当列车在各停车站的上、下车人数，直通旅客快车的运能（软、硬卧和硬座），规定各区段的旅客密度人数。

（2）由统计部门编制的客流统计资料

车站和车务段根据售出客票记录，分直通、管内编制售出客票报告（月报）、退票报告

（月报）及区段票、代用票、市郊定期票据（包括乘降所上车票据）一起报铁路局集团公司的统计部门。再由统计部门根据各站的售出客票报告、退票报告和局间交换资料（输入和通过客流）编制下列有关报表。

① 旅客发送量及票价统计表——客报-1：该表是统计实际客流的重要资料，表明各站发送的直通、管内客流情况。

② 旅客运输量及周转量统计表——客报-2：该表根据自局旅客发送资料和各局交换资料编制，表示各铁路局集团公司的旅客运输数量、人公里及旅客平均行程的完成情况。

③ 分界站旅客输出、输入及通过人数统计表——客报-3：该表表示铁路局集团公司之间的旅客去向及各局间分界站输出、输入和通过旅客人数。

④ 区段平均旅客密度统计表——客报-4：该表是为了考核铁路营业线上各区段的旅客密度。根据自局和外局的资料，按直通、管内，分上、下行方向编制站间密度表，再汇总成区段平均密度表。

⑤ 旅客运送距离统计表——客报-5：该表按照运行距离分段统计旅客运送量和周转量，用以了解和研究旅客行程情况。

2）各种预测方法

（1）固定比例法（乘车系数法）

$$y\text{（乘车系数）}=\frac{Y\text{（铁路客运发送量）}}{N\text{（吸引区居民人数）}}$$

例如，某年某站吸引区的居民人数为 40 万人，而铁路客运发送量为 24 万人，则

$$y=\frac{Y}{N}=\frac{24\text{万}}{40\text{万}}=0.6$$

乘车系数 y 是随着客观形势的发展不断变化的，所以必须分析研究各项因素对 y 的影响程度，从而确定计划期的 y。如上例中，计划期 y 计为 0.65，计划期吸引区的居民人数为 43 万人，则计划客运发送量为

$$Y_{计}=N_{计}\cdot y_{计}=43\text{ 万}\times 0.65=27.95\text{ 万}$$

（2）动态关系法（比例增减法）

按照各种因素的影响，推定铁路客运发送量的增长百分数。例如，某站客运发送量最近三年的增长率为 9%、10%、13%，分析计划年度各项因素预计发展情况，加以研究确定计划年度的增长百分率。假定该站历年增长客流的基本原因是吸引区经济建设的迅速发展，如车站附近中学的建立，一批工厂的兴办，在计划期内还将有几座大工厂投产、兴建，确定计划年度的增长百分率为 15%。如上年度客运发送量完成 24 万人，则计划年度客运发送量应为 27.6 万人，其计算公式如下：

$$Y_{计}=Y(1+\beta)=25\text{ 万}\times（1+15\%）=27.6\text{ 万}$$

式中：$Y_{计}$——计划年度客运发送量；

Y——上年度客运发送量；

β——计划年度增长百分率。

（3）回归分析法（相关因素法）

回归分析法是在定性研究的基础上，对实际调查的定量资料进行分析，找出事物发展的内部影响因素，确定出自变量与因变量以及它们之间的相互关系，形成一个回归方程，利用

回归方程来进行预测。

假设铁路客运发送量的基本影响因素有人口、国民平均收入等，根据近几年统计资料的分析，发现它们之间具有线性关系。现设客运发送量为因变量 Y，人口为自变量 x_1，国民平均收入为自变量 x_2，其函数关系式为：

$$Y = f(x_1, x_2)$$

二元线性回归方程为

$$Y = a + b_1x_1 + b_2x_2$$

为简化计算，将人口与客运发送量相比，求出乘车系数，使二元线性回归方程简化为一元线性回归方程，即：

$$Y = a + bx$$

式中：Y——乘车系数（因变量）；

x——国民平均收入（自变量）；

a、b——回归参数。

将预测的乘车系数求出后，只要知道人口数，即可求得预测的客运发送量。

【例 5.1】某地区国民平均收入及乘车系数的数据如表 5.5 所示。

表 5.5　某地区国民平均收入及乘车系数资料

年份	国民平均收入/（元/人）	乘车系数		
		客运发送量/万人	人口/万人	系数
1	201	1 301.3	3 402	0.383
2	221	1 586.9	3 470	0.457
3	224	1 794.9	3 538	0.507
4	274	1 922.4	3 613	0.532
5	310	2 041.3	3 684	0.554
6	317	2 123.7	3 733	0.569
7	338.5	2 278.6	3 806	0.599

如何确定回归线性方程计算表？试用回归分析法（相关因素法）确定引导案例的二元线性回归方程。

解：根据表 5.4 数据求 a、b 参数，列表计算，如表 5.6 所示。

表 5.6　回归线性方程计算表

年　份	x 国民平均收入	y 乘车系数	x^2	y^2	xy
1	201	0.383	40 401	0.146 69	76.983
2	221	0.457	48 841	0.208 85	100.997
3	244	0.507	59 536	0.257 05	123.708
4	274	0.532	75 076	0.283 02	145.768
5	310	0.554	96 100	0.306 92	171.74
6	317	0.569	100 489	0.323 76	180.373
7	338.5	0.599	114 582	0.358 8	202.762
Σ	1 905.0	3.601	535 025	1.885 09	1 002.331
$n = 7$　$\bar{x} = 282.214$　$\bar{y} = 0.514$					

用最小二乘法求出：

$$a = \overline{y} - b\overline{x}$$

$$b = \frac{\sum xy - \frac{\sum x \sum y}{n}}{\sum x^2 - \frac{\left(\sum x\right)^2}{n}}$$

将上述有关数据代入上式得

$$b = \frac{1.002\ 331 - \frac{1\ 905.5 \times 3.601}{7}}{535\ 025 - \frac{1\ 905.5^2}{7}} = 0.001\ 35$$

可求得：

$$a = 0.514 - 0.001\ 35 \times 272.214 = 0.147$$

回归方程如下：

$$y = 0.147 + 0.001\ 35x$$

根据上式，只要有计划年度的人口和国民平均收入数据，即可求得预测的客运发送量。

知识点 3 客流图的编制

为了对旅客运输量与运输能力进行平衡，进而确定计划客运机车车辆工作量，必须编制客流图。国铁集团在下达编制客流图任务的同时，即公布全路直通客流区段（管内客流区段由路局自定）和规定的客流月。所谓客流月，就是国铁集团指定作为统计客流的某个月份，通常采用客运量需求较大的月份。所谓客流区段，是指客流的到达区段，它不同于列车运行区段和机车牵引区段，其长度按客流密度的变化情况而定。凡各大城市之间，客流密度大致相同的地点，衔接几个铁路方向的大型客运站及各路局间的分界站都是划分客流区段的始发站和终点站。在同一客流区段内各站间有不同的客流密度时，区段客流密度应按其中最大值计算。例如，在图 5.3 中，区段客流密度应为 360 人。

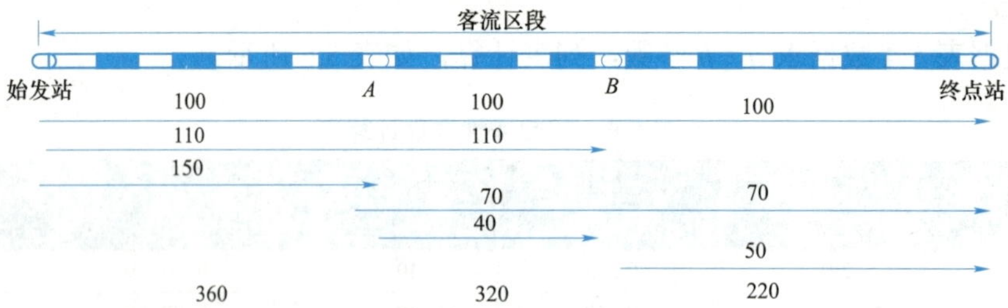

图 5.3 区段内始发和到达客流图

各个铁路局集团公司的统计部门按《铁路客货运输统计规则》的要求，提出客流月的直通、管内分区段的发送旅客流向统计资料。客运部门根据分区段的旅客流向资料，按日平均数编制客流图。客流图分直通、管内两种。

直通客流图由一个铁路局集团公司所属各客流区段产生的客流，经过一个或几个局间分界站到达他局客流区段的客流图解来表示。一般是根据统计中心提供的各直通客流区段产生的输出客流量和流向分线别和客流区段来编制。先做一条线的第一个客流区段产生的直通输出客流，再做该线的第二个客流区段产生的直通输出客流，一直做到分界站。把各个客流区段产生的直通输出客流按顺序填入各客流区段，即得该客流区段产生的直通输出客流与通过本客流区段输出客流的总和。这样，最后一个客流区段的直通客流也就是本线所产生的直通输出客流量，如图 5.4 所示。

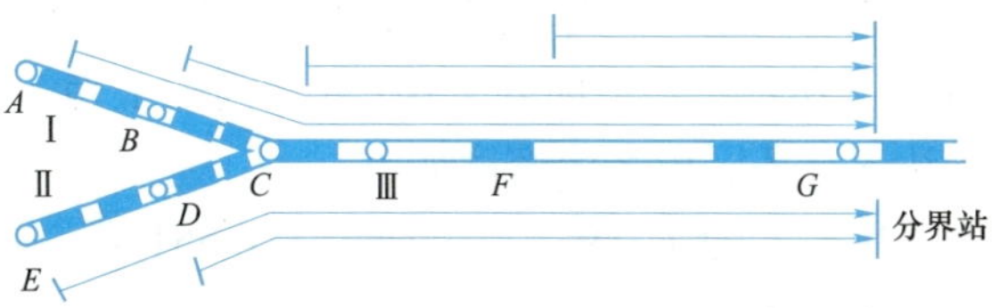

图 5.4　直通输出客流图

管内客流图由一个铁路局集团公司管内各客流区段产生，在本局管内各客流区段消失的客流图解来表示。管内客流图的编制方法与直通客流图不同，一般是先做客流斜线表，后编管内客流图。管内客流斜线表如表 5.7 所示。

表 5.7　管内客流斜线表

发站	距离/km	到站					上行	下行	总计
		甲	乙	丙	丁	戊			
甲			3 545	2 050	938	856	7 389	—	7 389
乙		3 823		1 436	770	501	2 707	3 823	6 530
丙		1 823	830		2 622	865	3 487	2 653	6 140
丁	150 230 270 210	920	900	1 430		2 493	2 493	3 250	5 743
戊		780	1 300	1 170	1 460		—	4 710	4 710
上行		—	3 545	3 486	4 330	4 715			16 076
下行		7 346	3 030	2 600	1 460	—			14 436
总计		7 346	6 575	6 086	5 790	4 715	16 076	14 436	30 512

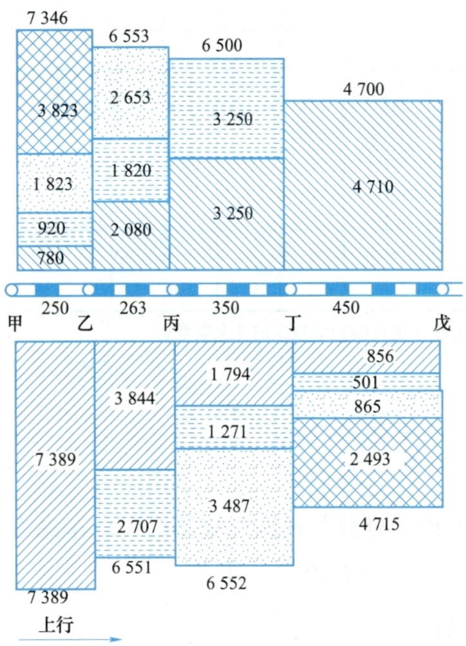

图 5.5　管内客流图

它将各大站及客流区段的发到旅客人数显示于表上。表内左边一列站名为发站。上边一行站名为到站。将发站发送的客流量按到站分列在同一行的相应栏内，表示出管内客流的流量和流向。表中斜线以上为上行，斜线以下为下行。

为使管内客流斜线表所表示的客流计划更为明显、清晰，而且便于计算旅客运输指标和确定旅客列车行驶区段与行车量，可将斜线表上的各项数字按一定的格式，用图案的形式绘制出管内客流图。同时，为了便于识别，在客流图上，对于由不同车站发送的客流，可用不同颜色或符号表示，如图 5.5 所示。

图 5.5 中，甲站上行日均发送 7 389 人，则甲—乙区段上行客流密度为 7 389 人，而乙—丙区段因到达乙站 3 545 人，则乙—丙区段的客流密度为 7 389－3 545=3 844（人），丙—丁区段因到达丙 2 050

人，则其客流密度为：3 844−2 050=1 794（人），丁—戊区段因到达丁站938人，则客流密度为：1 794−938=856（人），该856人通过丁—戊区段后到达戊站。同理从乙站发送上行旅客为2 707人，到丙站1 436人，到丁站770人，到戊站501人，各区段客流密度如图5−5所示，乙—丙为2 707人，丙—丁为1 271人，丁—戊为501人。根据各站的发送和到达累计各区段客流密度如下：

甲—乙为7 389人，乙—丙为6 551人，丙—丁为6 552人，丁—戊为4 715人。

下行编制方法同理。

各铁路局集团公司编好直通、管内客流图后，国铁集团组织各铁路集团公司局将所编制的输出直通客流图资料进行交换，并汇总在按局别的全国铁路直通客流图上。各局根据交换的资料，计算出直通客流区段的客流密度，连同管内客流密度和市郊客流密度一起，汇总在全国铁路区段客流密度图上。然后，各局结合客流调查的统计资料，利用各种预测方法推算出计划期内客流可能的增长率或绝对数，据以编制全部客流计划。最后把计划客流密度与现行运行图规定的旅客列车能力进行比较（见表5.8），即可提出编制新的客车运行图所需要的资料。

表5.8 运行图旅客密度与客车能力比较表

________局　　　　　　　　　　　　　　　　年　月　日

<table>
<tr><th rowspan="3">线路区段</th><th rowspan="3">方向</th><th colspan="4">年　月份</th><th colspan="4">年至　　年计划</th><th colspan="4">现行旅客列车能力</th><th colspan="4">密度与能力比较</th></tr>
<tr><th rowspan="2">旅客密度</th><th colspan="3">其中</th><th rowspan="2">旅客密度</th><th colspan="3">其中</th><th rowspan="2">对数</th><th rowspan="2">总定员</th><th colspan="2">其中：直通客车</th><th colspan="2">与　月份</th><th colspan="2">与　年</th></tr>
<tr><th>直通</th><th>管内</th><th>市郊</th><th>直通</th><th>管内</th><th>市郊</th><th>对数</th><th>定员</th><th>总计</th><th>直通</th><th>总计</th><th>直通</th></tr>
<tr><td rowspan="2"></td><td>上</td><td></td><td></td><td></td><td></td><td></td><td></td><td></td><td></td><td></td><td></td><td></td><td></td><td></td><td></td><td></td><td></td></tr>
<tr><td>下</td><td></td><td></td><td></td><td></td><td></td><td></td><td></td><td></td><td></td><td></td><td></td><td></td><td></td><td></td><td></td><td></td></tr>
<tr><td rowspan="2"></td><td>上</td><td></td><td></td><td></td><td></td><td></td><td></td><td></td><td></td><td></td><td></td><td></td><td></td><td></td><td></td><td></td><td></td></tr>
<tr><td>下</td><td></td><td></td><td></td><td></td><td></td><td></td><td></td><td></td><td></td><td></td><td></td><td></td><td></td><td></td><td></td><td></td></tr>
<tr><td rowspan="2"></td><td>上</td><td></td><td></td><td></td><td></td><td></td><td></td><td></td><td></td><td></td><td></td><td></td><td></td><td></td><td></td><td></td><td></td></tr>
<tr><td>下</td><td></td><td></td><td></td><td></td><td></td><td></td><td></td><td></td><td></td><td></td><td></td><td></td><td></td><td></td><td></td><td></td></tr>
<tr><td rowspan="2"></td><td>上</td><td></td><td></td><td></td><td></td><td></td><td></td><td></td><td></td><td></td><td></td><td></td><td></td><td></td><td></td><td></td><td></td></tr>
<tr><td>下</td><td></td><td></td><td></td><td></td><td></td><td></td><td></td><td></td><td></td><td></td><td></td><td></td><td></td><td></td><td></td><td></td></tr>
<tr><td rowspan="2"></td><td>上</td><td></td><td></td><td></td><td></td><td></td><td></td><td></td><td></td><td></td><td></td><td></td><td></td><td></td><td></td><td></td><td></td></tr>
<tr><td>下</td><td></td><td></td><td></td><td></td><td></td><td></td><td></td><td></td><td></td><td></td><td></td><td></td><td></td><td></td><td></td><td></td></tr>
</table>

注：列车定员，按编组表中规定的定员计算（包括硬卧和硬座车），硬座车定员要扣除规定的儿童票数。

知识点4 旅客运输计划指标

1. 旅客发送人数（客运发送量）

旅客发送人数是指在一定时期（日、旬、月、年）内，全路、铁路局集团公司、车站发送的旅客人数，分别按直通、管内、市郊计算，然后加总，其计算公式如下：

$$A_{发} = A_{发}^{直通} + A_{发}^{管内} + A_{发}^{市郊}$$

式中：$A_{发}$——旅客发送人数，人；

$A_{发}^{直通}$ 、$A_{发}^{管内}$ 、$A_{发}^{市郊}$ ——直通、管内、市郊旅客发送人数，人。

$$A_{发}^{全路} = \sum A_{发}^{站}$$

其中：$A_{发}^{全路}$ ——全路旅客发送人数，人；

$\sum A_{发}^{站}$ ——全路各站旅客发送人数总和，人。

旅客发送人数是国家规定的旅客运输计划指标，是考核铁路完成任务情况的主要指标。

2. 旅客运送人数

旅客运送人数是指在一定时期内，铁路运送的全部旅客人数，其计算公式如下：

$$A_{运} = A_{发} + A_{通过}^{接入} + A_{到达}^{接入}$$

式中：$A_{运}$ ——旅客运送人数，人；

$A_{通过}^{接入}$ ——接入通过的旅客人数，人；

$A_{到达}^{接入}$ ——接入到达的旅客人数，人。

对全路而言，除去国际联运及新建临管线接运的旅客人数外，$A_{运} = A_{发}$ 。就一个铁路局集团公司而言，$A_{发}$不能反映全部客运工作量，$A_{运}$才能反映总的旅客运输量。

3. 旅客周转量

旅客周转量是指在一定时期内，一个铁路局集团公司或全路所完成的人公里数。

旅客周转量应分别按直通、管内客流计算，然后加总，其计算公式如下：

$$\sum AL = A_{直通}L_{直通} + A_{管内}L_{管内} + A_{市郊}L_{市郊}$$

式中：$\sum AL$ ——旅客周转量，人 · km；

$A_{直通}$、$A_{管内}$、$A_{市郊}$ ——直通、管内、市郊旅客运送人数，人；

$L_{直通}$、$L_{管内}$、$L_{市郊}$ ——直通、管内、市郊运输的旅客平均行程，km。

旅客周转量能较全面地反映铁路旅客运输的情况，是铁路客运工作中最重要的产品产量指标，也是局间分配客运收入、计算和分析运输成本和劳动生产率的依据。

4. 旅客平均行程

旅客平均行程是指平均运送每名旅客的距离，应按直通、管内运输分别计算，然后再求得总的平均行程，其计算公式如下：

$$L_{平均} = \frac{\sum AL}{A_{运}}$$

式中：$L_{平均}$——旅客平均行程，km。

5. 客运密度

客运密度是指一定时期内，某一区段、铁路局集团公司或全路平均每公里线路上所承担的旅客周转量，其计算公式如下：

$$\varepsilon_{客}^{区段} = \frac{AL_{区段}}{L_{区段}}$$

$$\varepsilon_{客} = \frac{\sum AL}{L_{营业}}$$

式中：$\varepsilon_{客}^{区段}$ ——区段客运密度，人 · km/km；

$\varepsilon_{客}$——全局或全路的客运密度，人·km/km；

$AL_{区段}$——通过该区段的旅客周转量，人·km；

$L_{区段}$——该区段线路长度，km；

$L_{营业}$——营业里程，km。

客运密度能比较全面地反映线路客运能力的利用情况，表明铁路客运工作的强度。

5.2.5 任务考核

1. 理论考核（40 分）

该部分通过完成以下习题，获得理论考核成绩。

1）选择题（每题 4 分，共 28 分）

（1）反映线路客运能力的利用情况和表明铁路客运工作强度的指标是（　　）。

A. 旅客周转量　B. 客运密度　C. 旅客运送量　D. 旅客发送量

（2）客流调查的范围是铁路沿线的（　　）。

A. 吸引区　B. 流量区　C. 客流高峰地带　D. 居民区

（3）客流调查的调查对象是（　　）。

A. 居民或旅客

B. 旅客

C. 旅客或学生

D. 影响客流发展与变化的主要因素

（4）客流调查一般以（　　）为单位，在吸引区范围内进行。

A. 列车　B. 车站　C. 车务段　D. 铁路局集团公司

（5）春节、暑假客流调查应提前（　　）进行一次。

A. 1～2 个月　B. 2～3 个月　C. 3～4 个月　D. 2～4 个月

（6）旅客周转量是指一定时期内，（　　）所完成的旅客人公里数。

A. 一个铁路局集团公司或全路　B. 车站、铁路局集团公司或全路

C. 全路　D. 车站

（7）（　　）不属于影响客流变化的主要因素。

A. 社会政治、经济、文化的发展变化

B. 城市间交通程度

C. 自然灾害和季节、气候变化

D. 旅游业的发展变化

2）判断题（每题 4 分，共 12 分）

（1）（　　）客流调查分为综合调查、节假日调查和日常调查三种。

（2）（　　）综合调查一般每两年调查一次。

（3）（　　）客流月是指国铁集团指定作为统计客流的某个月份，一般采用客运量需求较大的月份。

2. 实践考核（40 分）

根据如表 5.9 所示的客流斜线表上的数据绘制管内客流图。

表 5.9　客流斜线表

发站	距离/km	到站					下行	上行	总计
		甲	乙	丙	丁	戊			
甲	250		1 670	1 375	1 230	980	5 255	—	5 255
乙	263	1 943		1 850	930	291	3 071	1 943	5 014
丙	350	1 130	2 000		1 031	430	1 461	3 130	4 591
丁	450	1 212	910	980		1 320	1 320	3 622	4 942
戊		968	430	390	1 230			3 018	3 018
下行		—	1 670	3 225	3 191	3 021			11 107
上行		5 253	3 340	1 370	1 230	—			11 713
总计		5 253	5 010	4 595	4 421	3 021	11 107	11 713	22 820

具体评分标准如下：

（1）绘图美观；（10 分）

（2）数值计算正确；（20 分）

（3）在实训室实训过程中纪律差或不听指导教师指挥、不服从指导教师教育。（10 分）

3. 出勤考核（20 分）

根据出勤情况及课堂表现，获得出勤考核成绩。

要求：缺勤 1 次扣 5 分，不按时完成任务扣 5 分，课堂表现差扣 10 分。

任务 5.3　技术计划

5.3.1　拟完成工作任务

甲—乙区段相距 2 325 km，每天对开直通快速列车 K111/112 次，上下行直通速度均为 75 km/h，车底在配属站（甲站）和折返站（乙站）的最少停留时间标准分别为 6 h 和 4 h，为方便旅客旅行，列车始发时间规定在 7:00—24:00 之间，列车到达时间规定在 7:00—23:00 之间，试确定合理的发车时限（即合理的开车范围），以及在保证车底数量最少条件下列车从甲站或乙站出发的时限。

5.3.2　任务目的

理解如何确定各区段应开行的旅客列车数。

5.3.3　所需资料

① 参考资料：《铁路旅客运输管理规程》《铁路运输调度规程》。

② 所需票据、表报：某线旅客列车区段运行停站时的标准表，客流图、旅客列车时刻表、编组表，合理开车范围表、合理开车范围图。

5.3.4 相关配套知识

知识点1 旅客列车的重量和速度

选择合理的旅客列车重量和速度，是旅客运输组织工作的一个重要问题。它决定着旅客列车编成的大小及旅客在旅途中的时间消耗，直接影响为旅客服务的质量和客运技术设备的使用效率。选择旅客列车重量和速度的方法如下。

1. 拟定设计的直通速度

在牵引种类和机车功率一定的条件下，列车重量越大，运行速度则越低。确定旅客列车重量时，应以提高直通速度为主，还应考虑旅客站台和站线的有效长度，并按列车的种类和等级，参照现行技术标准，分别拟定其设计直通速度（$v_{设直}$）。

$$v_{设直}=\frac{L_{方向}}{\sum t_{区段}+\sum t_{技站}}$$

式中：$v_{设直}$——设计直通速度，km/h。

$L_{方向}$——列车在该方向所行驶的距离，km。

$\sum t_{技站}$——列车在客运技术作业站的停站时分总和，h。

$\sum t_{区段}$——列车在各区段内旅行时间的总和，其值为：

$$\sum t_{区段}=\sum t_{运行}+\sum t_{停站}+\sum t_{起停}+\sum t_{慢行}$$

式中：$\sum t_{运行}$——区间运行时分总和，h；

$\sum t_{停站}$——列车在区段内停站时分总和，h；

$\sum t_{起停}$——起停车附加时分总和（一般不包括技术作业站的），h；

$\sum t_{慢行}$——慢行时分总和，h。

2. 修正直通速度

为方便旅客，直通旅客列车自始发站发车的最佳时刻在 19:00 之后，但不迟于 0:00，到达终点站的最佳时刻则宜在 7:00—14:00。据此来修正直通速度($v_{修直}$)，使之规定在下列范围内：

$$\frac{L_{方向}}{19+24D}\leqslant v_{修直}\leqslant\frac{L_{方向}}{7+24D}$$

式中：$v_{修直}$——修正直通速度，km/h；

D——途中过夜天数。

3. 确定列车重量和编组数

根据修正后的直通速度，通过牵引计算可求出列车重量理论上的允许值，再根据线路和站台的长度、加挂预留吨位、区段通过能力等因素判断列车种类和等级，最后确定列车重量和编组辆数。

知识点2 旅客列车的运行区段及行车量

旅客列车的运行区段和行车量，基本上取决于客流计划。“按流开车”是确定旅客列车运行区段和行车量的基本原则。

在我国，铁路旅客列车的开行必须服从国家的政治、经济、文化、科技、国防的需要，加强首都与各直辖市、各省省会和各自治区首府之间，以及各省、市、自治区主要城市之间，重点工矿之间，边疆、沿海和内地之间，城市和农村之间的联系。旅客列车的开行，必须符合大量客流的需要，同时还要有利于铁路技术设备的合理运用。

旅客列车对数确定是否合理，是衡量运行图编制质量的重要标志。列车对数定多了，浪费运能，定少了，造成旅客拥挤，所以正确地确定列车对数是一项很重要的工作。

1. 概算

$$N=\frac{A}{a}$$

式中：A——总客流量（日均计划），人；

a——列车平均定员人数，人/列；

N——列车数，列。

2. 公式计算法

由于旅客列车的种类和运行距离不同，要求列车的编组内容也不同，因而列车定员也就不同，所以对不同的旅客列车，应分别确定其列数。

1）特别快车列数（$N_{特快}$）

$$N_{特快}=\frac{AK_{特快}}{a_{特快}}$$

式中：A——总客流量，人；

$K_{特快}$——乘特快列车的旅客占总旅客数的百分数；

$a_{特快}$——特快旅客列车的定员，人/列。

2）旅客快车列数（$N_{快}$）

$$N_{快}=\frac{(A-a_{特快}N_{特快})K_{快}}{a_{快}}$$

式中：$K_{快}$——乘旅客快车的旅客占总旅客数的百分数（除特快外）；

$a_{快}$——快车定员，人/列。

3）普通旅客慢车列数（$N_{慢}$）

$$N_{慢}=\frac{A-a_{特快}N_{特快}-a_{快}N_{快}}{a_{慢}}$$

式中：$a_{慢}$——普通旅客慢车的定员，人/列。

【例 5.2】根据图 5.5 中管内客流资料计算各种旅客列车数。

解：（1）首先确定区段客流量。

甲—戊区段：4 715 人

甲—丁区段：6 552−4 715=1 837（人）

甲—乙区段：7 389−6 552=837（人）

（2）根据客流的性质及其旅行距离的不同确定旅客列车编组。

根据客流的性质及其旅行距离的不同确定旅客列车编组。假设甲—戊区段需要用特快列车输送的客流占总客流的 40%，用快车输送的客流占剩余客流的 60%，其余客流以普通旅客慢车输送。各种旅客列车的容量特快列车为 800 人或 900 人，快车为 900 人或 1 000 人，普通旅客慢车为 1 050 人或 1 150 人。

① 甲—戊区段：

$N_{特快}=AK_{特快}/a_{特快}$=（4 715×40%）/900=2（列……余 86 人）

$N_{快}=(A-a_{特快}N_{特快})K_{快}/a_{快}$=［（4 715−900×2）×60%］/900=2（列……欠 51 人）

$N_{慢}=(A-a_{特快}N_{特快}-a_{快}N_{快})/a_{慢}$=［（4 715−900×2−900×2）］/1 150=1（列……欠 35 人）

② 甲—丁区段：

设 $K_{特快}$为 40%，$K_{快}$为剩余客流的 30%。

$N_{特快}$=（1 837×40%）/800=1（列……欠 65 人）

由于用快车输送的客流占剩余客流的 30%，按此比例求算出的快车客流仅有（1 837−800）×30%=311（人），不够开行一列快车的条件。所以，决定甲—丁区段不开行快车，而剩余客流由普通旅客慢车进行输送。

$N_{慢}$=（1 837−800）/1 050=1（列……欠 13 人）

③ 甲—乙区段：

由于甲—乙区段运行距离不长，同时客流不算太大，需要用特快车输送的客流比重也不多，为此，可组织开行普通旅客慢车来进行输送。

$N_{慢}$=837/1 050=1（列……欠 213 人）

所欠 213 人的客流，可采取减少旅客列车的编成辆数来避免运能浪费。

甲—戊区段上总的行车量见表 5.10。

表 5.10 甲—戊区段上总的行车量

列车行驶区段	各区段行车量			合计	输送能力/人
	特别快车	旅客快车	普通旅客列车		
甲—戊	2	2	1	5	4 750
甲—丁	1		1	2	1 850
甲—乙			1	1	1 050
合计	3	2	3	8	7 650

确定各种旅客列车的行车量，除按上述方法进行计算外，还应考虑：

① 通过概算或公式计算出的列车总数和各类列车数，往往出现不足 1 列的尾数，对此一般不予进整，而是采用加挂车辆或调整车型以扩大客车定员或采取超员运输办法解决；

② 对于不足每日开行一列的长途直通旅客列车或国际旅客列车，可采用定期（如每周两次）或隔日开行的方式，以合理地运用铁路机车车辆和通过能力；

③ 如直通旅客快车在运行全程个别区段定员有余，为充分利用运能而不影响旅客服务质量，可采取在定员有余区段适当增加列车停站次数，以吸收部分管内客流，或在超员区段加挂回转车，缩减列车基本编组辆数，在超员区段再编挂上。

在实际工作中，按现行运行图开行的客车对数，根据客流计划进行确定。

直通旅客列车由各铁路局集团公司根据直通客流（由始发局到终到局），符合下列条件时报国铁集团开行：

① 跨两局的列车不少于 600 人；

② 跨三局的列车不少于 500 人；

③ 跨四局以上的列车不少于 400 人。

管内旅客列车输送沿途变动的客流，其行车量要与客流密度相适应，由各铁路局集团公司确定后报国铁集团备案。

知识点 3　旅客列车运行方案图及时刻表

全路旅客列车运行图的编制工作，应贯彻集中领导和群众路线相结合的原则，对跨三局的直通旅客列车，应在国铁集团的统一领导下由各铁路局集团公司派人到国铁集团集中编制。跨两局的直通旅客列车，由两局协商编制。管内旅客列车，则由铁路局集团公司组织进行编制。因为对跨局的直通旅客列车，不仅要考虑某一方向的整体情况，还要与有关方向互相联系起来通盘考虑，全面安排。因此，各铁路局集团公司必须在国铁集团的集中领导和统一规划下进行编制工作。

旅客列车运行图的具体编制工作，分如下两个阶段进行。

① **第一阶段**：铺画旅客列车运行方案图（简称“客车方案图”）。客车方案图是列车运行图的骨架，它用小时格运行图铺画，在图上只表示始发站、终点站、分界站及其他主要站的到开时刻。

② **第二阶段**：铺画具有详细时刻的旅客列车运行图（简称“详图”）。详图铺画上的技术问题由“铁路行车组织”课程研究解决。

1. 客车方案图的编制原则

旅客列车运行方案所要解决的是每一方向旅客列车在运行图上的整体布局问题，它不仅对整个列车运行图的布局起着决定作用，而且对列车运行图的编制质量也有直接影响。为此，编制客车方案图时应遵守以下原则。

1）提高列车的直通速度

旅客列车的直通速度是衡量铁路工作水平的标准之一，它对国内、国际都有影响。特别是快车的直通速度，关系到国家的声誉，具有政治和经济上的意义。提高直通速度的技术组织措施是：减少停站次数，压缩停站时间，加速技术作业过程，延长客运机车牵引交路。对管内旅客列车，在开行对数较多的区段，亦可采取分段服务的办法提高直通速度。

2）方便旅客旅行

安排旅客列车运行时，必须把方便旅客旅行放在重要位置，作为编制客车方案图的基本出发点之一。为此，首先应规定适宜的列车始发、终到和通过主要停车站的时刻，如直通快车在始发站的发车时刻最好规定在晚间，但一般不得迟于 0:00，而到达终点站的时刻最好规定在早晨，一般不要早于 7:00。如有两对以上直通快车时，应考虑其间隔均衡，一般安排在早晚各 1 列，但早晨发车，对住在市郊的旅客不太方便。直通列车通过沿途各大站的时刻亦应力求方便旅客，若不能完全满足此项要求，则只能权衡轻重，尽可能予以照顾。管内旅客列车以运送短途旅客为主，一般运行距离较短，故以白天运行为宜。在管内列车较多的区段，不可能均在白天运行时，个别列车亦可在夜间运行，但始发时刻不宜过晚，到达时刻不宜过早。由于在乘坐管内列车的旅客中，有很多需要当天往返，为满足其需要，列车在折返站的到达与出发时刻之间，应有适当的间隔，以保证旅客有一定的活动时间。

另外，在联结几个铁路方向的大型客运站，应尽量缩短旅客中转换乘的停留时间，使各方向旅客列车到发时刻有良好的衔接。如确有困难时，应照顾主要的中转直通客流方向。同时，还应保证旅客列车的到发时刻与其他交通工具（如轮船、汽车、飞机等）互相衔接。这种衔接包括组织联运及缩短旅客由这种运输方式换乘到另一种运输方式的等待时间。这样，不仅可以方便需要换乘其他交通工具的旅客，而且对报纸、邮件的传递也有重要意义。

3）客货兼顾，全面安排

旅客列车与货物列车在单线和双线区段内均在同一正线上运行，彼此之间势必发生关系。如旅客列车运行线能适当照顾货物列车的运行，则可以减少额外扣除时间，节省线路通过能力，缩短机车折返停留时间和减少货物列车等会待避时间，从而加速机车车辆周转。而旅客列车运行线的适当移动，在实际上往往也是可以做到的，并且要尽量减少不合理的货物列车待避和停会旅客列车的次数，避免旅客列车待避和停会货物列车。同时在客货列车交会或货物列车待避旅客列车时，保证旅客和行车安全。

在单线区段，货物列车与旅客列车交会时，应使货物列车先到停车，旅客列车后到先开或通过，不应使旅客列车停会货物列车。

在双线区段，同方向运行的两列旅客列车的间隔时间，要为货物列车待避的地点创造条件，最好是使货物列车在有技术作业的中间站或技术站上待避旅客列车。

4）保证旅客列车运行与客运站技术作业过程的协调

大家都希望旅客列车在大城市有比较合适的到发时刻，这就可能出现密集到达或出发的情况，有些衔接几个方向的大型客运站，由于受设备条件的限制，往往在列车密集到发期间，产生敌对进路的交叉干扰。因此，要求旅客列车密集到发的间隔时间应与车站技术作业过程相协调，否则将不能保证车站正常接发列车，造成客运站作业的困难和设备的利用紧张状态，这种情况应尽量避免。

为了保证在列车密集到发时刻内，车站不间断地办理接发列车作业，两列间的最小间隔时间必须满足下列条件：

$$I_{客}=\frac{T_{占}}{n_{到发}}=\frac{t_{到}+t_{停}+t_{发}}{n_{到发}}$$

式中：$I_{客}$——旅客列车间隔时间，min；

$n_{到发}$——办理旅客列车的到发线数目；

$T_{占}$——旅客列车占用线路时间，min；

$t_{停}$——列车停站延续时间，min；

$t_{到}$——准备进路必要的时间和列车通过进站距离的时间之和，min；

$t_{发}$——从列车出发时刻开始至该线路全部腾空为止的时间，min。

5）经济、合理地使用客运机车车辆

旅客列车运行方案安排得好，可以减少车底需要组数，使客车得到更经济的使用，机车也得到节省。

2. 客车方案图的编制方法

在具体编制方案时，不管是直通方案还是管内方案，大多数情况下，都是在上一届方案的基础上进行的，应做到：分析现行列车运行图的执行情况和存在问题，总结过去的实践经验，提出进一步挖掘潜力、提高效率、改进工作的措施。各铁路局集团公司应为编制方案提供必要的资料，如列车的区间运行时分、慢行时分、停站时分及起停车站时分等。其中，区间运行时分由机务部门提供，慢行时分由工务部门提供，各次列车在各区段内的停车站停站时分和起停车站时分由客运部门提供，将上述时分填入专门的表格（见表 5.11），与其他编图资料，一并报国铁集团审查，根据批准的对数运行区段按照先国际、后国内，先直通、后管内，先快车、后慢车的顺序进行编制。

表 5.11　旅客列车区段运行停站时分标准

		列车 区段 列车		
		运行时分		
		停站时分		
		起停车附加时分		
		慢行时分		
		合计		
		运行时分		
		停站时分		
		起停车附加时分		
		慢行时分		
		合计		
		运行时分		
		停站时分		
		起停车附加时分		
		慢行时分		
		合计		

在小时格上具体铺画旅客列车方案运行线的一般方法如下。

1）国际联运直通快车

国际联运旅客快车，从国境站开始按照联运旅客列车时刻表会议决定的时刻向国内铺车。

2）直通旅客快车

直通旅客快车，除根据原方案调整范围不大的以外，对必须翻架子的和新增加的直通旅客快车一般是先确定合理开车范围，并从中选择几个开行方案，进行技术、经济比较，取其中最优方案，然后从列车始发站开始，向终点站顺序地铺画。如终点站的到达时刻不太合适，再做小范围的上下调整。

根据方便旅客旅行的原则，直通旅客快车可规定为不晚于 0:00 开，不早于 7:00 到。按这个条件，每对车都有其合理的开车范围，有的列车可以有两个合理的开车范围，如图 5.6、图 5.7 所示。

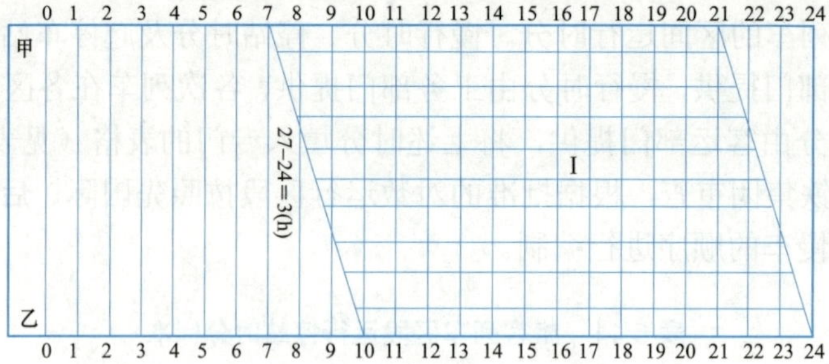

图 5.6 合理开车范围图（一）

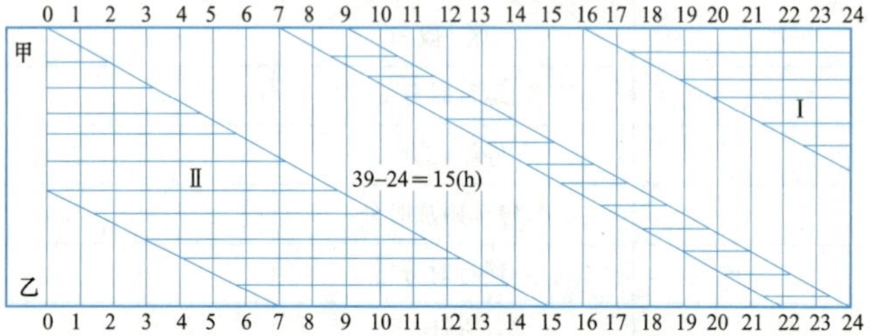

图 5.7 合理开车范围图（二）

设直通快车的单程运行时间为 $T=x+24D$，则其合理开车范围(t)可用下列分析式确定。

当 $0+24D \leqslant T < 7+24D$ 时：

$$t=7\sim(24-x)$$

当 $7+24D \leqslant T \leqslant 17+24D$ 时：

$$t=\begin{cases}7\sim(24-x)\\(24-x+7)\sim 24\end{cases}$$

当 $17+24D < T \leqslant 24+24D$ 时：

$$t=(24-x+7)\sim 24$$

上式中，D 为直通快车的单程运行天数；x 为 24 小时制的从 0:00 开始的小时数。

根据上述分析式，可根据不同的单程运行时间，确定其相对应的合理开车范围。为了计算方便，现用整小时数举例，如表 5.12 所示。再根据表 5.12 的计算结果，直通快车的合理开车范围与单程运行时间的相互关系，又可归纳为表 5.13。

表 5.12 合理开车范围

T	合理开车范围	T	合理开车范围
$0+24D$	7:00—24:00	$13+24D$	7:00—11:00 18:00—24:00
$1+24D$	7:00—23:00	$14+24D$	7:00—10:00 17:00—24:00
$2+24D$	7:00—22:00	$15+24D$	7:00—9:00 16:00—24:00
$3+24D$	7:00—21:00	$16+24D$	7:00—8:00 15:00—24:00
$4+24D$	7:00—20:00	$17+24D$	7:00 14:00—24:00
$5+24D$	7:00—19:00	$18+24D$	13:00—24:00
$6+24D$	7:00—18:00	$19+24D$	12:00—24:00
$7+24D$	7:00—17:00 24:00	$20+24D$	11:00—24:00
$8+24D$	7:00—16:00 23:00—24:00	$21+24D$	10:00—24:00
$9+24D$	7:00—15:00 22:00—24:00	$22+24D$	9:00—24:00
$10+24D$	7:00—14:00 21:00—24:00	$23+24D$	8:00—24:00
$11+24D$	7:00—13:00 20:00—24:00	$24+24D$	7:00—24:00
$12+24D$	7:00—12:00 19:00—24:00	$25+24D$	

表 5.13 单程运行时间与合理开车范围

项目		单程运行时间/h		
		$0+24D\leqslant T<7+24D$	$7+24D\leqslant T\leqslant17+24D$	$17+24D<T\leqslant24+24D$
合理开车范围	个数	1 个 （7:00—24:00）	2 个 （7:00—17:00） （14:00—24:00）	1 个 （7:00—24:00）
	比例关系	反比	一个成反比 另一个成正比	正比

从表 5.13 中可看出，单程运行时间为 $0+24D\leqslant T<7+24D$ 及单程运行时间为 $17+24D<T\leqslant24+24D$ 的直通列车，在铺画客车方案时，难度较大。因其合理开车范围小且只有一个，调整的余地不大。单程运行时间为 $7+24D\leqslant T<17+24D$ 的直通快车，在铺画客车方案时，比较容易，因其有两个合理开车范围，活动余地比较大。

3）从指定的某方向的一端或中间部分开始铺画

这一方法，主要是为了解决某些关键问题才采用的。例如，为加速客车周转，缩短客车车底在外段的停留时间，可以从旅客列车的到达站开始，同时铺画上、下行列车。又如，为解决旅客列车在主要站的接续，可以从接续站开始铺画。再如，为提高线路通过能力，可以从“卡脖子”区段向两端铺画。

在铺面各种旅客列车运行方案时，应注意区段内会车或越行地点的设备条件，考虑列车会让附加的时分。附加时分随单线、双线及信联闭设备的条件而有所不同。一般来说，停车会让附加 10～12 min，待避附加 30～40 min。

同时，应尽量避免直通快车在每天 18:00 前的一段时间内通过局间分界站（俗称不要“封口”）。这段时间，随分界站邻接两区运转时分不同而不同，一般为 15 min 左右。因为这段时间，往往有大量货物列车由分界口排出，容易造成旅客列车晚点。

客车方案图是整个方案图的基础，一经确定后，局间分界站的到发时刻原则上不许变动，必要时铁路局集团公司可适当调整本局管内的运行线。各铁路局集团公司根据直通客车方案编制管内客车方案后，即可具体铺画旅客列车详图。

当旅客列车运行图确定后，为保证列车运行图的严肃性、维护铁路的声誉、方便旅客，列车运行图不得随意变动，如必须变动时，应符合下列条件：

① 旅客流量发生较大幅度增减或流向发生变化而需要增减客车对数时；

② 技术设备发生变化时，如开通新线、双线、三线、四线和插入段，增加会让站，采用自动闭塞、调度集中或其他先进设备，提高线路允许速度等；

③ 工作条件发生变化时，如改变旅客列车重量标准和机车交路，调整列检布局等。

注意：变更直通旅客列车运行时刻，必须报国铁集团批准。

3. 旅客列车时刻表的编制

旅客列车运行图编完以后，应根据运行图规定的车次、运行区段、停车站点、到发时分以及列车编组等事项编制旅客列车时间表。利用表格形式，把运行图的主要事项反映出来。旅客列车时刻表示例如表 5.14 所示。

表 5.14 旅客列车时刻表示例

D51	D53	D55	D57	D59	D61	车次	D52	D54	D56	D58	D60	D62
北京南	北京南	北京南	北京南	北京南	北京南	始发	青岛	青岛	青岛	青岛	青岛	青岛
06:45	08:30	11:15	13:25	16:05	17:05		14:49	12:53	17:21	07:42	06:51	10:45
青岛	青岛	青岛	青岛	青岛	青岛	终到	北京南	北京南	北京南	北京南	北京南	北京南
12:36	14:22	17:04	19:22	21:57	23:01		20:41	18:37	23:05	13:38	12:48	16:38
∨ 06:45	∨ 08:30	∨ 11:15	∨ 13:25	∨ 16:05	∨ 17:05	↓ 北京南 ↑	– 20:41	– 18:37	– 23:05	– 13:38	– 12:48	– 16:38
07:24 07:25	09:09 09:10	11:54 11:55	14:05 14:06	16:45 16:46	17:46 17:48	天津西	20:01 20:00	17:57 17:56	22:25 22:24	12:58 12:57	12:08 12:07	15:58 15:57
↓	↓	↓	14:48 14:49	↓	↓	沧州	↑	↑	↑	12:06 12:05	11:16 11:15	↑
08:51 08:52	10:36 10:37	13:21 13:22	15:36 15:37	18:12 18:13	19:15 19:16	德州	18:38 18:37	↑	↑	11:27 11:26	10:37 10:36	14:31 14:30
10:46 10:47	12:32 12:33	15:16 15:17	↓	20:07 20:08	21:11 21:12	淄博	16:41 16:40	↑	↑	↑	08:43 08:42	12:37 12:36
↓	↓	↓	17:46 17:47	↓	↓	青州	↑	↑	↑	09:19 09:18	↑	↑
11:25 11:26	13:11 13:12	15:54 15:55	↓	20:46 20:47	21:50 21:51	潍坊	16:00 15:59	14:04 14:03	18:32 18:31		08:02 08:01	11:56 11:55
↓	↓	↓	18:39 18:40	↓	↓	高密	↑	↑	↑	08:23 08:22	↑	↑
12:36 –	14:22 –	17:04 –	19:22 –	21:57 –	23:01 –	青岛	14:49 ∧	12:53 ∧	17:21 ∧	07:42 ∧	06:51 ∧	10:45 ∧

旅客列车时刻表编制的说明：

① 时间表的编制采用 24 h 制，列车在 24:00（即夜间 12:00 出发时为 0:00，到达时为 24:00）；

② 列车的始发、终点站均以该站的字头、字尾或省、市的简称来表示，并在开往栏内注明该列车的终点站站名；

③ 列车的到、开时刻，凡站名左边的均为下行列车，应由上向下看，并以↓表示；凡站名右边的均为上行列车，应由下向上看，并以↑表示；

④ 为使旅客列车时刻表简明起见，有关内容可用符号表示，常用符号的含义如下：

a）"…"或"↓""↑"表示列车在该车站通过；

b）"="表示列车不经过此站；

c）"–"表示列车的终点站；

d）"※"表示旅客乘降所。

4. 旅客列车编组表的编制

在实行新运行图时，旅客列车编组表由铁路局集团公司根据客流性质、机车类型、列车重量、速度、车站到发线有效长度等因素确定，由国铁集团批准并公布执行。

1）旅客列车编组表的格式

旅客列车编组表体现了该次列车编挂的车种、辆数、顺序及车底周转图等内容，示例如表 5.15 所示。

表 5.15 旅客列车编组表示例

<table>
<tr><td rowspan="7">上海
│
广州

快速
K47
/K48
次</td><td rowspan="7">车辆
乘务

广
州
车客
辆运
段
担
任</td><td rowspan="2">顺序</td><td>沪开</td><td>1</td><td>2</td><td>3</td><td>4</td><td>5</td><td>6</td><td>7</td><td>8</td><td>9</td><td>10</td><td>11</td><td>12</td><td>13</td><td>14</td><td>15</td><td>16</td><td>17</td><td>18</td><td rowspan="2" colspan="2"></td></tr>
<tr><td>广开</td><td>18</td><td>17</td><td>16</td><td>15</td><td>14</td><td>13</td><td>12</td><td>11</td><td>10</td><td>9</td><td>8</td><td>7</td><td>6</td><td>5</td><td>4</td><td>3</td><td>2</td><td>1</td></tr>
<tr><td colspan="2">车种</td><td>XL</td><td>YZ</td><td>YZ</td><td>YZ</td><td>YZ</td><td>YZ</td><td>CA</td><td>RW</td><td>YW</td><td>YW</td><td>YW</td><td>YW</td><td>YW</td><td>YW</td><td>YW</td><td>YW</td><td>KD</td><td>UZ</td><td>18</td><td>18</td></tr>
<tr><td colspan="2">定员</td><td></td><td>118</td><td>118</td><td>118</td><td>118</td><td>112</td><td></td><td>36</td><td>60</td><td>66</td><td>66</td><td>66</td><td>66</td><td>66</td><td>60</td><td></td><td></td><td></td><td>1 070</td><td></td></tr>
<tr><td colspan="2">吨数</td><td>43</td><td>46</td><td>46</td><td>46</td><td>46</td><td>46</td><td>48</td><td>45</td><td>48</td><td>48</td><td>48</td><td>48</td><td>48</td><td>48</td><td>48</td><td>48</td><td>63</td><td>48</td><td>861</td><td></td></tr>
<tr><td colspan="2">附注</td><td></td><td></td><td></td><td></td><td></td><td>办</td><td></td><td></td><td>广</td><td></td><td></td><td></td><td></td><td></td><td></td><td>宿</td><td></td><td></td><td colspan="2"></td></tr>
<tr><td colspan="2">上海

广州</td><td colspan="20">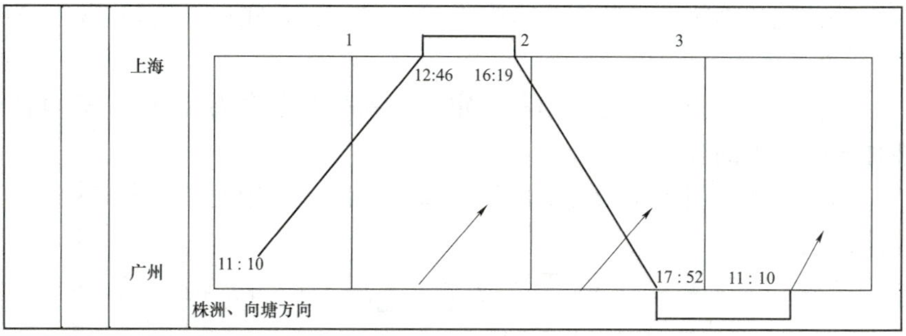
</td></tr>
</table>

2）旅客列车编组表编制方法

（1）列车发到站、车次栏

列车的发到站先填下行发站，后填下行到站，对改变运行方向的列车（即一对列车 4 个及其以下车次时），先填担当乘务工作的铁路局集团公司的始发站。

列车性质按照特快、快速、普快、普客、混合等分别填写。

车次一律先填下行后填上行，一对列车有 4 个及其以下车次时，车次的填写必须和列车的发到站相对应。

（2）担当乘务栏

担当乘务的车辆、客运（列车）段，如名称相同，可只填写一个。

（3）车底编组栏

列车中车厢顺序号的编定，凡北京站和上海站始发的各次特、直快列车，车厢顺序号均小号在前，大号在后，北京、上海间始发和到达的列车以北京站规定顺序为准。

非北京站和上海站到发的各次特、直快列车车厢顺序号，均以担当铁路局集团公司始发站的发车方向为准，小号在前，大号在后。两个局担当的列车，由有关铁路局集团公司事先商定后报国铁集团。但对途中某个站由于车场进路关系必须调头运行的列车，为便于确认，须在编组顺序项注明发站。

车种按统一的汉语拼音标记，定员按该种车辆的标记定员数填写，吨数填写该种车的总重，并根据车辆的用途、附属设备及其他说明，在附注项内注明“宿”“茶”“广”“办”“具”“隔”“欠”“回”“空”“普”“高”“控”等字样。

（4）车底周转图栏

车底周转图，表示需用车底组数和始发、终到时刻，并由此计算车底在始发站和终点站的停留时间。

周转图上填写的始发站名顺序须和填写列车种类车次的始发、终到站栏相同。不得上下颠倒。一般先填下行始发站名，运行线从担当局的始发站开始画，始发和终到时间填在车站中心线与运行线相交的钝角上。

5. 车底需要组数及客车需要辆数的计算

为正确地计算客车需要辆数，在编制客车方案的同时，应编制旅客列车编组表，并绘制客车车底周转图，以确定各次列车的车底需要组数，根据车底编成数即可求得车辆数。客车底需要组数的计算方法有两种：图解法、分析计算法。

1）图解法

这种方法是根据客车方案图绘制客车车底周转图，从周转图上直接查得需要的车底数。一种是从周转图上的箭头直接查出，另一种是在周转图的任何一部分截取。

2）分析计算法

这种方法是分析一定到站和一定种类列车的车底周转时间，计算在该周转时间内发出的某种旅客列车的总数。

车底周转时间是自始发站出发时起至下次再由始发站出发时止，车底所经过的时间。其计算公式如下：

$$T_{车底}=\sum t=t_1+t_2+t_3+t_4$$

式中：$T_{车底}$——车底周转时间，h；

t_1——车底自始发站至折返站所走行的时间，h；

t_2——车底在折返站的停留时间，h；

t_3——车底从折返站返回始发站的走行时间，h；

t_4——车底在始发站的停留时间，h。

车底周转时间除以 24 即得车底的周转天数($\theta_{车底}$)：

$$\theta_{车底}=\frac{T_{车底}}{24}$$

设某到站某种旅客列车的车底周转时间为$\theta_{车底}$，在一个周转时间内平均每天发出的列车数为K，则该到站该种旅客列车的车底需要组数($n_{车底}$)为：

$$n_{车底}=\theta_{车底}\bullet K$$

由于$K=N/\theta_{车底}$，上式也可以写成：

$$n_{车底}=\theta_{车底}\bullet\frac{N}{\theta_{车底}}=N$$

式中：N——车底周转时间内发出的该到站该种旅客列车总数，列。

公式表明，一定到站和一定种类的旅客列车车底需要数等于车底周转时间内发出的该到站该种旅客列车总数。

综上所述，车底数是由车底周转天数和平均每天发出的列车数决定的。因此，节省车底的途径有两方面——缩小K值或压缩$\theta_{车底}$，必须根据具体情况做具体分析。缩小K值是有条件的，客流必须小，可以隔日开行或数日开行一列才行。缩减车底需要数可采取压缩站停时间，提高技术速度，采用先进牵引动力及加强运输组织工作等措施，这是挖掘运输潜力的有效途径，也是编制技术计划必须遵循的。

各区段需要的车底数确定后，即可计算需要的运用客车辆数，其计算公式如下：

$$m_{运}=m_1n_1+m_2n_2+\cdots+m_nn_n$$

式中：$m_{运}$——运用客车辆数，辆；

m_1，m_2，…，m_n——列车中编挂的车数，辆；

n_1，n_2，…，n_n——车底数。

以运用客车为基础，车辆段配属车辆时，需用下列公式计算客车总数：

$$m_{总} = m_{运} \times (1+\gamma)$$

式中：$m_{总}$——配属车辆段的客车总数，辆；

γ——检修、备用车所占用客车的百分数。

6. 旅客列车运行图主要指标的计算

为了检查、分析和评价旅客列车运行图的编制质量，规定有以下数据指标和质量指标。

1）数量指标

① 运输能力，指运行图规定的全路、铁路局集团公司在一定时期内（日、月、年）始发和运行的各种旅客列车的总定员数，即：

$$A_{总} = A_{直} + A_{管} + A_{混}$$

式中：$A_{总}$——各种旅客列车的总定员数，人；

$A_{直}$，$A_{管}$，$A_{混}$——分别为直通、管内、混合等旅客列车的定员数，人。

运输能力是考核铁路完成国家规定的旅客运输任务情况的指标之一。运输能力的大小，反映一个铁路局集团公司或全路的客运工作量。

② 列车对数，指全路、铁路局集团公司由各站始发列车的总和，应按直通、管内和混合列车分别统计并加总计算，即：

$$n_{总} = n_{直} + n_{管} + n_{混}$$

式中：$n_{总}$——各种旅客列车开行的总对数，对；

$n_{直}$，$n_{管}$，$n_{混}$——直通、管内、混合等旅客列车的开行对数，对。

列车对数是旅客列车运行图中很重要的指标，因为运输能力必须由相应的列车对数来保证，列车对数的多少在一定意义上表示运输能力的大小。

③ 列车公里，指全路、铁路局集团公司由各站始发的列车和其运行距离乘积的总和，即：

$$n_L = n_{直}L_{直} + n_{管}L_{管} + n_{混}L_{混}$$

$$n_{直} = n_{直1}L_{直1} + n_{直2}L_{直2} + \cdots + n_{直n}L_{直n}$$

式中：n_L——列车公里数；

$n_{直}L_{直}$，$n_{管}L_{管}$，$n_{混}L_{混}$——直通、管内、混合等客车的列车公里，km。

$n_{直1}$，$n_{直2}$，…，$n_{直n}$——各种不同运行区段的直通列车数，列；

$L_{直1}$，$L_{直2}$，…，$L_{直n}$——各种不同运行区段的里程数，km。

管内客车和混合列车的列车公里可按直通客车列车公里同理求得。

在有几种牵引方式时，还应对内燃牵引、电力牵引等分别计算列车公里。

列车公里是表示全路或各铁路局集团公司客运机车车辆工作量的指标。在客运机车车辆类型、数量一定的条件下，列车公里越大，表明客运机车车辆的运用效率越高。

④ 车底在配属站的停留时间，指车底在列车由折返站返回到达配属站之时起，至车底下一次由配属站出发之时止的全部时间，即：

$$t^{客}_{配站} = t^{客}_{到} + t^{客}_{送} + t^{客}_{作} + t^{客}_{取} + t^{客}_{发} + t^{客}_{等}$$

有些管内旅客列车，车底到达配属站后不送配属段，则上述公式将简化为：

$$t_{配站}^{客}=t_{到}^{客}+t_{发}^{客}+t_{等}^{客}$$

式中：$t_{配站}^{客}$——车底在配属站停留时间，h；

$t_{到}^{客}$，$t_{发}^{客}$，$t_{等}^{客}$——列车在配属站的到达作业、出发作业、等待出发的时间，h；

$t_{送}^{客}$，$t_{取}^{客}$——向客车配属段调送、调取车底的时间，h；

$t_{作}^{客}$——车底在配属段的作业时间，h。

⑤ 车底在折返站的停留时间，指车底在列车中从到达折返站时起，至车底在列车中从折返站出发之时止的全部时间。

车底在折返站的停留时间所包含的各项因素和计算公式与上述配属站停留时间相同，只不过是各项因素的内容繁简和时间长短有所不同而已，故已另列。

⑥ 旅客列车停站次数、平均停站时分、平均停站距离，该三项指标应按不同列车种类分别进行统计，其计算公式如下：

$$n_{停}^{总}=\sum n_{停}$$

$$t_{停}^{平均}=\frac{\sum t_{停}}{\sum n_{停}}$$

$$L_{停}^{平均}=\frac{\sum L_{运}}{\sum n_{停}}$$

式中：$n_{停}^{总}$——停站总次数；

$t_{停}^{平均}$——平均停站时分，min；

$L_{停}^{平均}$——平均停站距离，km；

$\sum n_{停}$——停站次数总和；

$\sum t_{停}$——停站时分总和，min；

$\sum L_{运}$——停站距离总和，km。

2）质量指标

① 旅客列车直通速度，指旅客列车平均每小时所运行的公里数，应按直通、管内（包括混合）旅客列车分别计算，即：

旅客列车直通速度：

$$v_{直}=\frac{L}{\sum t_{运行}+\sum t_{停站}+\sum t_{起停}+\sum t_{慢行}}$$

铁路局集团公司旅客列车平均直通速度：

$$v_{直}^{局}=\frac{\sum nL}{\sum nt_{运行}+\sum nt_{停站}+\sum nt_{起停}+\sum nt_{慢行}}$$

式中：L——旅客列车运行距离，km；

n——旅客列车数量；

$\sum nL$——旅客列车公里总和，km；

$t_{运行}$，$t_{停站}$，$t_{起停}$，$t_{慢行}$——旅客列车的运行时分、停站时分、起停附加时分和慢行时分，h。

旅客列车的直通速度越大越好，提高直通速度的途径主要是压缩旅客列车在途运行、停站、起停附加和慢行时间。

② 旅客列车技术速度，指不包括停站时分在内的旅客列车平均每小时的运行公里数，应和直通速度一样分别进行计算。

旅客列车技术速度：

$$v_{技}=\frac{L}{\sum t_{运行}+\sum t_{起停}+\sum t_{慢行}}$$

铁路局集团公司旅客列车平均技术速度：

$$v_{技}^{局}=\frac{\sum nL}{\sum nt_{运行}+\sum nt_{起停}+\sum nt_{慢行}}$$

旅客列车的技术速度越大越好。提高旅客列车技术速度的主要途径是压缩列车在各区间的运行时间，加强运输组织工作和调度指挥水平。

③ 直通速度系数，指直通速度和技术速度的比值，即：

$$\beta=\frac{v_{直}}{v_{技}}$$

从上述对直通速度和技术速度的分析说明可知，在一般情况下，列车的直通速度总是小于技术速度的，即直通速度系数小于 1。但应当通过加强运输组织工作来缩小两者之间的差距，比值越接近 1，说明旅客运输效率越高。

④ 列车车底日车公里，指某一车底或平均每一车底在一昼夜内所运行的公里数。即：

$$S_{车底}=\frac{2L}{\theta_{车底}}$$

$$S_{车底}=\frac{\sum NL}{\sum N_{车底}}$$

式中：$S_{车底}$——列车车底日车公里，km/（车底·d）；

L——列车运行区段里程，km；

$\theta_{车底}$——车底周转天数，d；

$\sum NL$——全部车底运行公里总和，km；

$\sum N_{车底}$——车底总数，列；

$\theta_{车底}$——车底周转天数。

列车车底日车公里是表示全路或各铁路局集团公司客车车底运用的工作量指标，列车车底日车公里和车底的全运行里程成正比，和车底周转天数或车底数成反比，即无论是一个车底的车底日车公里，还是全部运用车底的平均日车公里，当车底周转越慢或运用车底总数越多时，车底日车公里就越低，表明车底的运用效率就越低。反之，当车底周转越快或运用车底总数越少时，车底日车公里就越高，表明车底的运用效率越高。因此，加速车底周转和压缩运用车底总数是提高列车车底公里的重要途径。

5.3.5 任务考核

1. 理论考核（40 分）

该部分通过完成以下习题，获得理论考核成绩，每答错 1 题扣 4 分。

（1）跨三局的直通旅客列车的直通客流必须不少于（　　）人，才可报国铁集团批准。

A. 600　　B. 500　　C. 400　　D. 300

（2）（　　）指直通速度和技术速度的比值。

A. 直通速度系数　　B. 列车车底日车公里

C. 旅客列车直通速度　　D. 波动系数

（3）列车时刻表内符号“↓”“↑”“…”表示列车在该车站（　　）。

A. 停车　　B. 通过（不停车）

C. 技术作业　　D. 会车

（4）为方便旅客和便于工作，凡北京站和上海站始发的各次特、直快列车车厢号均（　　）。

A. 无顺序安排要求　　B. 小号在前、大号在后

C. 大号在前、小号在后　　D. 由国铁集团定

（5）非北京站和上海站到发的各次特、直快列车车厢顺序号，均以担当局始发站发车方向为准，（　　）。

A. 无顺序安排要求　　B. 小号在前、大号在后

C. 大号在前、小号在后　　D. 由有关局事先商定后报国铁集团

（6）为方便旅客，直通旅客列车自始发站发车的最佳时刻在 19:00 之后，但不迟于 0:00，到达终点站的最佳时刻则宜在（　　）。

A. 7:00—14:00　　B. 6:30—14:00　　C. 8:00—13:00　　D. 8:30—14:00

（7）确定旅客列车重量时，应以提高（　　）为主，还应考虑旅客站台和站线的有效长度.

A. 直通速度　　B. 管内速速

C. 直通设计速度　　D. 直通修正速度

（8）旅客列车的运行区段和行车量，基本上取决于（　　）。

A. 客流计划　　B. 旅客输送计划

C. 技术计划　　D. 旅客列车重量和速度

（9）旅客列车对数确定是否合理，是衡量（　　）的重要标志。

A. 运行图编制质量　　B. 列车时刻表质量

C. 旅客列车编组表质量　　D. 按流开车原则贯彻程度

（10）全路旅客列车运行图的编制工作，应贯彻集中领导和群众路线相结合的原则，对跨三局的直通旅客列车，应（　　）编制。

A. 在国铁集团的统一领导下由各铁路局集团公司派人到国铁集团集中编制

B. 由铁路局集团公司协商编制

C. 由铁路局集团公司组织编制

D. 统筹编制

2. 实践考核（40 分）

K264/263 次列车（包头—北京间直通旅客快速车），图定时间为：第一天 19:55 由包头站始发；第二天 08:18 到达北京站；第二天 20:01 由北京站折返；于第三天 08:32 返回包头站。试用图解法及分析计算法分别计算所需车底组数，并画出本次列车从包头站开车的合理开车范围（T 以 h 为单位，取整数，满 30 min 为 1 h，不足者舍去）。另从《铁路客运价里程表》中查知：包头至北京 824 km，试求从包头至北京间本次列车的设计直通速度，问这个速度还需修正否？

具体评分标准如下：

（1）运用公式是否正确；（15 分）

（2）计算得数是否正确；（15 分）

（3）在实训室实训过程中纪律差或不听指导教师指挥、不服从指导教师教育。（10 分）

3. 出勤考核（20 分）

根据出勤情况及课堂表现，获得出勤考核成绩。

要求：缺勤 1 次扣 5 分，不按时完成任务扣 5 分，课堂表现差扣 10 分。

任务 5.4　旅客运输日常计划

5.4.1　拟完成工作任务

某次直通旅客快车硬座标记定员为 968 人，列车途中规定超成定员率为 30%，列车运行至某区间时超员 179 人，请回答此时列车的超员率为多少。

5.4.2　任务目的

① 能够计算各类车辆标记定员、实际定员、超成定员。

② 掌握本站的各次旅客列车的运输能力，组织均衡运输。

③ 能够根据客流变化及时调整窗口票额。

④ 会填写列车一表一单。

5.4.3　所需资料

① *参考资料*：《铁路旅客运输管理规程》《铁路运输调度规程》。

② *所需票据、表报*：硬座票额分配计划表、卧铺票额分配计划表、乘车人数通知单、旅客列车密度表、旅客去向登记记录。

5.4.4　相关配套知识

知识点 1　票额分配

票额分配计划在每次新运行图实行前编制一次，根据客流变化情况每年定期进行调整。直通列车由国铁集团与有关铁路局集团公司共同编制（跨三个铁路局集团公司以上的旅客列车由国铁集团负责，跨两个铁路局集团公司的旅客列车由两局协商解决)；管内旅客列车由铁路局集团公司编制。

1. 分配依据

① 指定月份的市郊、管内和直通客流图及主要站间旅客交流表等资料。

② 列车的旅客密度表资料，应按软卧、硬卧和硬座分别整理，并分析列车虚糜和超员情况。

③ 主要站分车次、区段的上车人数和分车次的下车人数。

2. 分配原则

① 首先满足始发局（站）到达最后一个区段长途旅客的需要。

② 适当分配给中途局（站），特别是对直辖市、省会、自治区政府所在地和旅行集中地、开放城市的车站应予以照顾。

③ 最后一个铁路局集团公司原则上不分配，各停车站可根据上、下车规律数组织售票。

3. 列车定员的计算

1）列车卧铺定员

软卧（座）定员为车厢标记定员，硬卧定员（宿营车除外）为硬卧车厢标记定员的总和减去机班便乘铺位（3 个）。

2）列车硬座定员

① 列车硬座标记定员为各硬座车厢标记定员的总和，其计算公式为：

$$A_{标记}=\sum a_{标记}$$

式中：$A_{标记}$——列车硬座标记定员，人；

$\sum a_{标记}$——硬座车厢标记定员，如代用客车，定员采取换算：棚车代用客车时，每吨按 1.5 人；软卧车代用软座车时，每一下铺按 3 人；硬卧车代用硬座车时，每一下铺按 4 人。

② 列车硬座实际定员为硬座车厢标记定员的总和减去其他用途占用的座位，其计算公式为：

$$A_{实际}=A_{标记}-10$$

式中：$A_{实际}$——列车硬座实际定员，人；

10——其他用途占用座位（供办公、售货等用，如新型车的标记定员不包含办公席在内者，则不减 10，其实际定员即为标记定员）。

③ 列车硬座超成定员为列车硬座实际定员与列车硬座实际定员乘以规定超员率之和，其计算公式为：

$$A_{超成}=A_{实际}(1+K_{超员})$$

式中：$A_{超成}$——列车硬座超成定员，人；

$K_{超员}$——国铁集团规定的超员率（代用车辆除外，不再加超员率）。

在保证安全、正点和服务质量的前提下，允许非全程对号列车硬座车厢超员运输；特别旅客快车始发不超员，途中准超员 20%；直通旅客快车始发不超员，途中准超员 30%；直通旅客列车始发准超员 10%，途中准超员 40%；管内旅客列车准超员限度比照上述同等级列车执行。

4. 分配方法

1）硬座票额

认真贯彻“先中转、后始发，保证重点”的运输原则。做到长、短途列车合理分工，确保长途旅客乘坐长途车、短途旅客乘坐短途车。

① 硬座票额的分配数量以列车硬座实际定员为基础，按各等级列车规定的超员率分配，优质优价列车不得超员。为防止非优质优价全程对号列车虚糜，在始发站（或指定中途站）每个硬座车厢增加 10 个无座号。

② 直通快车票额按列车限售区段分配，首先保证始发站至终到站或限售区段以远长途客流的需要，途中各停车站的票额按限售区段以远客流量依次分配。途中各停车站分配的票额由始发站套用，途中站不再套用短途票额。限售区段以远各站如有下车规律数量，可按规律数分配。

2）软、硬卧铺及软座票额

软、硬卧铺票额，首先考虑列车始发站长途旅客的需要，同时根据列车沿途车站客流情况适当兼顾中途站。对途中省、市、自治区及铁路局集团公司所在地和较大城市所在站，适当分配一定数量的票额。

① 软卧铺、硬卧铺、软座票额的分配数量为软卧车、硬卧车、软座车的标记定员。

② 根据长、短途列车合理分工的运输组织原则，首先满足始发长途客流的需要，中间站凡有同方向、同终到站的始发快车时，所经过的列车要严格掌握，根据沿途客流情况分配少量票额。

③ 列车夜间运行途中，开车时刻超过零点的车站原则上不分配软卧、硬卧和软座票额。列车运行到最后一昼夜前的车站，如有长途旅客下车，可根据下车规律数分配一定数量的票额。

④ 软、硬卧铺的限售区段，原则上比照硬座限售区段办，当不能满足长途客流需要时，必须延长限售区段。中途站对第二天白天到达终点站的列车，必须限售到终点站，以减少因白天运行不易利用造成的空费。列车运行第一个白天的中间站，分配预留的票额要尽量减少，以避免始发站到预留站全部是白天，不利套用。单程白天运行的列车，软卧可代用软座。硬卧应尽量发售卧铺，减少代用。

⑤ 在不浪费运能的情况下，要尽可能保证党和国家机要交通使用卧铺的需要。在分配新运行图票额前，有关铁路局集团公司要事先与机要部门联系，共同协商机要占用票额事宜，并报国铁集团审批。

票额分配方案确定后，以表格形式公布执行，见表 5.16、表 5.17。

表 5.16　新图直通旅客列车票额限售区段

______年新图直通旅客列车票额限售区段

序号	新图车次	旧图车次	运行区段	限售区段

表 5.17 列车的车票分配方案

____次列车票额分配方案

软卧 辆 定员： 硬卧 辆 定员： 硬座 辆 定员：

____开机次： 担当： 运行区间： —

车号	1	2	3	4	5	6	7	8	9	10	11	12	13	14	15	16	17	18	19		计
车种																					
定员（上）																					
定员（下）																					
附注																					

席别 站名	到达时刻	发车时刻	软卧			软座			硬卧			硬座		
			数量	车位	铺号	数量	车位	座号	数量	车位	组号	数量	车位	座号
合 计														

5. 旅客列车席位复用、票额共用

1）基本概念

① *席位复用*：席位复用是指对客票系统席位售出后，再次生成从售到站至原限售站的新席位，使列车能力再次利用。席位复用分为一次复用和全程复用。一次复用是指对席位复用一次后产生的新席位不再复用。全程复用是指对列车运行区间中的剩余区段进行多次复用。

席位复用规则：席位复用时间一般由各铁路局集团公司负责设置。其中，普通旅客列车在车票售出后 30 min；动车组列车在车票售出后 5 min。

② *票额共用*：票额共用是指在“公用”用途票额，允许被列车运行径路前方多个车站使用，旅客根据需要选择乘车站购票，并按票面指定乘车站乘车，客票系统对票额共用设定共用。票额共用策略如下：

①“通售”用途票额的共用策略规则为开车前 20 d；

②“公用”用途票额的共用策略规则如下：普通车每个局最后一个站开车前 1 440 min，

其他局可以共用；每个局第一个站开车前 360 min，本局可以共用。动车组列车每个局最后一个站开车前 30 min，其他局可以共用；每个局第一个站开车前 30 min，本局可以共用。

注意：① 实行票额共用、席位复用的列车，只有在通过票额共用、席位复用区段后，列车方可按有关规定办理补有席位的车票。

② 列车票额共用和席位复用两种方式可共同并存。

2）席位复用和票额共用参数设定

席位复用和票额共用相关参数的设定由客票管理所进行。其中，票额共用可一种类型列车设定一条参数，也可分车次、分席别分别设定相关参数，共用时间的参数均以分钟为单位。

6. 席位集中管理

为进一步提高直通旅客列车席位的全程利用率，自 2010 年 12 月起所有直通旅客列车的席位实行由始发局集中管理的措施。

① 席位集中管理是指旅客列车的所有席位均存放在一个铁路局集团公司（一般为始发局），并由始发局负责全程管理的一种售票组织方式。

② 列车始发局按照旅客列车票额分配计划，在客票系统中编制列车全程基本计划，无座席位由始发局按车厢足额编入基本计划，并按照“以下定上、满足沿途预售需求”的原则，将一定数量无座席自预售之日全程共用或分配至沿途站。沿途站可向始发局提无座席需求，始发局应根据客流情况予以调整。列车终到局可根据列车客流情况对本局无座席数量进行临时调整。

③ 列车担当局可根据客流情况，按照列车效益最大化原则向始发局提出票额调整建议。

④ 实行列车席位集中管理后，列车沿途局在客票系统中对该列车除“晚点、改点、调整以远站、停售、不可售到、命令扣票、改晚点调令”可进行操作外，其余调度命令的操作均由始发局执行。

⑤ 列车沿途局在编发列车停运、定员变化、加挂甩车、票额站间调整、车站临时停办客运业务的调度命令时应抄送列车始发局，由始发局进行操作。

知识点 2 旅客输送日计划

1. 日计划的编制

旅客输送日计划必须从全局出发，按照长短途列车合理分工的原则进行编制，特别要注意运输能力在时间上和空间上的均衡使用。同时，通过计划来指导售票和其他服务的组织工作。

1）编制依据

三等及其以上或客流量较大的车站要设专职客运计划员（三等以下的车站未设客运计划员的，应由客运值班员负责），根据各次列车运输能力的使用情况及票额分配计划，在客运副站长（或客运主任）领导下，参照下列情况进行计划编制：

① 近日来各次旅客列车上车人数和中转换乘旅客的实绩及其规律；

② 节假日与平时客流差异情况及其规律；

③ 近几天内天气情况及过去天气变化对客流影响的规律；

④ 团体旅客预约乘车和到达本站的团体情况，对后者应调查其回程日期和拟车次；

⑤ 各次旅客列车的票额分配计划；

⑥ 临时加开旅客列车及固定列车变更编组情况；

⑦ 各次列车预售车票数量；

⑧ 其他因素对客流的影响。

2）具体编制方法

（1）车站旅客输送日计划

按 0:00—24:00 编制，分管内、直通列车，分车次并按客流区段进行，时间以列车的开车时间为准，车站的发送、中转及持铁路乘车证旅客都要统一纳入日计划。

对有票额分配计划的列车，按固定票额分配计划、限售区段及有关客调命令来编制；对无票额分配计划的列车，按平日上车规律数来编制，同时考虑影响客流变化的各种因素。遇到有客流发生变化时，车站应将变化数量及其流向向上报客调部门（票管所），必要时提出加挂车辆或加开临客的请求。

（2）节假日计划

节假日计划编制方法与正常旅客输送日计划有所不同。正常旅客输送日计划主要根据日常的运输能力来调整和均衡地安排旅客运输工作，而节假日运输时间集中，客流量大，波动性也大，且常为单方向客流，运力和组织工作的安排仅靠铁路本身是不行的，必须得到地方政府及有关部门的协助，收集有关资料综合平衡，共同来确定旅客运输计划和组织工作，以保证节假日旅客运输任务的完成。

注意：旅客输送日计划的编制，除了客运计划员要积极努力，充分发挥高度的负责精神和科学严谨态度之外，还要与客运值班员、售票员和客运员等密切合作，广泛听取他们的意见，以提高计划质量。

2. 日计划的审批与调整

1）日计划的审批

旅客输送日计划编制完毕，经客运副站长（或客运主任）审查，然后提报铁路局集团公司客运调度员（以下简称客调），由客调综合平衡后予以批准。

客调根据各大站的日计划提报数，加上小站的上车规律数，较全面地算出各次列车在各客流区段内的客流密度，从而可以看出某次列车超员或虚糜的情况，本着“始发站照顾中间站、大站照顾小站”的原则进行调整。这样使各站之间、各次列车之间的旅客人数得到合理的分配，提高客车使用效率。其调整方法如下。

2）日计划的调整

（1）直通旅客列车日计划调整

直通旅客列车的日计划主要按照国铁集团制定的票额分配计划审批。遇有长途客流发生变化时，车站将变化数量及其流向报告铁路局集团公司客调，由铁路局集团公司客调在本局管内进行调整。当局管内调整不过来时，则需采取增大超员率（但必须经国铁集团批准）或加挂车辆的方法解决。

（2）管内旅客列车日计划调整

大站日计划报铁路局集团公司客调，小站日计划报车务段，由车务段加以平衡后报铁路局集团公司客调，或由车站将日计划统一报铁路局集团公司客调，由铁路局集团公司客调根据管内下车规律求得各区段密度，然后将各区段能力和密度比较，做数字平衡。

经过客调平衡调整后的旅客输送日计划，以调度命令的方式于前一天下达到各站执行。

3. 日计划的执行

客运计划员接到铁路局集团公司客调批准的旅客输送日计划，应先将预售及团体旅客人数和中转签证的规律数从调整后的计划人数中减去，得出本站次日可以发售的票额，再由客运计划员下达给售票处进行发售。

同时，在日计划的执行中，还应注意处理好以下几个问题。

① 长、短途列车的分工和中转换乘优先：长途列车必须组织长途旅客乘坐，如果发售短途票必然积压长途旅客，给长途旅客旅行带来很多困难。换乘优先是指在同等条件下，换乘旅客优先于始发旅客乘车。

② 大站照顾小站，始发照顾中途：大站是指特等站、一等站、二等站，这些车站客流量大，停站列车多，分配票额多，有的还有始发列车，客流便于组织调整。中间小站停站列车少，有的一昼夜内只有 1～2 趟列车停站。如大站不按计划票额发售或超售，不照顾中间小站，则中间小站就无法组织旅客上车。始发站与中途站的关系也如此，始发站必须根据计划票额发售，不得超区段发售，否则将造成中途站旅客买好了票上不了车，使列车“吊客晚点”，打乱列车运行秩序。

③ 满足一般，保证重点：一般来说，首长、外宾、华侨、记者、机要人员、老弱病残和其他有特殊困难的旅客，应较一般旅客优先安排，在票额紧张、运能不足时，更应根据具体情况，实事求是地处理好。

④ 严格掌握“热门车”，有计划地组织“冷门车”：旅客旅行，既考虑乘车时间好，又考虑到达时间好，为解决这个问题，必须有计划地组织客运，把“热门车”的票额掌握得严一些。对“冷门车”则加强组织，组织大站客流乘坐“冷门车”，因大城市市内交通比较方便，而且同方向行驶的旅客列车停靠次数也较多。让小站旅客乘坐“热门车”，更能满足不同旅客的需要。

为了充分利用运能，旅客退票时必须做好登记工作，并对退票的票额及时使用。

客运计划员对日计划及票额分配执行情况应经常督促检查。为了分析旅客运输日计划的编制质量，车站应对每一车次统计其实际上车人数（分软、硬座和软、硬卧），并和旅客输送日计划相核对，从而查明超员或不满员情况。通过经常的统计分析，积累资料，就能逐步提高日计划编制的质量。

4. 日计划的考核

车站旅客输送日计划编制质量的高低，主要是通过兑现率进行考核的。根据国铁集团的要求，每趟列车计划兑现率与日计划兑现率，都要分别达到 95%以上。

1）每趟列车兑现率

每趟列车兑现率，应根据实际情况分别求算。实际大于计划时，其计算公式如下：

$$\gamma=\left(1-\frac{A_{实际}-A_{计划}}{A_{计划}}\right)\times 100\%$$

实际小于计划时，其计算公式如下：

$$\gamma=\frac{A_{实际}}{A_{计划}}\times 100\%$$

式中：$A_{实际}$，$A_{计划}$——每趟列车实际、计划上车人数。

2）日计划兑现率

日计划兑现率，可根据全天各次列车兑现率加总平均求得，其计算公式为：

$$\alpha=\frac{\sum\gamma}{N}$$

式中：α——日计划兑现率；

$\sum\gamma$——每趟列车兑现率的总和；

N——列车数。

知识点3 站、车客流信息传报工作

站、车客流信息传报工作是指办理客运业务的车站按规定区段或停车站正确、及时地向旅客列车提报确切的乘车人数，同时，当旅客列车如遇客流高峰，造成严重超员时，列车长应及时向有关车站拍发超员电报的相互通报工作。

建立站、车客流信息传报制度，是合理组织旅客乘车、控制列车超员、弥补列车虚糜、实现旅客输送计划的主要措施之一，同时也是实现车站旅客输送日计划的重要环节。站、车客流信息传报工作和车站旅客输送日计划的结合，可使客调及时掌握各次列车的旅客密度，使始发站和中间停车站的客流得到及时输送，列车前方停车站能有预见性地组织旅客乘车，以保证旅客的均衡运输。

通过站、车客流信息传报，还可为列车提供良好的服务条件，对车站合理地组织售票，维护站、车秩序，保证旅客列车安全正点运行起着重要作用。

1. 专用表报和填写方法

1）乘车人数通知单

乘车人数通知单（客统－3）简称“一单”，如表5.18所示。

（1）用途

① 乘车人数通知单是车站统计各次列车上车人数、积累客流资料的原始记录。

② 乘车人数通知单是列车填写旅客密度表的依据。

③ 乘车人数通知单是车站考核日计划兑现率，检查售票、签票执行日计划情况的依据。

表5.18 乘车人数通知单

客统－3

××站　　年　　月　　日　　　　××××次车

到站	软卧	硬卧	软座	硬座			
				站发	中转	乘车证	合计
总　计							
上车总人数：				总进款：　　　元			

第______次列车长______签收

（2）填报方法

① 凡办理客运业务的停车站都必须按到站或规定的区段，正确地统计旅客上车人数，做到真实可靠，正确率达到 95%以上，并及时向列车提交“乘车人数通知单”。快车按到站，慢车按规定的区段分别统计软、硬席乘车人数。无旅客上车时，车站也要提交“乘车人数通知单”，并在人数栏内填写“无”字。

② 在本站始发、中转换乘的上车人数（包括不出站签证换乘的人数）和使用铁路乘车证乘车（简称免票）的人数，要分别填写在站发、中转及乘车证的到站人数栏内。

③ 软、硬座乘车人数的统计采取检票记数或售票记数的方法。检票记数是由检票员检唱票、记数员记数，一般采取“两剪一记”的方法，大的客运站采用电子统计器记数。在记数时以始发、中转、免票按到站或区段进行统计。售票记数是由售票员在售票时记录各次列车分到站或区段的售票张数，再加上各次列车中转和免票的上车人数，即为乘车人数。

④ 乘坐卧铺的旅客也统计在“乘车人数通知单”内，车站要将中途上车和临时调拨的卧铺按照车号、铺号填写“中途预留剩余卧铺通知单”（客统 –6），于开车前交给列车长。

⑤“乘车人数通知单”和“中途预留剩余卧铺通知单”，一律一式两份，一份交列车长，一份由列车长加盖规定名章后留站存查。

2）列车旅客密度表

列车旅客密度表（客统 –4）简称“一表”，如表 5.19 所示。

表 5.19　列车旅客密度表

列车旅客密度表（客统-4）

1366次列车 ____年____月____日自广汉站始发

____年____月____日终到南海站

列车编组　14辆　硬座标记定员684人　南海 列车（车务）段

实时定员674人

超成定员876人

软座定员　　人

硬卧定员177人

软卧定员32人

列车长 王伟

路局管界	到站＼人数＼发站	硬座 广	调整	下车数																				
广汉局	春兰				春																			
	钟山				钟																			
	那铺		2			那	2																	
	河里	5	3				河	3																
	九洲	21	20					九	20															
	核实								核															
	德阳	25	30						30	德	30													
吉安局	丰城	11	10						10		丰	10												
	吉安	20	20						20			吉	20											
	永顺	12	13					2	15	2			永	17										
	福塘	10	10	3	1	1			15	2		4		福	21									
	飞龙	5	5		5				10			2			飞	12								
	江南	5	5	4	5				14	1		2				江	17							
	核实																核							
	都安	66	73	7	10	2	18	3	113	5	1		5	2	5		131	都	131					
南海局	贺县	10	10		4				15								15	5	贺	20				
	松林	20	22	2	10	1	1	2	38	3	2			2	4		49	5		松	54			
	盐城	10	10	2	4				15		2					3	20	10	5	10	盐	45		
	南海	450	453	15	71	5	13	18	569	20	10	16	10	19	3	11	658	10	10	43	27	南	848	
	固定票额	674		35	97	10	30	25		30	15	20	15	15	10	14		130	15	40	20			
	上车人数	670		33	110	9	32	25		33	15	24	15	23	12	14		130	15	53	27			
	车内人数	670	686	719	829	836	865	870	864	862	872	876	874	867	876	873	873	872	867	866	848			

固定票额	到站＼人数＼发站	软硬卧				
			下车数			
	上车人数					
	车内人数					

输送量　硬座　　人

软座　　人

硬卧　　人

软卧　　人

计　　人

记事：________________

列车旅客密度表记录各站上下车人数资料，为编制旅客列车运行图、调整列车停站和票额分配计划提供准确的依据。

列车旅客密度表是列车长及时掌握旅客流量、流向变化，合理安排列车统一作业过程，为旅客提供优质服务的基础。

（1）填写方法

① 列车旅客密度表为梯形表格，分硬座及软、硬卧两个梯形表格。每一竖格的垂直累计数为各站上车人数，每一横格水平累计数为各站下车人数。

② 列车长必须亲自填写列车旅客密度表。列车始发前要填写好列车车次、始发日期、始发站名、终到站名，担当段名、组名、列车长姓名，列车编组辆数；填写列车硬座标记、实际超成定员数及软、硬卧定员数。按列车办理客运业务停车站站顺填记站名（区段）并留出核实栏空格，“固定票额”栏用红笔填写各站的票额分配数（或根据上级命令填记调整后的数字）。软、硬卧梯形表中“固定票额”栏内斜线上方填写软卧票额，下方填写硬卧票额，遇有甩挂车辆时，则应填好甩挂车辆数、车种及到站。

③ 列车从始发站开出后，列车长根据各停车站提交的“乘车人数通知单”将旅客乘车人数分别填写在各到站（区段）栏内；软、硬卧乘车人数根据各卧铺车厢列车员统计的实际人数分别填写在软、硬卧到站栏内，斜线上方填软卧人数，下方填硬卧人数。

④ 为保证列车旅客密度表中数字的正确性，列车乘务人员必须认真执行“看票上车”制度。列车在始发站开车后，应通过旅客去向登记、夜间看票记录或验票的方法，对车内实乘人数按到站（区段）进行一次全面核实，并将核实人数用红笔填写在核实栏内，为全程打好基础。列车运行途中在不干扰或少干扰旅客的前提下，于分界站前用上述方法对车内人数按到站（区段）进行核实调整。如列车在某局管内运行超过 800 km 时，增加一次核实。

⑤ 列车旅客密度表“车内人数”的计算方法为：列车到站前的车内人数减去本站的下车人数加上本站的上车人数等于列车由该站开出后的车内人数（即车内旅客密度）。在“记事”栏内注明沿途未交“乘车人数通知单”的站名。

（2）列车旅客输送量的计算

列车到达终点站前，列车长应计算一个单程的旅客输送量，其计算方法为：

旅客输送量=软、硬座各站下车人数+软、硬卧各站下车人数

用同样方法计算出返程旅客输送量，往返旅客输送量之和即为该次列车总的旅客输送量。

2. 填写要求

做好站、车客流信息传报工作是实现旅客运送计划、防止旅客列车超员和虚糜、组织旅客均衡运输的重要措施。在办理站、车预报中要求做到：

① 在时间上必须迅速及时；

② 在人数统计、填报上必须正确，客统 –3、客统 –4 中的数字正确率均要求达到 95% 以上；

③ 按规定交接，凡是营业停车站，列车长要准时下车，客运值班员要准时接车，采取相互加盖“站、段名和姓名”印章的办法（如客统 –3 无车长盖章，视作车站未向列车递交），并规定在列车中部办理交接手续；

④ 列车要认真执行验票上车制度。发现车站任意超售客票时，列车长应电告有关铁路局集团公司和国铁集团，对造成列车严重超员的车站，要认真追查责任，严肃处理；

⑤ 资料的积累。

a）客运（列车）段积累、分析列车在各停车站的上、下车人数，直通旅客快车的运能（分软、硬座和软、硬卧），规定各区段的旅客密度人数。各次列车旅客密度表保存 1 年；各

站递交的“乘车人数通知单”保存 3 个月；列车各车厢的“旅客去向登记记录”保存 3 个月。

b）车站将经列车长盖章的“乘车人数通知单”按车次装订成册，保存 3 个月。

【例 5.3】2008 年 1 月 8 日，K118 次新空调列车因运新兵需要，调度命令调整编组：YZ 6 辆（其中：108、116、118 定员各两辆），YW 8 辆（其中：60 定员 3 辆、66 定员 5 辆）代用 YZ。请分别计算出标记定员、实际定员、超成定员各是多少。

解：（1）硬座标记定员（各硬座车厢标记定员的总和）：

$$
\begin{aligned}
A_{标记} &= \sum a_{标记} \\
&= 108\times2+116\times2+118\times2+(60\div3)\times4\times3+(60\div2)\times4\times5 \\
&= 1\,364\,(人)
\end{aligned}
$$

硬座标记定员是 1 364 人。

（2）硬座实际定员：新型车其实际定员即为标记定员。

（3）超成定员：

始发：不超员，1 364 人；

途中：可超员 20%；

由于软、硬卧代软、硬座不再加超员率，则途中超成定员为：

$$
\begin{aligned}
A_{超成} &= A_{实际}(1+K_{超员}) \\
&= (108\times2+116\times2+118\times2)\times(1+20\%)+20\times4\times3+22\times4\times5 \\
&= 1\,501\,(人)
\end{aligned}
$$

超成定员是 1 501 人。

5.4.5 任务考核

1. 理论考核（40 分）

该部分通过完成以下习题，获得理论考核成绩，每答错 1 题扣 4 分。

（1）一列普通旅客列车，硬座标记定员 1 010 人，允许始发超员 10%，则此列车始发超成定员为（　　）。

A. 1 100 人　　B. 1 200 人　　C. 1 111 人　　D. 1 000 人

（2）按规定及时填写“乘车人数通知单”准确率达到（　　）以上，做好站车交接。

A. 90%　　B. 85%　　C. 95%　　D. 98%

（3）某车站开行普通临客一列，编组硬座车 10 辆，每辆定员 108 人；硬卧车 4 辆（硬卧代硬座），每辆定员 60 人，该列车的实际定员为（　　）。

A. 1 390 人　　B. 1 400 人　　C. 1 668 人　　D. 1 500 人

（4）一辆硬卧车厢（标记定员 60），当代用硬座车时，其实际定员为（　　）。

A. 80　　B. 100　　C. 120　　D. 60

（5）车站要建立日计划分析考核制度，按要求各次列车兑现率及日计划完成兑现率，均要达到（　　）以上。

A. 85%　　B. 90%　　C. 95%　　D. 98%

（6）（　　）始发不超员，途中准超员 20%。

A. 特别旅客快车　　B. 直通旅客快车

C. 直达特快旅客列车　　D. 管内旅客列车

(7)车站编制每趟车乘车计划质量的高低，主要是通过每趟列车计划兑现率来考核的，当实际大于计划时，其计算公式为（　　）。

A. $r=\frac{A_{实际}-A_{计划}}{A_{计划}}\times100\%$　　B. $r=\frac{A_{实际}}{A_{计划}}\times100\%$

C. $r=1-\frac{A_{实际}}{A_{计划}}\times100\%$　　D. $r=\left(1-\frac{A_{实际}-A_{计划}}{A_{计划}}\right)\times100\%$

（8）一辆普包软卧车厢（标记定员 32），代用软座时，其折算定员为（　　）。

A. 48　　B. 64　　C. 80　　D. 50

（9）乘车人数通知单的简称是（　　）。

A. 客统 -2　　B. 客统 -3　　C. 客统 -4　　D. 客统 -1

（10）票额分配计划在每次（　　）前编制一次，根据年度计划任务结合客流波动而制成。

A. 新运行图实行　　B. 客流旺季

C. 日常和节假日　　D. 客流高峰期

2. 实践考核（40 分）

1137 次直通旅客快车编组 16 辆，其中硬座 7 辆（定员 116 的 5 辆，108 的 1 辆，122 的 1 辆），硬卧 4 辆（定员均为 60，但其中 2 辆代用硬座），软卧 1 辆（定员 32），行李车、餐车、宿营车、隔离车各 1 辆，试确定该列车的硬座标记定员、实际定员及始发、途中超成定员。

具体评分标准如下：

（1）运用公式是否正确；（15 分）

（2）计算结果是否正确；（15 分）

（3）在实训室实训过程中纪律差或不听指导教师指挥、不服从指导教师教育。（10 分）

3. 出勤考核（20 分）

根据出勤情况及课堂表现，获得出勤考核成绩。

要求：缺勤 1 次扣 5 分，不按时完成任务扣 5 分，课堂表现差扣 10 分。

项目6　国际联运

【项目描述】

在国际联运的学习中，以对比的方式，阐明国际联运与国内运输的不同之处，并着重学习国际联运旅客乘车票据和乘车条件。

【知识目标】

① 了解参加国际联运国家的国际联运站及国内办理联运的车站。
② 理解国际联运乘车票据、国际联运旅客运送条件。

【能力目标】

① 掌握国际联运旅客运送条件。
② 能够办理国际联运旅客乘车票据。

任务6.1　旅客运送

6.1.1　拟完成工作任务

熟悉国际联运的旅客运输票据。

6.1.2　任务目的

① 了解国际旅客联运的概念。
② 了解国际联运旅客乘车票据及运送条件。

6.1.3　所需资料

①《国际铁路客运运价规程》（以下简称《国际客价》）。
② 我国铁路国际旅客联运示意图。
③《国际旅客联运协定》（以下简称《国际客协》）。

6.1.4　相关配套知识

知识点1　参加国际联运的国家

在两个或两个以上国家铁路全程运送中，使用一份票据并以连带责任办理的运送，称为国际铁路联运，简称国际联运。国际联运分为旅客运输和货物运输两大类。

目前采用《国际客价》的有下列国家的铁路：

① 白俄罗斯共和国铁路（BC），简称白铁；
② 越南社会主义共和国铁路（VZD），简称越铁；
③ 哈萨克斯坦共和国铁路（KZH），简称哈铁；
④ 中华人民共和国铁路（KZD），简称中铁；
⑤ 朝鲜民主主义人民共和国铁路（ZC），简称朝铁；
⑥ 拉脱维亚共和国铁路（LDZ），简称拉铁；
⑦ 立陶宛共和国铁路（LG），简称立铁；
⑧ 蒙古铁路（MTZ），简称蒙铁；
⑨ 俄罗斯联邦共和国铁路（RZD），简称俄铁；
⑩ 吉尔吉斯斯坦共和国铁路（KRG），简称吉铁；
⑪ 土库曼斯坦铁路（TRK），简称土铁；
⑫ 塔吉克斯坦共和国铁路（TDZ），简称塔铁；
⑬ 爱沙尼亚共和国铁路（EVR），简称爱铁；
⑭ 乌兹别克斯坦铁路（UTI），简称乌（兹）铁；
⑮ 乌克兰铁路（UZ），简称乌（克）铁。

知识点2 我国铁路的旅客联运站

《国际客价》中规定的办理旅客联运的车站称为旅客联运站，简称联运站。

我国铁路现有30个联运站：北京、北京西、大同、天津、衡阳、长沙、汉口、郑州、呼和浩特、集宁、二连、沈阳、长春、丹东、哈尔滨、牡丹江、满洲里、绥芬河、桂林、南宁、崇左、凭祥、乌鲁木齐、阿拉山口、昆明北、河口、山海关、开远、宜良、昂昂溪。

我国铁路的联运站示意图如图6.1所示。

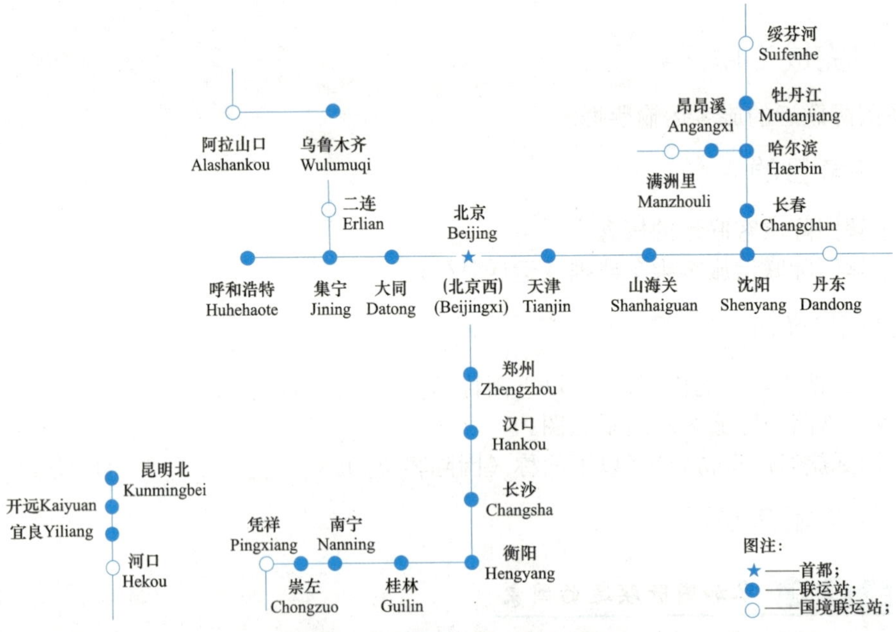

图6.1 我国铁路联运站示意图

知识点 3 国境站及国际列车

国与国之间邻接的车站称为国境联运站，简称国境站。我国有七个国境站：丹东、凭祥、河口、二连、满洲里、绥芬河、阿拉山口。这几个国境站的站名如表 6.1 所示。

表 6.1 我国的国境站站名

<table>
<tr><th rowspan="2">路别</th><th colspan="2">文别</th><th rowspan="2">路别</th><th colspan="2">文别</th></tr>
<tr><th>中文</th><th>拉丁字母</th><th>中文</th><th>拉丁字母</th></tr>
<tr><td rowspan="2">中铁
朝铁</td><td>丹 东</td><td>DANDONG</td><td rowspan="4">中铁
俄铁</td><td>满洲里</td><td>MANZHOULI/MANTCJURIJA</td></tr>
<tr><td>新义州</td><td>SINYDJU</td><td>绥芬河</td><td>SUIFENHE</td></tr>
<tr><td rowspan="4">中铁
越铁</td><td>凭 祥</td><td>PINGXIANG</td><td>后贝加尔</td><td>ZABAIKALSK</td></tr>
<tr><td>河 口</td><td>HEKOU</td><td>格罗近科沃</td><td>GRODEKOWO</td></tr>
<tr><td>同 登</td><td>DONGDANG</td><td rowspan="2">中铁
哈铁</td><td>阿拉山口</td><td>ALASHANKOU</td></tr>
<tr><td>老 街</td><td>LAOKAI</td><td>多斯特克</td><td>DOSOYK</td></tr>
<tr><td rowspan="2">中铁
蒙铁</td><td>二 连</td><td>ERLIAN</td><td rowspan="2"></td><td></td><td></td></tr>
<tr><td>扎门乌德</td><td>DZAMYN—UDE</td><td></td><td></td></tr>
</table>

国际联运旅客列车是指国际间开行的旅客列车，简称国际列车。我国的国际列车共有 8 对，如表 6.2 所示。

表 6.2 我国的国际列车

路 别	车 次	经 由
中、蒙、俄	K3/K4	北京—乌兰巴托—莫斯科
中、俄	K19/K20	北京—满洲里—莫斯科
中、朝	K27/K28	北京—丹东—平壤
中、蒙	K23/K24	北京—二连—乌兰巴托
中、蒙	4652/4653/4633 4654/4651/4634	呼和浩特—二连—乌兰巴托
中、越	Z5/Z6	北京西—凭祥—河内
中、越	T8701/MR2	南宁—凭祥—嘉林

知识点 4 乘车票据

《国际客协》所规定的旅客车票，是国际联运中凭以乘车的票据。

目前《国际客协》范围内采用两种样式的乘车票据：一种是传统的乘车票据，称为人工票，主要在没有实现电子计算机联网的国家铁路发售；另一种是同西欧国家铁路样式基本统一的乘车票据，称为电子票，主要在原独联体成员国波罗的海三国铁路发售。我国目前只发售前一种乘车票据，但同时承认其他国家铁路发售的电子票。

国际直通联运册页票本视为一份乘车票据。册页票本含票皮和票页，票页由客票、卧铺票（乘坐卧车时）和补加费收据（发生补费时）组成。册页票本票皮（中国铁路票样）如图 6.2 所示。

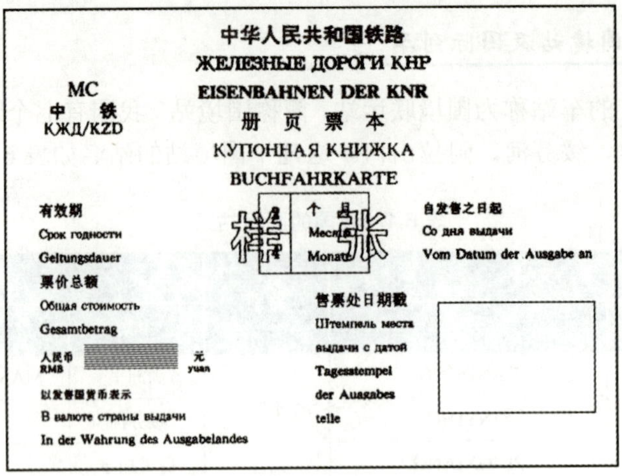

图 6.2 册页票本票皮（中国铁路票样）

册页票本限于按客票上记载的径路，从客票上所记载的一国铁路发站乘车到另一国铁路到站时有效。没有客票的册页票本应视为无效，并且无权凭以乘车。以电子方法办理乘车票据时，可不带票皮。个别铁路间如有协议，可采用卡片客票和无票皮的册页票本凭以乘车。

1. 客票

客票是证明铁路同旅客间缔结运输合同的基本依据。客票上应载有下列主要事项：

①“MC”字母（手工填写的客票上）；

② 发站和到站名称；

③ 印制的客票号码；

④ 径路；

⑤ 车厢等级；

⑥ 人数；

⑦ 客票票价；

⑧ 客票有效期（在电子客票上）；

⑨ 客票发售日期；

⑩ 发售客票的铁路名称。

2. 卧铺票

旅客乘坐卧车或座卧车时，除客票外，还应有占用相应铺位的卧铺票。旅客凭卧铺票，不论夜间或白天，均有权使用卧铺；但乘坐卧车时仅限在 21:00 至次日 7:00 期间允许使用卧铺，并免费使用卧具。每套卧具的使用时间为 5 d，超过时铁路应免费更换。

卧铺票的种类与客票相同。此外，卧铺票按照运输方式还可分为签认票和未签认票（即“OPEN”票）。卧铺在任何情况下均没有减成。

3. 补加费收据

补加费收据是指当变更径路、等级以及同一径路上分乘不同等级车厢等情况时开具的乘车票据。

4. 免费乘车证

国际联运中允许使用的免费乘车证有：铁路公用免费乘车证、铁路一次性私用免费乘车证、国际旅客列车（直通客车）国内段免费乘车证 3 种。

知识点 5 列车中席位的提供

车内席位提供，按照各国铁路国内规章并根据旅客所持的客票办理，乘坐卧车和座卧车时，还应根据所持的卧票办理。

每名旅客一般只有权占用一个铺位。但是根据旅客请求，且当有空闲席位时，铁路可以在办理往程乘车手续时，为旅客在卧车内提供单独包房。此时，旅客应按包房中实际铺位数支付客票费和卧铺费。

在运行途中，由铁路工作人员向其他人员提供实际未占用但已购买的席位，只有征得所购乘车票据享用单独包房的旅客同意才能办理。在这种情况下，该旅客有权领回至到站剩余里程的乘车票价，但旅客旅行全程实际占用席位的客票票价和卧铺票费除外。在乘车票据上由车长做相应记载。

如由于车厢在发站或运行途中被摘下，或由于席位售重，不能给旅客提供符合其客票和卧铺票的等级和种类的席位时，旅客可拒绝乘车或拒绝占用较低等级和种类的席位。这种情况下，铁路可向旅客提供较高等级和种类的席位，不核收客票和卧铺票的票价差额。

如列车中不能为旅客提供席位，则铁路必须将旅客及其行李安置到按同一径路或其他径路开往同一到站的另一列车上，不核收票价差额，并协助旅客尽可能少耽误时间抵达到站。

知识点 6 国际旅客联运票据的发售和填写

1. 册页客票

客票分为固定册页客票（即全部事项印就的册页客票）和补充册页客票两种。

固定册页客票的发站、到站、等级、经由均已印就，用于客流大的各站间一名旅客的乘车。

发售往返乘车用的固定册页客票时，在票皮内钉入两份册页客票，在用于往程乘车的册页客票上，划掉“返”字，在用于返程乘车的册页客票上，划掉“往”字。如果旅客享受减成，在“减成率”栏填写减成百分比，在“理由”栏按照《国际旅客联运协定办事细则》附件第 2 号的相应内容填写。客票右下部为票价栏，在条状线内分别用阿拉伯数字填写瑞士法郎和人民币款额数。最后在“售票处日期戳”方格内加盖本售票日期戳，并在客票背面加盖出发日期车次戳记。

固定册页客票没有存根，根据号码编制报表并进行清算。固定册页客票（中国铁路票样）如图 6.3 所示。

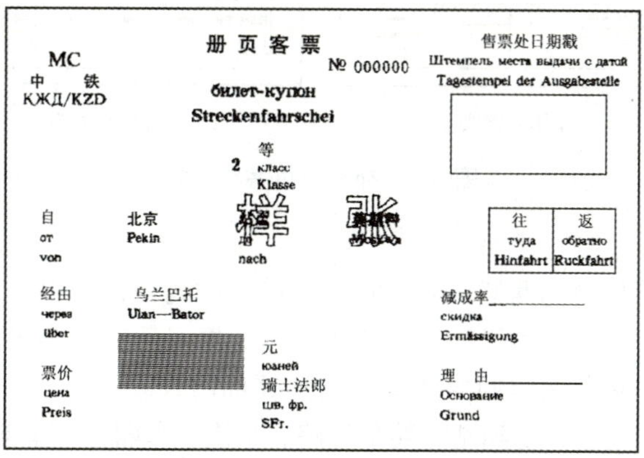

图 6.3 固定册页客票（中国铁路票样）

补充册页客票分为单程补充册页客票和往返补充册页客票两种。

补充册页客票上的旅客人数、发站、到站、经由、票价等栏，均为空白，售票时复写填发，适于国际联运各站间一名或数名旅客的乘车。

单程和往返乘车用的补充册页客票均由两联组成。第一联即存根，留在客票发售处所，以便随同客票报告提出，第二联钉入册页票本票皮内交给旅客。发售往返乘车用的补充册页客票只供单程乘车使用时，不使用的相反方向各栏用斜线划销。

补充册页客票填写方式如下：

① 旅客人数以阿拉伯数字和大写填写；

② 到站名称填入应乘车厢等级栏内，不乘用的车厢等级栏用对角叉线划销；

③ 票价栏填写以运价货币和发售国货币表示的一名旅客的全程客票票价和票价总额；

④ 发售儿童乘车用补充册页客票时，在“减成率”栏注明减成数额，在“理由”栏填写“儿童（REBENOK）”字样；

⑤ 发售有组织的团体旅客乘车用补充册页客票时，在“减成率”栏注明减成数额，在“理由”栏填写“团体（GRUPPA）”字样；

⑥ 发售盲人陪同（人或狗）补充册页客票时，在“减成率”栏注明减成数额，在“理由”栏填写“陪同（PROVODNIK）”字样；

⑦ 发售散客（人数少于 6 人）往返补充册页客票时，在“减成率”栏注明减成数额，在“理由”栏填写“往返（TUDAIOBRATNO）”字样；

⑧ 铁路在办理团体和散客往返客票时，每一方向均使用单独的册页客票，在返程客票的上部注明往程册页客票的号码。

补充册页客票的样式，如图 6.4 所示。

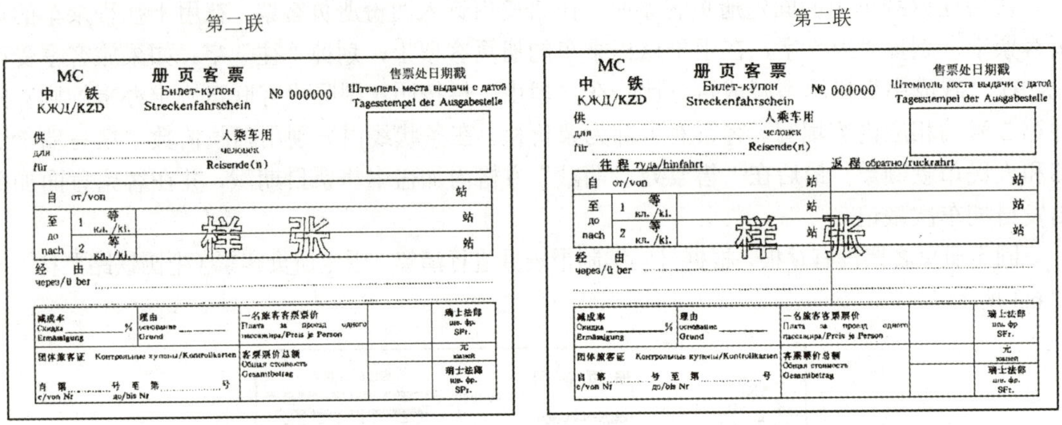

（a）补充册页客票（单程）（中国铁路票样）　　（b）补充册页客票（往返）（中国铁路票样）

图 6.4　补充册页客票样式

2. 卧铺票

我国铁路的卧铺票目前为两联，复写填发。第一联为白色的存根，留在发售部门，随当月报表报送清算部门。第二联为浅绿色底纹水印纸，填好后钉入票皮内交给旅客。当旅客凭以乘坐卧车时，由卧车乘务员收回并提交本国清算部门。

卧铺票的客票号、人数、发到站、乘车径路、车次、车厢号、车厢等级和种类、铺位号、一名旅客卧铺费、卧铺费总额、列车发车时间、卧车所属路名称等项，均临时填写。卧铺票上加盖发售处所的戳记、注明日期。

卧铺票上的车厢等级和铺位种类按下列代号填写：

① 2/0——开放式硬卧；

② 2/4——4 人包房式硬卧；

③ 2/3——3 人包房式硬卧；

④ 2/2——2 人包房式硬卧；

⑤ BC4——4 人包房座卧车；

⑥ BC6——6 人包房座卧车；

⑦ 1/4——4 人包房式软卧；

⑧ 1/2——2 人包房式软卧；

⑨ 1/1——1 人包房式软卧。

其中，分子表示车厢等级，1 表示软席车（一等车）；2 表示硬席车（二等车）；分母表示卧位种类，0 表示开放式，1～4 表示包房及人数，BC 表示二等包房座卧车。

在“一名旅客卧铺费”栏填写计算出的以瑞士法郎表示的卧铺费，右侧栏内则填写折算后的人民币数额。“卧铺费总额”栏填写卧铺费总数。

最后，在“售票处日期戳”方格内加盖本售票处日期戳。

卧铺票（中国铁路票样）如图 6.5 所示。

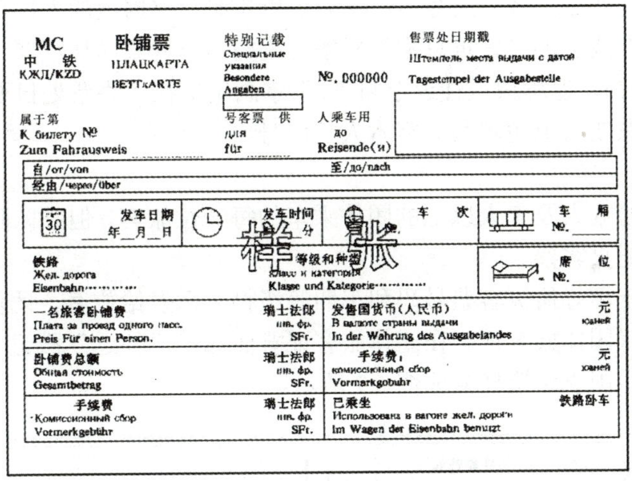

MC 中铁 КЖД/KZD
卧铺票 ПЛАЦКАРТА BETTKARTE
特别记载 Специальные указания Besondere Angaben
№. 000000
售票处日期戳 Штемпель места выдачи с датой Tagestempel der Ausgabestelle
属于第 К билету № Zum Fahrausweis
号客票 供 для für
人乘车用 до Reisende(н)
自/от/von
至/до/nach
经由/через/über
发车日期 ___年__月__日
发车时间 __时__分
车次
车厢 №.___
铁路 Жел. дорога Eisenbahn
等级和种类 Класс и категория Klasse und Kategorie
席位 №.___
样张

一名旅客卧铺费 Плата за провоз одного пасс. Preis Für einen Person.	瑞士法郎 шв. фр. SFr.	发售国货币（人民币） В валюте страны выдачи In der Währung des Ausgabelandes	元 юаней
卧铺费总额 Общая стоимость Gesamtbetrag	瑞士法郎 шв. фр. SFr.	手续费 комиссионный сбор Vormarkgebühr	元 юаней
手续费 Комиссионный сбор Vormerkgebühr	瑞士法郎 шв. фр. SFr.	已乘坐 Использована в вагоне жел. дороги Im Wagen der Eisenbahn benutzt	铁路卧车

图 6.5　卧铺票（中国铁路票样）

3. 补加费收据

补加费收据为两联，复写填发。第一联为白色的存根，留在发售部门，随当月报表报送清算部门。第二联为浅蓝色底纹水印纸，填好后交给旅客。

补收客票票价和其他运送费用时，可使用同一张补加费收据。补收卧铺费差额时，应单独开具一张补加费收据。往返乘车须补费时，往程和返程应分别开具补加费收据。款额一律用阿拉伯数字填写。人民币只写总计。

补收携带狗的费用时，应在右侧最上一个空格内相应填写“SOBAKA”。

不用的各栏，沿对角线方向打叉画销。

最后，在“售票处日期戳”方格内加盖本售票单位日期戳。

补加费收据（中国铁路票样）如图 6.6 所示。

第二联

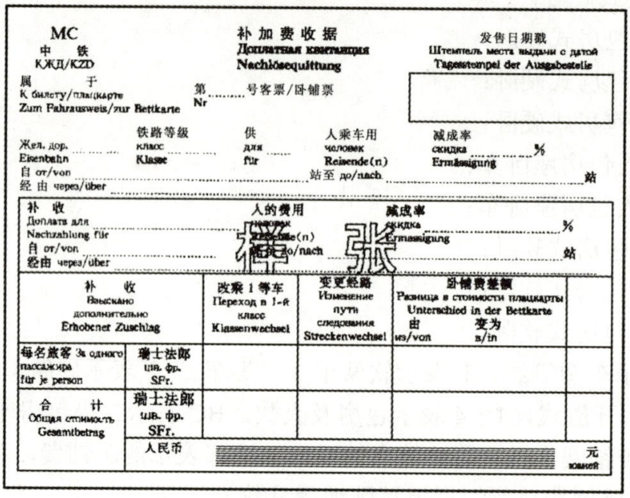

图 6.6 补加费收据（中国铁路票样）

客票、卧铺票和补加费收据填好后按顺序钉入票皮内，其中卧铺票和补加费收据应钉在其所属的客票后面。然后，将每张客票、卧铺票和补加费收据上的人民币款额数相加，总数以阿拉伯数字填入票皮上的“票价总额”栏条状线内。单程票（往程票）将票皮上的“有效期”栏内“4”字画销，返程票或往返票将“2”字画销，在“售票处日期戳”方格内加盖本售票处日期戳，在票皮右上角填写旅客本人护照号。

4. 团体旅客证

团体旅客证发给 6 人及 6 人以上的团体乘车的每一位旅客，但领队除外。领队乘车使用团体旅客乘车用的册页客票。

团体旅客证，于填好册页客票号码和车厢等级栏之后发给旅客。团体旅客往返乘车时，发给每一位旅客一张团体旅客证。在团体旅客证背面加盖“往返”戳记。

团体旅客证（中国铁路票样）如图 6.7 所示。

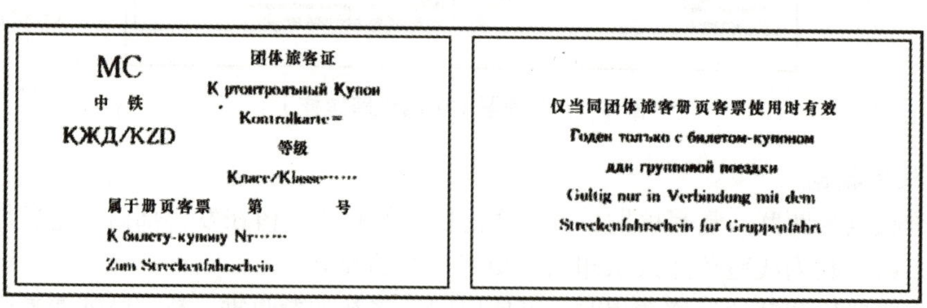

图 6.7 团体旅客证（中国铁路票样）

知识点 7 乘车条件

1. 乘车票据的有效期

客票有效期为 2 个月，但涉及往返客票时，有效期为 4 个月。

有效期自发售日起算，到 2 个月或 4 个月后的发售日同日的 24:00 终止。如有效期终止的月份没有该日，则客票有效期算至该月最后一天 24:00 终止。

客票发售日以客票上规定位置加盖的售票处日期戳为准。但对预售办法发售的乘车票据的有效期，可以自发售日以后起算，在此情况下，有效期应按客票上单独注明的乘车日期起算，但注明的乘车日期不得超过铁路规定的预售期限。

旅客因病或其他不得已的原因，不能在客票有效期内结束旅行，则在客票有效期终止前，可凭有关的书面证明（如医院诊断证明书等），向铁路提出延长有效期。如铁路确认旅客的理由正当，则应予以延长。一张客票延长有效期不得超过两次，不论是单程票还是往返票，每次延长不得超过 2 个月。

2. 改签和退票

1）改签

旅客购票后至列车发车后 3 h 内，可以变更乘车日期或同一径路上的车次。铁路如有空闲席位应办理改签手续。具体条件和办法如下。

① 团体旅客：发车 5 d 前可变更乘车日期和同一径路上的车次，不扣除任何费用；发车前 5 d 内不得改签。

② 持散客票的旅客：发车 3 d 前，可变更发车日期和车次，不扣除任何费用；发车前 3 d 内至发车前 6 h，可变更发车日期和车次，扣除卧铺费的 80%作为退票费；发车前 6 h 至发车后 3 h 内，只可改签相同车次的下趟列车。此时，原卧铺票作废。旅客须重新购买卧铺票。

改签时，将原在客票背面加盖的乘车日期和车次戳画销，重新盖戳；而卧铺票则须将原票收回，再重新开具一张新卧铺票。

2）退票

① 团体旅客：发车 5 d 前可以办理退票；发车前 5 d 不予退票。

② 持散客票的旅客：发车 3 d 前可以办理退票；发车前 3 d 内至发车前 6 h，可以办理退票，但需扣除卧铺费的 80%作为退票费；发车前 6 h 至发车后 3 h 内，原卧铺票作废，只可退还客票费。

以上各种情况下，手续费均不予退还。

3. 变更席别和径路

1）变更席别

① 由于铁路责任（如发售重号等）不能给旅客提供符合票面等级的席位时，可将旅客安排在较高等级车厢，不再补收客票和卧铺票差额。

② 持较低等级车厢乘车票据的旅客要求改乘较高等级车厢时，补收相应的票价差额，开具补加费收据。

2）变更径路

旅客在乘车前要求变更乘车径路时按退票办理。乘新径路车时应重新买票。如果旅客在运行途中某一站要求变更径路，需按以下规定办理。

① 新径路票价低于原径路票价时，车站在客票背面记载实际乘车径路。如变更径路后经由的国家也随之发生变化，开具一张补加费收据，注明新的径路和经由的国家铁路名称。

② 新径路票价高于原径路票价时，向旅客核收票价差额，开具补加费收据。

③ 新径路只涉及接受变更申请的国家铁路时，按该国铁路国内规章办理。

4. 儿童乘车条件和各种减成的规定

1）儿童乘车条件

① 未满 4 周岁的儿童不单独占用席位时，每名成人旅客可免费携带 1 名；超过 1 名时，其他儿童应购买儿童客票。单独占用席位时，每名儿童均应购买儿童客票；单独占用卧铺时，还应购买卧铺票。

② 年满 4～12 周岁的儿童，不论是否单独占用席位，每名儿童均应购买儿童客票；单独占用卧铺时，还应购买卧铺票。

③ 12 周岁以上儿童，乘车条件与成人相同。

注意：儿童年龄以乘车开始之日护照所载为准。

2）各种减成的规定

为照顾儿童、残疾人团体及往返乘车，国际旅客联运中对儿童、盲人陪同、旅行团体和往返乘车旅客，在购买客票时给予一定的优惠（卧铺票一律不予减成），具体规定如下。

① 儿童减成：儿童客票的票价为成人票价的 50%。

② 团体减成：单程乘车时，客票减成 25%；往返乘车时，客票减成 40%。团体旅客中，不计算持各种免费乘车证的旅客。

③ 往返减成：非团体旅客往返乘车时，客票减成 20%。

④ 盲人陪同减成：对盲人的一名陪同（可以是人或经过训练的狗），在陪同盲人乘车时，免付客票费。

注意：以上各种减成，旅客只能享受其中最高的一种。

5. 中途下车

如护照和行政当局的规定许可，旅客可在客票有效期内在中途站下车，不限次数和时间，但中途下车不延长客票的有效期，并应在列车到达时起 3 h 内，向车站提出乘车票据，以便做关于中途下车的记载。

旅客在客票有效期内，无论从中途下车的车站，或从客票所载乘车径路上前方的其他车站，均可继续乘车。乘车前，旅客应在售票处办理签票手续。

旅客在中途下车时，卧铺票即失去效力，对未乘坐里程的费用也不予退还。卧铺票由卧车列车员留下。如果旅客从非国际联运站继续乘坐卧车，则应首先按国内票价，购买至最近的联运站的卧铺票。

知识点 8 携带品的规定

在不违反国境联检部门规定的前提下，旅客可以携带随身物品乘坐国际旅客列车和直通客车。免费携带品的总重量，成人旅客每人不得超过 35 kg，未超过 12 周岁的儿童每人不得超过 15 kg。有儿童或残疾人乘车时，属于儿童或残疾人的一辆折叠式儿童手推车或残疾人轮椅可以携带上车，且不计算在重量标准内。在外交信使单独占用的包房内，允许携带 200 kg 以内的外交邮件和行李。这种情况下，超过免费携带品标准的外交邮件和行李，应按手提行李办理，并按《国际客价》规定的行李费率核收运费。

国际联运车厢内，允许旅客随身携带宠物，如猫、狗、禽鸟等。这些动物只准带入二等车厢，旅客必须将其安置在单独的包房内，每个包房不得超过 2 只，并需支付包房内全部铺位的客票票价和卧铺费。如果铁路不能提供单独包房，则禁止旅客携带上述动物。

旅客应照管好自己的随身携带品和动物。携带动物时，旅客应随时清扫车厢，并对因所携带动物造成的破坏和污染承担全部责任。

为确保国际旅客列车的安全，下列物品禁止携带上车：

① 可能损坏车厢或其他旅客携带品、污染车厢的物品；

② 易燃品、易发火品、自燃品、爆炸品、放射性物质、腐蚀性和毒害性物品；

③ 装有弹药的武器；

④ 能造成感染或具有恶臭气味的物品；

⑤ 海关和其他规定禁止运送的物品；

⑥ 长、宽、高相加超过 200 cm 的大件物品。

知识点 9 客票的查验及收回

列车长或有关检查机构代表查验车票时，应注意日期、车次、到站、座别和乘车票据的完整。只有册页票本的票皮而没有册页客票或只有册页客票而没有册页票本的票皮（个别铁路间另有协议者除外），都是无效票据，无权乘车。

在国际联运卧车和座卧车内，旅客的所有乘车票据在乘车开始时都交给列车员，在旅客乘车期间由列车员保管。

旅客如不能交验有效车票，则应根据发现无票乘车所在铁路的规章核收罚款、票价和补加费。旅客如继续乘车应购买乘车票据。

列车员应在乘车结束前 30 min 内将乘车票据发还给旅客，但卧铺票应收回。

旅客中途下车，前途已经失效的卧铺票也应收回。

对怀疑是否真实的乘车票据以及被无权更改的人做了更改的乘车票据，按规定办法收回。

6.1.5 任务考核

1. 理论考核（40 分）

该部分通过完成以下习题，获得理论考核成绩，每答错 1 题扣 4 分。

（1）中俄之间办理旅客联运的国境站是（　　）。

A. 二连浩特　　B. 满洲里　　C. 丹东　　D. 阿拉山口

（2）国际联运的团体旅客人数规定为（　　）。

A. 6 人及 6 人以上　　B. 10 人以上

C. 8 人以上　　D. 5 人及 5 人以上

（3）册页客票有效期的延长规定是（　　）。

A. 可延长两次，每次不得超过 2 个月

B. 可延长 1 次，每次 6 个月

C. 不得延长

D. 不限延长次数

（4）国际联运旅客中途下车后，则（　　）。

A. 册页客票、卧铺票均继续有效

B. 册页客票继续有效，卧铺票即失效

C. 册页客票、卧铺票均失效

D. 册页客票失效，卧铺票继续有效

（5）南宁铁路局办理国际旅客联运业务的车站有（　　）。

A. 桂林、柳州、南宁、凭祥　　B. 桂林、南宁、凭祥、崇左

C. 桂林、柳州、南宁、崇左　　D. 桂林、南宁、凭祥、河口

（6）中越之间，办理旅客联运的中铁国境站是（　　）。

A. 山腰　　B. 同登　　C. 凭祥　　D. 二连浩特

（7）中蒙之间办理旅客联运的中铁国境站是（　　）。

A. 二连浩特　　B. 满洲里　　C. 丹东　　D. 阿拉山口

（8）国际联运中，年满 4～12 岁的儿童须购儿童票，儿童票的客票减成为（　　）。

A. 50%　　B. 25%　　C. 40%　　D. 20%

（9）国际联运中，成人免费携带品的重量不得超过（　　）kg。

A. 35　　B. 15　　C. 200　　D. 50

（10）国际联运中，客票有效期为（　　）个月。

A. 2　　B. 1　　C. 4　　D. 3

2. 实践考核（40 分）

每 5 位同学分为一组，讨论国际联运旅客运输与我国旅客运输的相同点和不同点。

具体评分标准如下：

（1）规定是否理解；（30 分）

（2）在实训室实训过程中纪律差或不听指导教师指挥、不服从指导教师教育。（10 分）

3. 出勤考核（20 分）

根据出勤情况及课堂表现，获得出勤考核成绩。

要求：缺勤 1 次扣 5 分，不按时完成任务扣 5 分，课堂表现差扣 10 分。

参考文献

［1］彭进. 铁路客运组织［M］. 3版. 北京：中国铁道出版社，2015.

［2］彭敏忠. 铁路客运组织［M］. 2版. 成都：西南交通大学出版社，2015.

［3］宋玉佳. 铁路客运作业实训教程［M］. 成都：西南交通大学出版社，2015.

［4］王慧晶. 铁路客运业务实务［M］. 2版. 北京：中国铁道出版社，2014.

［5］张敬文. 铁路客运组织习题集［M］. 北京：人民交通出版社，2015.